O CANIBALISMO
AMOROSO

Affonso Romano de Sant'Anna

O CANIBALISMO AMOROSO

O desejo e a interdição em
nossa cultura através da poesia

Copyright © Affonso Romano de Sant'Anna

Direitos para a língua portuguesa reservados
com exclusividade para o Brasil à
EDITORA ROCCO LTDA.
Av. Presidente Wilson, 231 – 8º andar
20030-021 – Rio de Janeiro – RJ
Tel.: (21) 3525-2000 – Fax: (21) 3525-2001
rocco@rocco.com.br
www.rocco.com.br

CIP-Brasil. Catalogação na fonte.
Sindicato Nacional dos Editores de Livros, RJ.

S223c
4ª ed.

Sant'Anna, Affonso Romano de, 1937-
O canibalismo amoroso: o desejo e a interdição em nossa cultura através da poesia / Affonso Romano de Sant'Anna. 4ª ed. – Rio de Janeiro: Rocco, 1993.

Bibliografia

1. Literatura erótica brasileira – História e crítica.
2. Poesia erótica brasileira – História e crítica.
3. Amor na literatura. I. Título.

93-0480

CDD – 869.909
CDU – 869.91
CDU – 869.9 (81)
869.0 (81) - 1

AGRADECIMENTO

Desde 1974 até hoje, quando termino esta pesquisa, inúmeras pessoas deram valiosas contribuições para que ela se efetivasse. Destaco o Conselho Nacional de Pesquisas (CNPq) como eficaz fonte financiadora da pesquisa no Brasil.

"A palavra *canibalismo* vem do espanhol *canibal*, alteração de *caribal*, *caribe*, palavra da língua das Antilhas que significa 'ousado'. No sentido figurado, a palavra designa o homem cruel e feroz. Não seria isto apenas metade da verdade, já que o canibal ama tanto o seu próximo que o come – e não come senão aquilo que ama?"

ANDRÉ GREEN

"O Amor é o mais exigente, o mais difícil de satisfazer de nossos instintos. Temos fome e, se podemos comer, a fome desaparece. Temos sede e, se podemos beber, cessamos de ter sede. Temos sono e, se dormimos, despertamos dispostos. Assim repousados, saciados, despertos, não pensamos mais em comer, beber ou dormir, até que a necessidade de novo renasça. Mas a necessidade de amar é de uma tenacidade diferente. Parece com uma sede que ninguém poderá satisfazer totalmente, nem mesmo pela posse física."

MARIE BONAPARTE

SUMÁRIO

Meu desejo é... 11

A mulher de cor e o canibalismo erótico na sociedade
escravocrata 19

Da mulher-esfinge como estátua devoradora ao striptease
na alcova 63

Do canibalismo melancólico sobre o corpo da amada morta
à eroticidade de Lúcifer 115

Manuel Bandeira: do amor místico e perverso pela santa
e a prostituta à família mítica permissiva e incestuosa 201

Vinicius de Moraes: a fragmentação dionisíaca e órfica da
carne entre o amor da mulher única e o amor por todas
as mulheres 257

Notas bibliográficas 305

Bibliografia 313

MEU DESEJO É...

De certa maneira, este livro pretende escrever a *história do desejo* em nossa cultura. A história do desejo dramatizado através da poesia. Os poetas sempre foram considerados os grandes cantores do amor. Pois aqui eles nos servem de guias. Na verdade, através da linguagem deles estou querendo falar das fantasias eróticas do homem comum. Se a história do homem é a história de sua repressão, estudar o desejo e a interdição é uma maneira de penetrar melhor nessa mesma história. Aliás, se os poetas não representassem o imaginário social, suas obras não resistiriam nem teriam tido importância na configuração ideológica da comunidade. Portanto, esses autores que aqui estudo não são nem mais nem menos neuróticos que seus leitores. Se os leitores precisam de suas obras para elaborar suas fantasias é que esses textos são o espelho da fala alheia.

Por isso algumas partes têm subtítulos que se parecem com romances de folhetim ou de aventura. Este é um livro de história, em que o personagem principal é o Poeta-Édipo diante da Mulher-Esfinge. Daí esses capítulos do folhetim do desejo com títulos assim: "Ofélia e o cisne do espelho líquido da morte", "Do Pã violador ao Arlequim sedutor", "O macho castrador reage ante a mulher ameaçadora" etc. E cada capítulo se abre com algumas "proposições", que são a síntese do enredo, para que o leitor se organize melhor nas peripécias inconscientes do texto.

Adianto que este *não é um estudo psicanalítico de autores, mas de obras e textos*. Não estou, a princípio, interessado em detalhes biográficos de determinados indivíduos, mas preocupado em localizar, em seus textos, os *sintomas* que revelam o inconsciente da escrita. Desse modo, estou interessado no *inconsciente dos textos*. Esse inconsciente surge aqui como sinônimo de *ideologia*. Entender o inconsciente desses poemas é entender o inconsciente de uma comunidade e, portanto, sua ideologia amorosa. Assim, o que seriam neuroses individuais se transformam em alucinações coletivas, socializadas pela linguagem literária. Nesse sentido, tomo o *texto como uma manifestação onírica social*. Considero o texto uma forma de sonho coletivo, pois os leitores abrem o seu imaginário às provocações do imaginário do poeta e aí se hospedam. As metáforas e imagens passam a ser de utilidade pública. Estou, portanto, encarando o texto também como uma forma de *mito*. Se nas comunidades primitivas os mitos serviam para a tribo expressar seus temores, anseios e perplexidades, o texto poético, entre outros, tem essa função antropológica em nossa cultura. O poeta é o xamã que, ao invocar suas alucinações, faz com que, através delas, toda a coletividade reviva seus fantasmas.

De certa maneira, este livro é também *a história da representação do corpo nos (des)encontros amorosos*. Sintomaticamente, aí se verá que o *corpo feminino* ocupa grande parte do discurso, enquanto o *corpo masculino* é silenciado. E, reveladoramente, embora o corpo masculino esteja ausente, a voz que fala pela mulher é a voz masculina. Essa é uma constatação aparentemente simples, mas de consequências graves. Por onde andou o corpo do homem durante todos esses séculos, salvo raríssimas exceções que, por serem tão excepcionais, só confirmam a regra? Evidentemente, essa ausência do corpo masculino e essa abundância do corpo feminino começam a ser explicadas pelo fato de que o homem sempre se considerou o sujeito do discurso, reservando à mulher a categoria de objeto. Como sujeito, portanto, ele se escamoteava, projetando sobre o corpo feminino os próprios fantasmas. Aí ele se porta como o ventríloquo: o corpo é do outro, mas a voz é sua. Certamente, aí está também um preconceito histórico, segundo o qual o homem se caracteriza pela razão, pelas qualidades do espírito, enquanto a mulher é só instinto e forma física. A consequência disso é múltipla: transformado em objeto de análise e de alucinações amorosas, o corpo da mulher também é o campo de exercício do poder masculino. O homem, então, fala sobre a mulher pensando falar por ela. Descreve seus sentimentos pensando descrever os dela. Imprime, enfim, o seu discurso masculino (muitas vezes machista) sobre o silêncio feminino. Certamente, essa situação se alterou, sobretudo, nos últimos 20 anos. Mas, por questão de espaço e método, não analiso as produções mais recentes. Isso é assunto para outra pesquisa.

Pode parecer estranho o que vou falar, mas a análise do imaginário amoroso mostra que a nossa cultura está cheia de *péssimos amantes*.

E, repito, os poetas não inventaram nada. A análise desses textos, sob a ótica psicanalítica, revela um desajustamento entre o real e o imaginário, que confirma a afirmativa de Platão de que desejo é indigência. Esses textos são uma espécie de "relatórios" e "depoimentos" sobre a vida amorosa antes que os americanos vulgarizassem esses procedimentos para saber da vida erótica das pessoas. A rigor, a literatura, como produto cultural, foi sempre o lugar das grandes confissões, porque nela o desejo sempre expôs sua ânsia de realização. Escrever é desejar.

É espantoso ver (com a ajuda da antropologia, da sociologia e da história) como o medo das mulheres (*a misoginia*) é uma praga, das tribos mais primitivas às sociedades mais industrializadas. É aterrador como o mito da mulher castradora, o mito da vagina dentada, da mulher-aranha e da serpente venenosa vêm da Antiguidade aos textos mais modernos. Já na Grécia, estava aquela Esfinge sufocando os impotentes. Lá está Equídna, metade serpente e metade mulher; lá está Caribdes – mulher-sanguessuga engendrada pela Mãe Terra; já Onfalo, como Deusa Terra, matava seus amantes; Empuses e Keres eram ninfas vampiras, e esta bebia o sangue dos jovens após a batalha. E existe uma Afrodite – conhecida como "Andrófoba" – que assassinava seus amantes como as deusas Ishtar e Anat. As Harpias eram as mulheres-demônio; Melissa era a abelha-rainha, e Medusa era uma das Górgonas castradoras dos homens. E, entrando pela mitologia germânica, as Valquírias atualizam as Amazonas na castração erótica mortal. Todas essas figuras complementam os textos sagrados, que nos falam da maldade devoradora de Kali, Lilith e Eva.

Por isso, já que a literatura é o mito revisitado, aí estão as mulheres fatais, como Salambô (Flaubert), Carmem (Merimée), Herodíade (Mallarmé), Cleópatra (Gauthier), Salomé (Wilde), Kali (Swinburne) e tantas outras que o imaginário greco-cristão construiu esquizofrenicamente para dramatizar o temor de Eva e o amor de Maria. Portanto, a história da metáfora amorosa é, em grande parte, a *história do medo de amar* e da incapacidade de vencer fantasmas arcaicos e modernos. É claro que essa história é a história contada por homens. E, posto que o homem se elegeu como redator da história, escolheu para a mulher o papel do *outro*, colocando nela a imagem do mal e da desagregação.

Uma coisa me fascinou entre outras neste estudo: ver como *cada época organiza literariamente seu imaginário erótico*. É como se fosse colocada uma linguagem ou uma moeda em circulação e, de repente, todos começam a expressar seus fantasmas dentro daquele código. Como se organiza essa linguagem, dentro, acima ou a despeito dos conhecidos "estilos de época", é matéria de meditação, e a isso me refiro várias vezes neste livro. Por exemplo, durante o parnasianismo, o padrão feminino de beleza foi representado na estátua de Vênus e todos os poetas se transformaram em escultores-cultores desse mito, esculpindo nos seus versos o seu pulsante desejo. Já no simbolismo, passa-se dessa estátua desejante e desejada como uma Esfinge para a temática da noiva morta. Quase todo poeta descreve uma noiva morta, embora isso nada tenha a ver com a biografia de cada um, pois a maioria deles morreu burocraticamente (in) feliz e casada. No entanto, a poesia está cheia de cadáveres de virgens e Ofélias, visitas a cemitérios e um definhar constante dos amantes ante os caixões. A mesma coisa a respeito das freiras mortas em suas celas, como se houvesse ocorrido com elas e com as noivas alguma epidemia ou como se o fato de se falar tanto de freiras e monjas fosse sinal de algum surto espiritual que teria levado tantas virgens aos conventos. No entanto, isso não pode ser medido pelo real, mas, sim, pelo imaginário, que se organiza de acordo com outros imaginários importados de outras culturas. Parafraseando conhecida corrente sociológica, pode-se dizer que se instituiu uma política ou *economia do imaginário dependente*, que faz com que aqui nos trópicos ou na fria Noruega se retrabalhem as alucinações de Baudelaire e Poe.

Tendo este estudo me obrigado a mergulhar mais fundamente em certos períodos, como o parnasianismo e o simbolismo, muito pouco estudados por causa do preconceito que o modernismo lançou contra o século XIX, de repente me defrontei com descobertas fascinantes, que ajudam a entender melhor nossa cultura e ideologia. Um dia ainda se poderá fazer uma reanálise do modernismo, para se pesar esse prejuízo que nos causou com sua febre de recomeçar do zero as coisas. Pareceu-me que os poetas do parnasianismo e simbolismo, entrevistos como autores sintomáticos, podem nos fornecer um rico material para a compreensão literária de nossa cultura. Por pouco, por exemplo, quase não transformo o estudo dos poetas chamados decadentes e simbolistas num livro autônomo. Mas tendo resistido a essa tentação e chegando a poetas como Bandeira e Vinicius, procurei revelar outro Bandeira e outro Vinicius que não aqueles conhecidos. E é interessante constatar como a obra de Bandeira está muito mais ligada às matrizes ideológicas do século XIX do que se pensa. E, de repente, me vejo utilizando-o para acabar de entender o que foi o crepuscularismo erótico e estético ao tempo da *art nouveau* e da Belle Époque. Por outro lado, em Manuel Bandeira, a dualidade do amante, entre a santa e a prostituta e a constituição de uma prostituta sagrada como simbiose, dramatiza um problema secular, que se espera nossa cultura esteja esgotando. Vinicius é um poeta muito mal conhecido. Sua poesia, sobretudo a inicial, é de suma importância para se conhecer a utilização de mitos arcaicos na literatura moderna. Sua fragmentação dionisíaca e órfica, entre a "mulher única" e "todas as mulheres", remete para uma esquizomorfose histórica. Meu estudo se interrompe com Vinicius, porque ele fecha um ciclo de visão da mulher que nos vem do romantismo. Daí para a frente, a questão do desejo se torna mais diferenciada e parece ter passado por um momento histórico, com a grande liberação erótica dos anos 1960 e o surgimento de várias outras linguagens e posturas ideológicas realmente instaladas na modernidade. Mas sobre isso tive de me abster de tratar, não só porque é, em si, uma vasta pesquisa, como também porque sou produtor de poesia, que tenta organizar-se dentro de uma nova visão da realidade, na qual o amor entre o homem e a mulher se transforma.

Enquanto ia escrevendo este livro, em cerca de dez anos de pesquisas, cada vez mais me convencia de que o que estava dizendo aqui sobre a literatura brasileira era válido para a grande maioria das literaturas ocidentais de que tenho notícia e poderia ser exemplificado também na música, no teatro ou nas artes plásticas. Durante as pesquisas, várias vezes fui às literaturas francesa, inglesa, italiana, alemã, portuguesa e espanhola, para verificar o trânsito de certas imagens obsessivas do desejo e de lá voltava com a confirmação da universalidade refletida na literatura brasileira. Estou convencido de que estudos paralelos (e melhores que este) podem ser desenvolvidos, tomando-se aquelas literaturas como objeto, e assim se entenderá melhor o que é a história do desejo no Ocidente.

Pensei, originariamente, em intitular este livro assim: "O desejo e a interdição do desejo na poesia brasileira." Nessa fase, cheguei a publicar um ensaio: "Literatura e psicanálise: revendo Bilac", que está no meu livro *Por um novo conceito de literatura brasileira*. A ideia do canibalismo ainda não havia se configurado tão claramente nos textos que estudava. Naquela direção, estudaria a questão de outra maneira: tratava-se de ver como o desejo se deixava representar, tanto na figura da *mulher* quanto na figura da *pátria* e na própria *palavra* usada pelo poeta. Assim, em poemas como "O caçador de esmeraldas" (Bilac) e "Martim Cererê" (Cassiano Ricardo), a pátria era a mulher na qual o conquistador-colonizador ia verter o sêmen do progresso. Confirmava-se a falocracia econômica num cruzamento da psicanálise com a história e a sociologia. Por outro lado, tomada como fetiche, a *palavra* (sobretudo nos textos em que o poeta confessa a sua *ars poetica* e nos chamados movimentos de vanguarda) converte-se no objeto da pulsão erótica. O poeta fala da palavra como se fala de uma mulher. Não é outra, aliás, a direção do discurso filosófico e estético ocidental: a verdade é uma mulher atrás de um véu, e cabe ao pensador viril despir, possuir ou violentar esse ser desejável e desejante com seus *logos spermaticos*.

 Ditas, mais ou menos, algumas das coisas que pretendi, agora confesso algumas carências deste livro. Por exemplo: preferi trabalhar apenas com poesia, por questão de método, mas se poderia desenvolver igual estudo sobre a ficção. Dezenas de alunos meus realizaram teses de mestrado e doutorado ao explorar esses caminhos no romance, demonstrando como é fecunda essa linha de pesquisa. Por outro lado, intencionalmente, não me concentrei nos textos escritos por mulheres: isso seria outra empreitada, para a qual estimulei sobretudo alunas em suas teses e projetos de pesquisa. Sei que só quando se desentranhar do silêncio a voz feminina recalcada se terá um panorama mais amplo da história do desejo em nossa cultura.

 As análises de poemas, aqui, não são exaustivas. Tive de me conter para não realizar aquilo que nos seminários e cursos tenho a oportunidade de desenvolver com os alunos. Seria, no entanto, interessante publicar, complementarmente a essas análises, um dia e em outro espaço. Por outro lado, ia percebendo que, ao estudar o romantismo, o parnasianismo e o simbolismo, grande número de autores menores e desconhecidos ajudava a reconstituir uma teia de significados importantes para a análise do inconsciente ideológico. Por serem autores menores, cristalizavam com mais facilidade a linguagem alheia. Eram *autores sintomáticos*. Por outro lado, como a maioria dos autores estudados viveu e escreveu em completa ignorância do que era a psicanálise, demonstravam uma espontaneidade às vezes comovedora. Certamente, alguns autores modernos, já sabedores dos mecanismos expostos por Freud, acautelam-se mais ao escrever; disfarce que muitas vezes se converte em denúncia.

Aproximando-me do fim desta introdução, esclareço que este estudo é interdisciplinar por natureza. A psicanálise aqui é o fio condutor, em torno do qual se armam os conhecimentos antropológicos, sociológicos, históricos e literários. Por outro lado, utilizei-me tanto de Freud e Jung quanto de Melanie Klein ou Lacan, quando julguei necessário e procurando um discurso de coerência que atravessasse o discurso deles e de outros ligados a essas escolas. Muitas vezes, surpreendi-me com o fato de que Freud, Lacan ou Jung pudessem ser falocêntricos, como hoje se tornou fácil demonstrar. Espanta o caráter de enigma que conferem à mulher, como se estivessem realmente diante de um *outro*. É sintomático que seja Freud quem tenha dito: "A grande questão... para a qual não encontrei nenhuma resposta durante trinta anos de pesquisas sobre a natureza da mulher é a seguinte: o que querem elas enfim?"

O título do livro, *O canibalismo amoroso*, por cobrir praticamente todas as áreas em estudo neste volume e pela multiplicidade de significados, pareceu-me sinteticamente o mais justo. Preferi não teorizar, nesta introdução, sobre esse assunto e partir logo para a análise objetiva dos textos, introduzindo, aos poucos, a teoria sobre o canibalismo toda vez que fosse necessária. O canibalismo é um traço em nossa cultura muito mais significativo do que se pensa, tendo gerado até movimentos estéticos vanguardistas na Europa e no Brasil no princípio do século XX. Não é à toa que o cristianismo é tido como o representante, no Ocidente, da ordem canibal ancestral. A ideia do ágape cristão (ceia do amor) e o ritual da hóstia (palavra que significa "vítima sacrificial") são uma atualização de um rito intemporal, no qual deuses comem homens, homens comem deuses ou, então, são dramatizados no sangue dos animais mediadores. O canibalismo como ritual pode ser visto, por exemplo, na era cristã. Os epiléticos, em Roma, bebiam o sangue quente dos gladiadores, e o médico do papa Inocêncio VIII recomendou-lhe o sangue de três crianças de dez anos. Da mitologia grega aos mitos indígenas brasileiros, abundam a omofagia e a antropofagia. Por isso, o canibalismo amoroso é apenas uma das formas desse ritual; talvez o que concentre o patológico, o religioso, o alimentar e, imaginariamente, o mais viável e compulsivo. O leitor verá que, da mulata romântica, abatida e servida na cama e mesa do senhor, à "Receita de mulher", de Vinicius de Moraes, a metáfora persiste como um álibi duplo. O canibalismo amoroso pode realizar-se através da violência sadomasoquista ou através da sedução órfica e dionisíaca.

A mulher de cor e o canibalismo erótico na sociedade escravocrata

INTRODUÇÃO...	21
PROPOSIÇÕES..	22
DESENVOLVIMENTO...	22
Da mulher para ser vista à mulher para ser comida..	22
A mulata apetitosa na culinária amorosa................	25
O discurso da sedução: a crioula e o feitor.............	33
Brejeirice e faceirice como elementos de troca: a mulata cordial...	43
Castro Alves e a denúncia do social através do sexual...	46

INTRODUÇÃO

Talvez se pudesse afirmar que o romantismo funda a estética da oralidade. Oralidade não apenas no sentido de que os poetas declamavam, recitavam e diziam seus poemas publicamente nos teatros, ruas e saraus, embalando o público com sua melopeia. Oralidade não apenas no sentido de que a poesia romântica intensificou o aspecto discursivo do texto, aproximando poesia e oratória. Oralidade nesses sentidos também. Mas, sobretudo, numa acepção mais nitidamente psicanalítica. Oralidade, aqui, como um impulso de incorporação do objeto do desejo. Oralidade como um canibalismo afetivo, imaginário e, portanto, simbólico. É nesse sentido que a lírica amorosa romântica vai utilizar a metáfora do "comer" em lugar de possuir e fazer amor. Ou, trocando introdutoriamente em miúdos o que irei desenvolvendo aos poucos no decorrer deste livro, os textos românticos exibem uma insistência nas palavras "boca", "beijos" e "seios", quando se trata da relação entre dois amantes brancos. E, em relação à mulher de cor, surge um fenômeno ainda mais sintomático do canibalismo amoroso. Desenvolve-se uma vontade de devorar as mulatas (negrofagia), um generalizado desejo pelas morenas (negrofilia) e um implícito e complexo sentimento de medo (negrofobia) diante da vítima.

Por isso é que, adaptando termos de Freud, K. Abraham e Melanie Klein, pode-se ler a poesia romântica como um capítulo oral-sádico das relações amorosas. Aí, sobretudo nos poemas em que a personagem feminina é uma negra, amor e canibalismo se confundem. Os limites entre o desejo por um objeto e o desejo de destruição desse objeto são muito tênues.

Evidentemente, o canibalismo como tema geral na literatura existia antes do romantismo. Como devoração *efetiva*, e não *afetiva*, ele está, no mínimo, em *Candide*, de Voltaire, no *Mercador de Veneza* e *Titus Andro-*

nicus, de Shakespeare, ou em Swinburne e Swift, entre outros. Interessa-me, contudo, aqui, o canibalismo erótico. E, no caso da lírica romântica que considero, a devoção amorosa de mulatas, mucamas, moreninhas, crioulas e sertanejas.

PROPOSIÇÕES

Neste capítulo, desenvolverei as seguintes ideias:

1. Enquanto a poesia anterior (árcade, século XVIII) se inscrevia no espaço do *visual*, a poesia romântica abre o espaço da *oralidade*. Da mulher anteriormente descrita como uma figura de *retrato*, passa-se agora para a *mulher-fruto* e a *mulher-caça*.

2. O texto romântico dramatiza o jogo entre a *mulher esposável* (branca) e a *mulher comível* (negra), recriando as regras da endogamia e da exogenia erótico-racial-econômica. Fixa-se o tópico da culinária amorosa, em que a mulata cozinheira é comida do patrão.

3. O *discurso da sedução* e a *violência* implícita e explícita. O *corpo* da escrava como *lugar* do *prazer* masculino e como dote na ascensão social. A festa, a dança e o lugar do prazer. A *mulata cordial*.

4. Castro Alves e o vínculo do *social* ao *sexual*. O corpo escravo como reprodutor do prazer e a condenação do poder falocrático dos brancos. O conflito de Eros e Tanatos e a presença de *Pã violento-violentador*. Da imagem da *mulher-flor* ao ato de *defloração*. Conversão da *cena da sedução* em *cena da violação*.

DESENVOLVIMENTO

Da mulher para ser vista à mulher para ser comida

De maneira geral, a poesia anterior ao romantismo, sobretudo a poesia neoclássica ou árcade, revela um modo muito peculiar de descrever a mulher. E, em se tratando das descrições amorosas entre os amantes, raramente aparece a palavra *beijo*. Tal palavra começa a aparecer entre os pré-românticos, em Tomás Antônio Gonzaga, por exemplo. Mas sempre com aquela delicadeza rococó. Imagina ele que as abelhas vão beijar os "sucos saborosos/das orvalhadas flores/pendentes dos teus *beiços* graciosos". Ou, em outro poema, fala dos "furtivos *beijos*", ou se refere aos carinhos orais dos amantes, como "arrular de pombos nos *biquinhos*". A inapetência oral da poesia anterior ao romantismo se comprova não apenas na inexistência de *beijos*, mas também na timidez ideológica e retórica em descrever outro espaço da oralidade, que são os seios da mulher amada. Essa poesia neoclássica, que elide a boca e os beijos, fala também de maneira muito perifrástica sobre seios. Claro que algum pesquisador mais arguto pode achar, aqui e ali, um ou outro exemplo isolado para contrariar minha tese. Antes do século XVIII é sempre possível recorrer a Gregório de Matos Guerra, que é uma exceção. Mas não é a exceção que nos interessa neste trabalho. É a norma. Por isso, como a exceção ajuda a entender a regra, pode-se sempre invocar, também, dentro do arcadismo, aquela "Ode" de José Bonifácio de Andrada e Silva, que começa assim: "As nítidas *maminhas* vacilantes/da sobre-humana Eulina/ Se com férvidas mãos ousado toco"...

Mas o que é comum é um disfarce das partes eróticas da mulher. Em Alvarenga Peixoto lá está, como em Camões, o "brando peito" da amada. Também Manuel Botelho de Oliveira, figurando a imaginária Anarda, não consegue ir além do "amoroso peito". Fora isso, os peitos são de mármore. Longe estamos do que vai desembocar no parnasianismo e na sensualidade antropofágica moderna. Entre os parnasianos, está Carvalho Júnior com o poema propriamente chamado "Antropofagia", que deixaria enrubescido qualquer poeta árcade. Descrevem-se, aí, os "instintos canibais" que refervem no peito, até que o amante, como "besta feroz a dilatar as ventas/mede a presa infeliz por dar-lhe o bote ajeito", uma luta amorosa peito a peito. Também aquele poema de Teófilo Dias, "Matilha", no qual descreve uma caçada e o próprio ato amoroso metonimicamente, e o amante aparece com "a pendente língua rubra, os sentidos atentos", e termina realizado ao descrever "o gozo em tua boca". Isso sem falar em Vinicius de Moraes, último autor a ser estudado neste livro, em que o canibalismo amoroso, em sua forma machista, se expõe sedutoramente no poema "Receita de mulher", no qual a presa erótica, já a partir do título, é encarada como um passivo objeto a ser devorado pelo Orfeu tropical e canibal.

Uma das maneiras de estudar a conversão da visualidade em oralidade, nessa passagem da estética neoclássica para a romântica, é verificar como se passa da imagem da *mulher-flor* à *mulher-fruto*. A *mulher-flor* é uma metáfora mais velha que a Bíblia e, no Renascimento, a poesia tomou como motivo recorrente aquele verso de Ausônio: *colligo virgo rosas*: colhei a rosa enquanto é tempo. Segundo a ideologia renascentista, a *flor*/corpo da mulher deveria ser colhida pelo amante antes que a velhice chegasse.

O apego da poesia de fundo clássico à visualidade e o apego da poesia romântica à oralidade podem ser descritos, contrastivamente, através das imagens agrupadas em torno de dois temas: *pintar* e *comer*. Na poesia pré-romântica, o próprio poema é uma pintura. E o verbo pintar ressurge aqui e ali. O poeta está sempre "retratando", "pincelando", "desenhando" a figura da amada. É, nesse sentido, pertinente a observação de Fernando Cristóvão, de que Tomás Antônio Gonzaga, por exemplo, fornece um "retrato de meio-corpo" de Marília. Como consequência, a cabeça feminina vai ser a parte mais enfatizada. O ensaísta conta que o poeta faz 51 referências ao rosto, 33 aos olhos, 21 aos cabelos, 15 ao peito, "passando tudo o mais quase despercebido".[1] A acreditar nesse levantamento e contrastando a estética visualista com a oralizante, pode-se perguntar: onde está a descrição da boca da mulher? Aqui, já se vê, longe estamos da agressiva poesia parnasiana, que se vai esmerar na descrição da mulher como uma estátua nua, referindo-se diretamente às suas "nádegas" – como Luís Delfino ou Bilac, que descrevem o sexo feminino como "um leve buço dourado".

Na estética do século XVIII, pintar é sinônimo de representar e retratar. Por isso Gonzaga, na "Lira VII", usa exaustivamente o verbo pintar, dizendo das coisas que seus sonhos pintam. E se falarmos de uma semiótica do século XVIII, há que lembrar que, desde o Renascimento, "a poesia é uma pintura falante, e a pintura, uma poesia muda".[2] Essa questão assume aspectos bem sugestivos, e por aí se poderia passar por Leonardo da Vinci ou voltar a Platão, pois ambos viam na função representativa e imitativa da pintura a fonte de superioridade sobre a poesia. Evidentemente, essa posição parte de um conceito que valoriza a arte como mimese, diametralmente diferente da posição de Hegel e de Heidegger, para quem a poesia é a mais sofisticada das artes. Deixando de lado esses extremismos, importa-nos insistir que, sobre ser um fato o caráter visualista da poesia anterior ao romantismo, ela contrasta com o caráter mais sensualista, tátil e oral que, a partir do século XIX, se torna mais evidente na literatura. E isso se torna mais patente quando constatamos que, na poesia romântica brasileira, a mulher mestiça já não é mais "descrita", "retratada", "pintada" como se fosse algo para ser visto a distância. Mas se converte de *mulher-flor* em *mulher-fruto* e, sobretudo, em *mulher-caça*, que o homem persegue e devora sexualmente.

A *mulata apetitosa na culinária amorosa*

A passagem da mulher para ser vista à mulher para ser comida é muito bem representada no poema "Retrato da mulata", de João Salomé Quiroga (1810-1878). Esse não é um poeta muito conhecido, mas, mesmo assim, seu texto expressa alguns dos valores médios da ideologia nacional na metaforização do amor. Na verdade, esse poema é um texto de passagem entre a estética do século XVIII e a do século XIX, unindo neoclassicismo e romantismo. Isso começa já no título, em que a palavra "retrato" indica a direção neoclássica do texto. Mas, no fim do poema, o "pintar" vai converter-se em "comer", quando a mulata é descrita em meio aos quitutes sedutores que prepara.

É um texto esteticamente mestiço: funde as madeixas louras da mulher neoclássica com o cabelo crespo da mulata. Assim, se de um lado descreve o riso da mulata através de "pérolas" e "corais", por outro lado coloca-lhe uns olhos de jabuticaba, assumindo um retrato mais real no qual sobressaem negras franjas e a cor do buriti. E os lábios, finalmente, têm o cheiro, a doçura e a frescura da fruta do jataí. Aqui estamos nos afastando da descrição da mulher-flor para a mulher-fruto. O sentido canibal começa a aflorar mais claramente. E aquela sutileza que os poetas renascentistas tinham, citando o verso de Ausônio: *colligo virgo rosas* (colhei a rosa enquanto é tempo), agora vai sendo substituída por algo mais palpável. Pois se a flor é para ser vista a distância ou se é para ser percebida também a distância por seu perfume, a fruta, ao contrário, exige proximidade, o tato, o paladar e a deglutição.

Por isso esse poema, sintomaticamente, nos fornece outro dado relevante. Ele torna explícita a passagem do sentido único da visão para os demais sentidos. O próprio poeta diz que seus "cinco sentidos" são convocados para apreciar a mulata devidamente. Quer dizer: é preciso ver, cheirar, apalpar, ouvir e degustar a mulher. Por isso temos de levar em conta a presença de um verdadeiro "código dos sentidos" nesse jogo erótico e literário. Nos seus textos de análise mítica, Lévi-Strauss desenvolve esse conceito de "código dos sentidos", entendendo-se por isso uma série de informações que a narrativa nos dá através da marca dos sentidos. Numa história mítica, por exemplo, as peripécias de um herói são marcadas pelo fato de ele ouvir ou não certos sons e ruídos, ver ou não certos sinais no chão ou no céu, provar ou não certas comidas e bebidas. Os seus sentidos estão abertos ou fechados para captar certas mensagens. Se ele ouve, vê, toca ou come, pode acontecer-lhe algo; se ele não escuta, não enxerga, não alcança nem come ou bebe, outras coisas podem ocorrer-lhe. Mensagens estão sendo enviadas aos seus sentidos, cabe a ele decifrá-las ou não. Na análise da poesia de Bilac em *Por um novo conceito de literatura*, fiz a transposição dessa técnica antropológica para a análise literária de fundo psicanalítico. Nesse caso, a abertura ou o fechamento dos sentidos vai estar relacionado à predominância respectiva de Eros ou Tanatos. O fechamento está do lado da repressão, enquanto a abertura está do lado da absorção da mensagem vital. É uma técnica indispensável para se medir o grau de liberação dos desejos.

Fazendo a transposição dessas observações para nosso campo específico, é sintomático o fato de que os cinco sentidos do poeta se abram quando se trata de uma mulata, e que essa abertura seja bem menor quando se trata de uma branca. Diante da mulata, há uma excitação maior no texto romântico. Ela diverge bastante da virgem assexuada, da irmã e do anjo loiro, que são as formas representativas de inúmeras mulheres brancas. A rigor, poder-se-ia mesmo escalonar a dramatização do desejo, colocando a mulata como elemento mediador entre a branca e a prostituta. Ela é, de novo, o espaço da mestiçagem moral, o espaço do pecado consentido. Mas é evidente que a abertura dos sentidos em relação à mulher de cor está presa ao fato de que ela é considerada um ser socialmente inferiorizado. Aí o poeta perde o controle e expressa *naturalmente* seus valores ideológicos mais latentes. Se na poesia relativa às mulheres brancas, no caso extremo de Álvares de Azevedo, o poeta opta pela fuga, pelo sonho e pelo desmaio, revelando um comportamento adolescente que deseja e ao mesmo tempo teme "morrer" nos braços da mulher amada,[3] em relação à mulher escura surge uma agressividade canibalesca. Misturam-se, nesse caso, sedução e violência. E poder-se-ia mesmo falar de uma sedução branca e de uma sedução vermelha. Nesse segundo caso, a sedução passou à agressão física, como vamos ver mais tarde em "A cachoeira de Paulo Afonso", de Castro Alves, em que se chega ao estupro e à morte da escrava.

Contudo, é necessário distinguir que, além de ter um significado puramente psicanalítico, esse desejo oral pela mulher de cor é resultado da relação social e uma expressão de poder. E assim como se passa da mulher para ser *vista* à mulher para ser *comida*, passa-se da *mulher-flor* à *mulher-fruto*, como se a mulher branca estivesse no *jardim* da casa e a mulher escura, no *pomar*. E é aí que o aspecto social se manifesta, conjugando a verticalidade e a horizontalidade das relações. Existe um poder vertical de controle masculino do clã que se espalha na horizontalidade da própria casa. Pois enquanto a mulher branca está, digamos, na entrada, decorando como flor a fachada e mesmo os salões, a outra (a preta) está nos fundos, ligada à alimentação erótica e gastronômica. Entre o jardim e a cozinha, perambulam os fantasmas do poeta amante, que em suas palavras dramatiza os conflitos do homem médio de seu tempo.

Consideremos, agora, de um ponto mais especificamente psicanalítico, esse conceito de oralidade. Em *Três ensaios sobre a teoria sexual*, Freud assinala a existência de uma organização sexual pré-genital, que se estrutura em torno da oralidade. O mamar, o chupar e o morder são atos eróticos prazerosos para o recém-nascido. A *assimilação* de alimentos é, também, um ato simbólico, e não apenas gastronômico. E Karl Abraham, trabalhando mais detidamente sobre isso, assinala uma "conexão estreita do componente de crueldade na vida instintiva infantil com o erotismo oral".[4] Crueldade e prazer se mesclam. "Antes de mais nada, há o processo de irrupção dos dentes que, como é bem sabido, faz com que uma parte considerável do prazer em sugar seja substituído pelo prazer de morder. Basta-nos lembrar como, durante essa fase de desenvolvimento, a criança leva à boca todo objeto que pode e tenta com toda a sua força despedaçá-lo, mordendo-o."[5]

Numa linha freudiana, assinala, ainda, que "deve ser notado que tanto o aspecto amistoso quanto o hostil dessa atitude se acham relacionados com o prazer".[6] Se levarmos isso para um plano não apenas teórico geral psicanalítico, mas fizermos a transposição cautelosa e necessária para o plano sociológico, vai transparecer, na atitude que marca a relação entre o homem branco e a escrava, seja ele senhor de engenho ou feitor, a mesma relação sádica de dominação erótica e econômica. Essa relação recheia-se com o prazer do sádico que, imaginariamente, pensa que a fêmea caçada e estuprada está tendo algum prazer masoquisticamente gerado.

Esse gesto patriarcal, escravocrata e feudal confirma, no plano econômico, suas características psicanalíticas. Procura-se incorporar o corpo do outro, canibalística e eroticamente, assim como a criança procura incorporar o objeto do desejo. É um processo de sucção sexual e social. Poderíamos, aqui, parafrasear K. Abraham e dizer que "se aferram como sanguessugas às outras pessoas" e que esse comportamento sádico-oral apresenta um elemento de crueldade que torna o agressor sexual semelhante a um vampiro. É isso: o feitor e o senhor de engenho rondam as escravas como sanguessugas e vampiros, exercitando, econômica e eroticamente, sua oralidade perversa.

Voltando, portanto, ao "Retrato da mulata", de Quiroga, que realiza a passagem do *visível* ao *comível*, observa-se que o código visual, o código gustativo e o código olfativo são reforçados pelo código tátil, pois o texto se refere também à bela cintura da mulata, que ele gosta de estreitar. Isso, além de referir-se àquilo que "à vista/o pejo oculta/vontade exulta/ só de pensar", se referindo às partes íntimas da mulher.

A última estrofe do poema, mais que as outras, sintetiza o pensamento do poeta:

"Já que *pintei-te*
Minha querida,
Vênus nascida
Cá no Brasil,
Em prêmios dai-me
Muxoxos, queixas,
Quindins, me deixas
e *beijos* mil."

O primeiro verso ("Já que pintei-te") indica a tática neoclássica de desenhar a mulher a distância. Mas como não é mais um árcade típico, o poeta reivindica outros direitos e, adiantando logo que a mulata é uma "Vênus nascida/Cá no Brasil", como que a lembrar a famosa frase de que abaixo do equador não há pecado, completa a naturalização do tipo, passando de vez da contemplação à degustação da mulata-cozinheira que, metonimicamente, passa a ser também comida no imaginário aceso do poeta. Aliás, os nomes dos quitutes afrodisíacos (*muxoxos*, *quindins*, *beijos*) aparecem no texto destacadamente em tipo versal, misturando o sujeito e o objeto do desejo oral do poeta, acoplando também o beijar e o comer.

Entre o *pintar/ver* e o *comer/beijar* vai uma distância semelhante àquilo que a antropologia qualifica de *esposável* e *comível*, ao estudar o canibalismo e o casamento nas sociedades primitivas. Claro que existe, como diria André Green, uma diferença entre "canibalismo efetivo" e "canibalismo afetivo". Mas, adaptando a terminologia de Melanie Klein, os seios mestiços da mulata são, ao mesmo tempo, o bem e o mal, o seio bom e o seio ruim, e o senhor escravocrata dela se aproxima ambiguamente, querendo incorporar uma parte e destruir outra.

Tal ênfase na oralidade, representada na poesia romântica pela contínua referência a "beijos", "boca" e "seios", vai transformar-se, em última análise, na metáfora da *mulher-caça*. A passagem da metáfora vegetal (mulher-flor/fruto) à metáfora animal (mulher-corça/perdiz) assinala a violência das relações eróticas, sobretudo quando o homem é branco e a mulher é de cor. Se tomarmos o poema de Guimarães Jr. (1845-1869) "A sertaneja", veremos isso exemplarmente. Aí já não se trata mais da mulher como flor e adorno, mas da mulher como animal de caça erótica:

"Eu sou a virgem morena
Robusta, lesta, pequena
Como a *cabrita montês*,
Vivo cercada de amores
E Aquele que fez as flores
Irmã das flores me fez."

A metáfora vegetal e animal do desejo aí aparece revestida por uma fatalidade ideológica, pois isso é obra de Deus – "Aquele". A seguir, descreve a sensualidade da sertaneja com os "braços limpos e nus" e sua "saia engomada". Mas agora ela não desfila apenas como as outras mulatas e crioulas pelas ruas da sedução. Ela não está na cidade, mas no sertão, e aí se transforma na caça que se expõe à mira dos sedutores-caçadores. Exercitando seu canibalismo sentimental, diz o poeta:

"Sertanejos, sertanejos
Pedis debalde os meus *beijos*,
Em vão pedis meu amor!
Eu sou a alegre *cutia*,
Que se expõe à *pontaria*
E ri-se do *caçador*!

A sertaneja morena
Bonita, forte, pequena,
Não cai na *armadilha*, não
A jaçanã corre e voa
Quando vê sobre a lagoa
A sombra do *gavião*.

A sertaneja faceira
É mais que a *paca ligeira*,
Mais que a *andorinha veloz*.
Sou viva, *arisca*, medrosa
Bem como a *onça* raivosa
Pronta ao mais leve rumor."

 Evidentemente, o poema é montado sobre um artifício entre o que, na teoria linguística, se chama de dito e não dito. O tempo todo, a sertaneja é descrita como sendo um ser que escapa aos gestos dos caçadores. Ela foge às armadilhas, corre, voa e é arisca. Mas ao afirmar que a mulher é uma caça que não se consegue caçar, mais do que mostrar que ela está além do gesto de destruição do caçador, o texto reafirma a metáfora da mulher símbolo da caça, que inclusive se movimenta, ambiguamente, dentro desse universo semântico e ideológico.

 Nesse texto, a fêmea ainda consegue escapar ao assédio do macho caçador. Mas em outros, a exemplo de "A cachoeira de Paulo Afonso", a presa é abatida na campina e possuída falocraticamente por seu amo. Seu amo, repito, e não por seu amor. Estamos, portanto, já encaminhando esse assunto para outro aspecto, que é aquele que vai unir não apenas o texto simplório de Salomé Quiroga ao texto trágico de Castro Alves, mas vai unir também o estético ao social, ao antropológico e ao psicanalítico. Nesse sentido, é possível falar de um canibalismo não

O CANIBALISMO AMOROSO 31

apenas oral e primitivo, mas de um canibalismo erótico e patriarcal. A relação erótica entre o homem e a mulher, no sistema social falocrático, transforma a relação sexual numa prática sacrificial e num exercício de poder, de que não escapam nem os poetas contemporâneos. O leitor pode assustar-se com a afirmação: mas é isso que, agora não em termos de mulatas, mas em termos da mulher em geral, aparece em Vinicius de Moraes, o celebrado sedutor-poeta, para quem a mulher é Cordélia (portanto, a cordeira), que o macho sangra no altar do amor. Veja-se a peça *Cordélia e o peregrino* que, aliás, comentaremos no lugar apropriado deste livro.

Por ora, talvez seja conveniente lembrar, com Gilberto Freyre, que, em nosso contexto histórico, a culinária escrava sempre teve papel extra-alimentar: "Dentro da extrema especialização de escravos no serviço doméstico das casas-grandes, reservavam-se sempre dois, às vezes três indivíduos, aos trabalhos de cozinha. De ordinário, grandes pretalhonas, às vezes negros incapazes de serviço bruto, mas sem rivais no preparo dos quitutes e doces. Negros sempre amaricados; uns até usando por baixo da roupa de homem cabeção picado de renda, enfeitado de fita cor-de-rosa e ao pescoço teteias de mulher".[7]

A relação entre culinária e eroticidade continua não apenas no espaço da escravidão, mas mesmo na relação que o escravo forro mantém com a sociedade. As negras doceiras, produzindo manjares em forma de cavalinhos, corações, passarinhos, peixes e galinhas, deixavam transparecer aí "reminiscências de velhos cultos fálicos ou totêmicos".[8] Gilberto Freyre encontra, no livro de Emanuel Ribeiro *O doce nunca amargou*, um ponto de contato entre o que ocorreu em Portugal e o que se passou no Brasil: "Em Portugal ainda hoje é costume, em Bragança, por ocasião dos casamentos, fazerem-se dois bolos, um representando os órgãos sexuais masculinos e o outro, os femininos. À saída da igreja, o noivo ergue o seu bolo, o mesmo fazendo a noiva. Os rapazes e as moças procuram então tirar das mãos dos noivos o bolo simbólico; quem o conseguir, casa breve. E em Azurrei, próximo de Guimarães, vendem-se bolos com o nome de 'sardões' (termo popular dado ao órgão genital masculino; em outros pontos com o nome de 'passarinhas' (órgão genital feminino)."[9]

Por outro lado, uma tradição não apenas brasileira, mas universal, relaciona produtos culinários, frutas, bebidas e doces a órgãos eróticos e produtos excrementais, fechando um círculo entre a boca e o ânus e entre o comer à mesa e o comer na cama. Em tudo isso, o imaginário prazer digestivo, intestino, físico e subjetivo. Na cozinha brasileira, criou-se a figura da preta gorda, tipo Tia Nastácia, reproduzida nos diversos livros de culinária, sugerindo, através da fartura de carnes da preta e do seu bom humor, o princípio da satisfação oral. Satisfação que vai do leite da ama à comida, propriamente, passando pelo espaço da sexualidade, uma vez que a iniciação sexual de grande parte dos adolescentes começava (até recentemente) na fazenda ou na casa, através das empregadas – em sua maioria pretas e mulatas. A gratificação através da culinária, por outro lado, levava muitos senhores a alforriar os escravos, "que lhe saciavam a intemperança da gula com a diversidade de iguarias".[10]

Aquela última estrofe de Salomé Quiroga, que aproxima a mulata cozinheira da mulata a ser comida, remete para algo que se tornou lugar-comum em nossa cultura e até hoje tem marcas na música popular. Mário de Andrade, aliás, no seu estudo "Amor e medo" – na verdade a primeira análise verdadeiramente psicológica de nossa poesia –, além de situar argutamente a ambiguidade do poeta diante das amadas, assinala que na poesia romântica "a mulher é tratada com uma certa franqueza macha, que foi o tom com que ela se sensualizou no texto das modinhas, quando essas passaram da espineta dos salões pro violão das esquinas".[11] Com efeito, a música popular até hoje repete muitos dos clichês retóricos do século passado. Aí estão os mesmos lugares-comuns da ideologia, lembrando o dengo e a faceirice da namorada-cozinheira. Nesse sentido, é possível fazer-se uma releitura de músicas que vão de Ari Barroso e Dorival Caymmi até hoje, para se constatar como a música atual é a sucedânea da poesia romântica. Significativamente, em "No tabuleiro da baiana" ou "Os quindins de iaiá", de Ari Barroso, misturam-se o vatapá, o caruru, o mugunzá e os quindins com as concessões eróticas. Amar e comer são sinônimos. Aí, a malícia cheia de charme explorando a ambiguidade daqueles termos. E, de maneira mais complexa, esse tema estaria sobretudo na ficção do baiano Jorge Amado, quando, especialmente em *Gabriela cravo e canela* e *Dona Flor e seus dois maridos*, o cozinhar e o amar são duas atividades complementares, uma vez que Dona Flor e Gabriela são imbatíveis, tanto na cozinha quanto na cama.

É rastreando esse tema que Teófilo de Queiroz Júnior, no livro *Preconceito de cor e a mulata na literatura brasileira*,[12] dedica um capítulo à persistência do estereótipo da mulata nas músicas carnavalescas, sobretudo a partir de 1903. Nessas músicas, sobressai o machismo prazeroso do homem branco, abrindo deferências à mulata através da dança ambígua das palavras poéticas. Importaria assinalar, no entanto, que estética e historicamente essas músicas, ainda atuais, apenas atualizam lugares-comuns da poesia romântica de há mais de um século. A cultura popular conserva estratificados preconceitos, dos quais a melhor literatura, de maneira geral, já se libertou. Nesse sentido, o Carnaval, como exercício desreprimido de nossa ideologia, ratifica um preconceito violento contra a mulher de cor, disfarçado numa linguagem irônica e aliciadora.

Enfim, como figura não apenas para ser *pintada*, mas *sentida*, como criatura não para ser *esposável*, mas para ser *comida*, a mulata é o lugar recorrente do desejo imaginário escravocrata. Ela é o espaço mestiço em que a ideologia, também mestiça, exercita ambiguamente o jogo da sedução e da dominação erótica e econômica. Gilberto Freyre localiza no mito da "moura encantada" uma raiz internacional para o mito da mulata no Brasil, dizendo que "o longo contato com os sarracenos deixara idealizada entre os portugueses a figura da 'moura encantada', do tipo delicioso de mulher morena e de olhos pretos: envolta em misticismo sexual, sempre de encarnado, sempre penteando os cabelos ou banhando-se nos rios ou nas águas das fontes mal-assombradas, que os colonizadores vieram encontrar parecido, quase igual, entre as índias nuas e de cabelos soltos do Brasil".[13]

Mas, evidentemente, a boa vontade de Freyre não explica, pela mitologia, um fato essencialmente econômico e social. Tanto assim que essa fixação na morena é facilmente localizada em várias outras culturas, vindo a ser também uma fixação, por exemplo, na literatura francesa. Assim, em *Le negre romantique*, Léon-François Hoffmann diz diretamente: "a mulata é a amante ideal proposta à imaginação erótica do francês médio"[14] e, como consequência, "os heróis mulatos são não apenas de grande beleza, mas são dotados também de todas as qualidades".[15]

O discurso da sedução: a crioula e o feitor

O discurso que essa poesia produz sobre a mulata é um discurso de sedução. Procura-se apresentar a mulher de cor como sedutora. E a palavra sedução etimologicamente significa tirar do caminho, desviar (*seducere*). O que os textos contaminados da ideologia predominante não explicam é quem está seduzindo quem. É a mulata a sedutora? Ou é ela vítima de um mecanismo sedutor de ascensão social através do corpo? Na verdade, existe aí um jogo ambíguo. Tão ambíguo quanto as vozes masculinas e femininas que se mesclam na enunciação dos textos.

Informações novas sobre isso ressaltam do texto de outro poeta romântico, também pouco conhecido. Trata-se de Trajano Galvão (1830-1864). No poema "A crioula", começa por uma estranha declaração de que a crioula não se importava em ser escrava, antes tirava partido disso:

"Sou cativa ... qu'importa? fogando
Hei de o vil cativeiro levar!..."

Esse tipo de declaração, aliás, é comum em vários outros poetas. Vejam Bittencourt Sampaio, em "A mucama":

"Eu gosto bem desta vida
Por que não hei de gostar?"

E de maneira quase idêntica Melo Morais Filho, em "A mulata":

"Eu gosto bem desta vida
Que assim se passa esquecida."

Já teríamos aí elementos para vastas considerações. Restrinja-se, no entanto, apontando uma posição ao mesmo tempo masculina, branca, patriarcal e falseadora da verdade. A confortável situação do homem branco, proprietário do corpo e da produção do escravo, leva-o a justificar-se perante si mesmo, convencendo-se de que a escravidão, afinal, não é tão má. Essa suposição ocorre, principalmente, quando o escravo é mulher, pois que a crioula, imagina o poeta, a exemplo das mucamas, sertanejas, mulatas e moreninhas, encontraria muito prazer nas trocas eróticas com seus senhores. Aliás, não apenas se satisfaria assim como não teria nenhuma outra exigência que não fosse a satisfação física (que o homem-senhor fantasia que lhe dá).

Esse pensamento, que reanalisado mostra o jogo sadomasoquista, é ainda vigente, não apenas na prática social entre homem e mulher de classes e cores diferentes, mas até mesmo entre culturas e sociedades desenvolvidas, quando confrontadas com as primitivas. Em outros termos: acredita-se, enganosa e imaginariamente, que os "primitivos" (sejam eles povos e pessoas) são mais felizes porque estão mais próximos de suas "raízes". É assim que, até hoje, os europeus imaginam que os países tropicais são o Eldorado, o *pays de cocagne* e da utopia erótica. O samba, a alegria, a festa, o ruído seriam manifestações dessa felicidade tribal, que os civilizados perderam e que, de cima de suas riquezas, entediados, invejam. É um raciocínio autocomplacente, incentivador do *status quo*, em que o comércio erótico e social entre povos/pessoas ricas e povos/pessoas pobres expressa, sobretudo, uma má consciência que não sabe trabalhar seus próprios remorsos estocados na mais-valia do sexo e do dinheiro.

Como consequência, nesses poemas vai surgir um elemento mediador entre o senhor e o escravo: o sexo. Se, por um lado, na realidade, a relação sexual entre senhores e escravas (e, em alguns casos, também entre senhoras e escravos) sempre existiu, por outro, o texto que se construiu a partir disso instituiu uma série de mentiras interpretativas através das quais o sexo resgataria a violência vertical das relações de poder. Configura-se todo um discurso da sedução que visa legitimar a situação de dominação. Assim, a crioula, no poema de Trajano Galvão, já não acha o cativeiro duro, pois tem também instrumentos para "amansar" o feitor, que, aliás, tem mui "brando coração". Esse abrandamento, esse amaciamento (imaginário) das relações comprovam-se semanticamente quando começa a haver um jogo entre o termo *escrava* (no eito) e *rainha* (no leito). O sexo é o lugar de passagem por onde se estabelece a *cordialidade* das relações eróticas e sociais.

Esse é um tópico sugestivo e ambíguo na cultura brasileira. Ambiguidade que está não somente nos termos rainha/escrava conferidos à mulher, mas na própria prática social, quando se estabelece que o *endeusamento* da mulata nas avenidas do Carnaval, nos espetáculos, é um *coroamento* compensatório e limitado, porque o homem/senhor delimita o espaço em que ela pode ser senhora, em vez de escrava. O que, em última instância, reforça os mecanismos de sujeição, malgrado a liberação aparente das situações.

Essa ambiguidade mistura-se ao que já está misturado na vivência ideológica da comunidade: um sentimento de *negrofilia, negrofagia* e *negrofobia*. Um amor pela negra, que se mistura à necessidade de comê-la e dominá-la e que, em alguns casos, também se mostra ambíguo, resvalando para o medo. O amar, o comer e o temer estão mesclados, representando os mais diversos papéis. Essa pluralidade de versões sobre o negro e a negra espelha bem a complexidade do tema na própria poesia romântica. De um lado, a idealização, o abrandamento da violência em alguns textos; de outro, a opinião racista de "cientistas", como A. de Gobineau, que assim explicava a "inferioridade" dos negros: "Mas aí, exatamente, na avidez das sensações, se encontra a prova de sua inferioridade. Todos os alimentos lhe parecem bons, nenhum o desagrada, não rejeita nenhum. O que ele quer é comer, comer em excesso, com furor. Não existe carniça repugnante para seu estômago devorar. Ele gosta mesmo do cheio, e sua sensualidade se acomoda não somente aos mais grosseiros, mas aos mais odiosos".[16] Ou, então, tentando explicar o comportamento psicológico e social a partir de dados biológicos, como era moda no século XIX: "Os caracteres de animalidade marcados na forma de sua bacia lhe impõem seu destino, desde o instante da concepção. Ele não sairá jamais do círculo intelectual restrito."[17]

Assim como a "ciência" e a ideologia escravocrata se misturam, a lenda e a realidade se superpõem, e, de repente, temos, vinda dos tempos da colonização, a espantosa história de Chica da Silva e o contratador de diamantes João Fernandes, na antiga Diamantina. História que lembra outros casos ainda mais romanescos, como os vários relatados por Charles Expilly no seu livro *Mulheres e costumes do Brasil*. Refere-se, por exemplo, a uma irresistível mulata chamada de "duquesa bronzeada". Era dona Manuela de Bom Jesus, vendedora de bananas, laranjas, cajás, pitangas, abacaxis, figos (conforme o estereótipo frugal e culinário), que passou a esposa do rico dr. Fruchot. Ou, ainda, a mirabolante história da negra Calixta, digna de folhetins arrebatadores, cuja história de vingança "produziu uma dupla paixão incestuosa, um parricida e fratricida, um terceiro envenenamento, um estelionato e um roubo por arrombamento, a morte de uma mãe e, afinal, a queda de um homem, no momento preciso em que desaparecia sua mocidade".[18]

De certa maneira, esses poemas que estamos comentando são uma versão de histórias semelhantes. Histórias, aliás, que sobrevivem não apenas nos romances de Bernardo Guimarães, como *A escrava Isaura* e *Rosaura, a enjeitada*, mas que já passaram para o cinema e para a telenovela, atualizando estereótipos de nossa cultura. Dentro da poesia, uma série de poemas, como "Essa nega fulô", de Jorge de Lima, justificaria que se falasse da síndrome da Nega Fulô, tal a presença de textos que narram as tempestuosas relações entre senhor e escrava, como aparece no poema sobre a mestiça, de Gonçalves Crespo, na "Escrava", de Arthur Azevedo, na "Sabina", de Machado de Assis, e dezenas de outros, alguns dos quais analisamos aqui. Isso sem falar em "Lúcia", "Manuela" e em "A cachoeira de Paulo Afonso", de Castro Alves.

Voltemos, no entanto, a Trajano Galvão, o poeta que Raymond Sayers aponta como precursor do abolicionismo, "cuja morte ocorreu em 1886, com apenas 34 anos, provavelmente por ter saído de casa doente para atender a um escravo que passava mal".[19] Diga-se logo que textos seus, como "Solau", expressam um patente antiescravismo. Nem se duvide que o poeta fosse defensor de negros e negras. O que ocorre, no entanto, no texto que ora analisamos, é a revelação de que, na enunciação do poema, transparecem posições que hoje podem ser revistas mais acuradamente. Seu poema "A crioula" é bem ordenado estética e ideologicamente. Após a estrofe introdutória na qual caracteriza a crioula como objeto do desejo do feitor, seguem-se três estrofes com funções bem específicas:
1. a relação da escrava com o trabalho;
2. a descrição da festa como espaço da sensualidade;
3. a apresentação da religião sob um aspecto permissivo.

Consideremos esse texto. Desde logo, posso adiantar uma informação que ressalta da análise global do texto: o sexo é o elemento mediador entre o trabalho, o ócio, a festa e as próprias relações religiosas. A atuação da negra é sempre medida pelo erotismo. Vejamos:
1. As relações de trabalho não obedecem a uma forma convencional. A hierarquia feitor/escrava é abrandada pelo elemento sedução. O feitor participa de um sistema de trocas de poder e eroticidade, elegendo-se como o protetor da crioula. O autor ainda ressalta a situação especial de sua personagem, que é mais bonita, mais produtiva que as outras escravas e que, além do mais, não trabalha na roça, pois tem o status de tarefeira, colhendo cinco arrobas de arroz e algodão.

2. Excepcional no trabalho, ela também se descreve superior no ritual da dança e no espetáculo erótico da festa:

> "Ao tambor, quando saio da pinha
> Das cativas, e danço gentil,
> Sou senhora, sou alta rainha,
> Não cativa de escravos a mil!
>
> Com requebros a todos assombro
> Voam lenços, ocultam-me o ombro
> Entre palmas, aplausos, furor!...
> Mas, se alguém ousa dar-me uma punga,
> O feitor de ciúmes resmunga,
> Pega a taca, desmancha o tambor!"

Além de lembrar o que assinalamos sobre o jogo semântico e ideológico de escrava/rainha (que vai aparecer também nos textos sobre as escravas brancas, como aquela Laís de "A tentação de Xenócrates", de Bilac, que examinamos no livro *Por um novo conceito de literatura brasileira*),[20] é curioso assinalar a existência de uma relação entre o *lugar da mulher* e o *lugar do prazer*, sobretudo em relação à mulher de cor. Veremos então que aquilo que, ironicamente, o livro de Heloneida Studart chama de *Mulher: objeto de cama e mesa*[21] se comprova numa velha prática falocrática.

Claro é que além da cama e da mesa abre-se outro espaço do prazer, que é a festa. As mulheres nobres, burguesas ou frequentadoras da corte, como as heroínas urbanas de José de Alencar, rodopiando seus sonhos e corpos nos bailes à cata de marido, complementam-se nessas outras mulheres escravas e sertanejas, que encontram na festa popular o espaço para serem vistas e, a partir daí, participarem daquilo que Alencar, mesmo, chama de "mercado matrimonial".

É significativo aquela escrava Laís, de Bilac, ser também apresentada numa festa diante dos nobres e militares romanos. E é relevante que, nos outros poemas sobre os quais ainda comentaremos, a festa, a dança, a música e os instrumentos musicais componham esse ambiente de sedução. Essa mulher morena que dança é, recorrentemente no romantismo, precursora de Salomé, que surgirá repetidamente no parnasianismo e no simbolismo. É claro que, num romântico como o alemão Heine, essa mulher não é apenas a vítima, mas a castradora. Mas vai ser nos simbolistas, como Wilde, Laforgue e Swinburne, que essa mulher fatal chegará aos seus paroxismos. A dança é só o prenúncio do momento em que rolará decepada a cabeça do amante. Diferentemente, a bailarina romântica, negra ou mulata, é o ponto de convergência do olhar concupiscente do branco, que sabe que ela é o lugar da realização de seu poder erótico. A dança é um jogo de sedução branda, em que a violência se metamorfoseia em ritmo de expectativa.

Em "A sertaneja", Guimarães Jr. (1845-1898) desenvolve essa linha de sensações:

"No samba quem puxa a fieira
Melhor que a trigueira,
Maravilha dos sertões?
Que peito mais brando anseia,
Quem mais gentil sapateia,
Quem pisa mais corações?"

Parece que estamos lendo uma versão dos muitos sambas que valorizam modernamente os requebros da mulata, como que a afirmar que só o mestiço e o negro sabem dançar sedutoramente. Afirmação estereotipada e racista, que prejudica mestiços e negros, pois com essa afirmação se lhes continua a reservar o espaço do *ócio*, enquanto os brancos controlam o espaço do *negócio*. Essa bailarina é um estereótipo. É a irresistível Rita Baiana de *O cortiço*, de Aluísio Azevedo, que leva de roldão na bainha de sua saia todos os machos extasiados na roda do samba.

De maneira relevante, o espaço da dança complementa o espaço da cozinha, ao qual nos referimos ao tratar da mulata amorosa e cozinheira. E se poderia mesmo dizer que, do ponto de vista espacial e ideológico, há uma correspondência. A dança ocorre no terreiro, ao lado daquele pomar ou da plantação, onde se devoram frutas ou se colhem legumes. Essa dança não se desenvolve na sala da fazenda, onde, se há dança é a valsa, mais recatada, e a mulher está composta em suas rendas e brocados. Essa dança branca é aquela a que se referem Gonçalves Dias e tantos outros. Claro que a valsa romântica é também metonímia do prazer de enlaçar, tocar etc. Mas entre a *valsa* e a *batucada* está a mesma diferença entre a *flor* e o *fruto*, o *jardim* e o *pomar*, a *mulher branca esposável* e a *mulher escura comível*.

3. Finalmente, o terceiro tipo de relação descrita no poema sobre a crioula diz respeito à religião. Depois de ter apresentado a mulher escrava e suas relações com o trabalho (sempre ameno) e seu lugar na festa da sedução, apresenta a religião de modo pouco convencional. Pois o padre, diferentemente do que se poderia esperar, não condena o desempenho erótico da escrava, antes a incita a ir encontrar-se com seu feitor:

> "Na Quaresma meu seio é só rendas
> Quando vou-me a fazer confissão;
> E o vigário vê cousas nas fendas,
> Que quisera antes vê-las nas mãos...
> Senhor padre, o feitor me inquieta;
> É pecado...? Não, filha, antes peta...
> Goza a vida... esses mimos dos céus
> És formosa... E nos olhos do padre
> Eu vi cousa que temo não quadre
> Co'o sagrado ministro de Deus."

Ocorre aí, surpreendentemente, uma diferença em relação à poesia convencional em matéria ideológica: o sacerdote que vai confessar a crioula também se envolve e se excita com sua presença. E, ante a confissão de que o feitor incomoda a escrava, o padre lhe dá conselho liberador, permissivo e insólito. Introduz-se a ironia romântica como dado questionador da realidade. Por certo, do ponto de vista histórico, não seria tão raro que isso acontecesse. Os padres tiveram, no Brasil Colônia, uma situação eroticamente contrastante com certas exigências ortodoxas de santidade. Gilberto Freyre assinala que, nesse tempo, "da licença do arcebispo se prevaleceram aliás clérigos libidinosos para viverem regaladamente amancebados".[22] A isso se poderia ajuntar outro dado na leitura do poema em análise. Não apenas o espírito renascentista introduziu na colônia portuguesa o pensamento de que nos trópicos tudo era permitido, mas há outro dado a destacar: a permissividade concedida à negra não seria a mesma concedida à branca. Difícil se torna mesmo imaginar esse diálogo liberalizador, já não digo entre um feitor e uma branca, mas mesmo entre uma branca e outro pretendente de seu nível social. De resto, é fundamental destacar um artifício retórico e ideológico oculto no texto. Refiro-me ao fato de que há uma voz masculina que fala pela mulher. A voz que fala é antes o imaginário de um autor projetado na crioula e na figura do padre. É uma voz masculina que se quer passar por feminina. Nesse e em todos os poemas que estamos considerando. Por isso, é necessário lembrar que há uma diferença entre o discurso da sedução e a sedução do discurso. Uma diferença e uma complementaridade, pois a sedução lança mão do discurso para fechar seu ciclo encantatório.

Nesse sentido, esse poema, assim como "A mucama" (Bittencourt Sampaio), "Moreninha" (Almeida Seabra), "A mulata" (Melo Morais) e "A sertaneja" (Guimarães Jr.), aciona todos esses truques estéticos e ideológicos, segundo os quais o autor faz passar a sua voz como sendo a voz do real. A sua voz branca, masculina e de proprietário, como sendo a voz da mulher escura e escrava. Os poemas são, inclusive, escritos na primeira pessoa. Primeira pessoa imaginária, ilusória e ideológica.

Aqui se põe uma questão pertinente sobre a origem e as marcas desse discurso erótico, que é um discurso masculino a propósito das mulheres, mas que quer se passar como discurso feminino. Evidentemente, numa sociedade onde a mulher praticamente não tinha voz social, esse era um recurso "natural"; fazê-la falar, ainda que ventriloquamente, pela voz masculina de seu proprietário, que a exibe concreta e literariamente nos salões e terreiros. Esse jogo de sedução afeta, igualmente, brancas e pretas. E, como diz Sabina Spielrein, cliente e depois amante de Jung, que assim narra a Freud, através de cartas, seu drama de amor: "Na sociedade patriarcal, onde o poder é tipicamente masculino, o amor da mulher pelo homem está essencialmente baseado na identificação projetiva. Sua ligação se desenvolve numa disparidade, excluindo sempre o outro com todas as conotações de uma relação narcísica. Seguramente, aquele que viveu com intensidade um tal amor sente como é fascinante ser colocado no centro do mundo, quaisquer que sejam os aspectos negativos e o caráter ilusório que isso implique."[23]

Isso é o que, pioneiramente, havia assinalado Simone de Beauvoir ao se referir ao jogo de poder e linguagem entre homens e mulheres: "A representação do mundo, assim como o próprio mundo, é tarefa dos homens; eles o descrevem segundo seu ponto de vista particular, que confundem com a verdade absoluta."²⁴ Assim é que ela mostra como os autores masculinos trabalham a imagem feminina. Em Montherland, por exemplo, a mulher é a "noite", a "desordem", a "imanência". Em Claudel ela é a "serva do Senhor". Em Bréton ela é sempre um "elemento de perturbação". Descrita como "anjo", "criança", "ninfa", "deusa", "mãe", "prostituta" e "noiva", ela foi sempre composta literariamente a partir da *palavra masculina*. E, significativamente, como mostra Ida Magli, o próprio sistema simbólico de comunicação em nossa sociedade sempre esteve a serviço da "voz" masculina. Desde as sociedades mais primitivas observa-se que "ter a palavra" é ter o poder, e o poder, evidentemente, estava com os homens que redigiam as leis. "Já na civilização grega e depois no mundo cristão, o *logos* é o poder de Deus que age no presente. No cristianismo, no entanto, o *logos* está encarnado, está inserido na realidade histórica: o *verbum caro factum est*, a palavra que criou todas as coisas se transforma em 'acontecimento'. A partir daí, explica-se melhor por que, no cristianismo, a mulher é tão evidente e explicitamente excluída da palavra".²⁵

Ao continuar suas observações, Ida Magli mostra que no mundo ocidental, já entre os romanos, a palavra válida nos contratos sociais sempre foi a palavra masculina, estando a mulher interditada de jurar e testemunhar. Vindo da Antiguidade aos nossos dias e chegando à palavra masculina do papa e à exclusão sistemática da mulher da participação no poder eclesiástico, compreende-se por que, em lugar de profetizar, nossas culturas acabaram produzindo feiticeiras, confirmando, assim, o maniqueísmo sexual e ideológico.

Somente nas últimas décadas, no plano da própria linguagem, as mulheres se armaram melhor para desmascarar o sistema de poder linguístico dos homens. Dessa revisão não escapou Freud, reanalisado por Luce Irigaray em *Speculum de l'autre femme*,²⁶ nem escapou Jacques Lacan, cujo pensamento, considerado misógino e falocrático, foi considerado por Catherine Baliteau.²⁷ De resto, Marina Yaguello, em *Les mots et les femmes*.²⁸ encarregou-se de mostrar como uma análise sociolinguística pode nos levar a entrever o jogo de poder inscrito na linguagem do cotidiano.

Brejeirice e faceirice como elementos de troca: a mulata cordial

A poesia romântica desenvolve o tópico da brejeirice e da faceirice ligado à mulher de cor. A faceirice é sinônimo de denguice e sedução e pressupõe um jogo de máscaras e disfarces. Brejeirice tem também esse sentido, mas, além de reforçar a ideia de malícia e vadiagem sedutora, remete para "brejo", o que possivelmente implica o caráter instável, aquoso que sempre foi imputado à mulher, como que a reforçar ser ela o lugar do escorregadio, ambíguo e pecaminoso. Aliás, os fisiologistas do século XVI sustentavam que a mulher era fisicamente o símbolo da desordem e da inconstância, posto que produziam humores frios e úmidos, enquanto os homens, machos, produzem-nos quentes e secos.

Com efeito, a figura da mulata, em grande parte da poesia romântica, tem essas características ambíguas, fluidas e instáveis. Ela atua mestiçamente. Como mulher de cor, tendo uma dupla natureza, pode movimentar-se socialmente desde que mantenha sua duplicidade de caráter. Enquanto for *faceira* e *brejeira* conseguirá, através da docilidade, transformar-se de *escrava* em *rainha*. E aí a sujeição e a sedução se mesclam. Poder-se-ia mesmo estabelecer um paralelo entre esse atributo da mulata e aquilo que na sociologia, desde Sérgio Buarque de Hollanda, vem sendo chamado de "o homem cordial". Essa mulher descrita em muitos poemas românticos (e na música popular contemporânea) é uma "mulher cordial". Mais do que isso, especificamente, ela é uma "mulata cordial".

Quando tentou descrever "o homem cordial" brasileiro, Sérgio Buarque dizia que a "lhaneza no trato, a hospitalidade, a generosidade, virtudes tão gabadas por estrangeiros que nos visitam, representam, com efeito, um traço definido do caráter brasileiro, na medida, ao menos, em que permanece ativa e fecunda a influência ancestral dos padrões de convívio humano, informados pelo meio rural e patriarcal".[29] A partir daí, Cassiano Ricardo, no livro *O homem cordial*, extrapolou e partiu para a caracterização da *cordialidade* brasileira, mas termina por fazer um elogio da fraqueza de caráter, da ambiguidade e da esperteza misturadas com uma visão utópica, idealista e falsa desse homem, como também o vê em *Martim Cererê* e em outras obras suas.

Esse é um tópico rico de nossa sociologia, até hoje pouco explorado ou ratificado. Mas de quiproquó em quiproquó, pode-se por aí acabar fazendo o elogio falso da "índole pacífica do povo brasileiro" ou o louvor do "bom negro", como nos Estados Unidos se fez a partir de *A cabana do Pai Tomás*. Existe nessa *cordialidade* outra face recalcada, que é a violência não de todo camuflada e que aflora em nossa história. Se, para o homem de cor, é aconselhado que seja um "bom negro", um "negro de alma branca" para subir socialmente, quanto à mulher é forçoso reconhecer que os homens lhe abriram e concederam esse espaço de brejeirice e de sedução como modo ambíguo e ilusório de pensar que na sociedade escravocrata ela possuía liberdade.

Ora, se da mulher branca se exigia uma série de "atributos femininos", que assim definidos serviam para circunscrevê-la no espaço do ócio e não do negócio, no que se refere à mulher de cor a situação se repete com agravantes. Além de mulher, ela é preta. Quer dizer: escrava, subordinada duas vezes. A percepção disso, que hoje parece corriqueiro dentro do pensamento feminista moderno, era, no entanto, altamente revolucionária na palavra dos saint-simonistas, que há mais de cem anos pregavam uma utopia, em que esses problemas eram postos na mesa: "O negro me parece ser a *raça mulher na família* humana, como o branco é a *raça macho*."[30] Para analisar a semelhança da posição da mulher e a do negro, continua Gustave d'Eichtal: "Até hoje, *domesticidade* e *servidão* são coisas idênticas. Desse modo, o negro é essencialmente doméstico, como a mulher, e até hoje foi condenado, como ela, à escravidão mais ou menos pesada. A emancipação da mulher deverá ser acompanhada da do negro, ou, para falar mais claramente, é na *mulher negra* que a emancipação da mulher deve completamente se realizar."[31]

Na sociedade conservadora, a mulher branca tem ainda um elemento de barganha social que é o dote, símbolo arcaico de quando as tribos trocavam as mulheres entre si. Aliás, essa troca primitiva já mostrava que o corpo da mulher era uma moeda no sistema de permutas. Daí ter Lévi-Strauss assinalado que o casamento não era um negócio entre um homem e uma mulher, mas um negócio entre dois homens a respeito da mulher. Pois bem. Também no caso da mulher de cor, na nossa sociedade escravocrata, seu dote é o próprio corpo. Seu corpo é a sua moeda de ascensão social, mesmo porque não lhe foi deixado nada a não ser isso. Por aí se construiu um discurso cheio de matizes. De objeto de troca, ela passa a ser, literária e imaginariamente, encarada como sujeito capaz de governar as relações de permuta. O discurso masculino sedutor quer nos fazer crer ter ela a capacidade de manipular o desejo do outro, quando, na verdade, a regra é o homem estabelecer os princípios desse comércio amoroso. Por aí chegou-se a fomentar o mito de que a mulata sedutora conduz o homem para onde ela quer, de que nós não somos mais do que vítimas passivas ante seus trejeitos irresistíveis. Nesse quadro se insere o louvor da mulata, que se por um lado corresponde ao fascínio erótico real (ou imaginário), por outro revela um mecanismo de limitação do espaço da mulher. E nesse restrito espaço, a mulher de cor só pode subir socialmente através da brejeirice, da faceirice, e não da inteligência e do trabalho. Esses seriam atributos brancos e, sobretudo, masculinos.

O poema "A moreninha", de Bruno Henrique de Almeida Seabra (1827-1876), descreve a mulher que só aceita a sedução como *rito de passagem*. Como a tonalidade de sua pele mudou (ela é morena e não mais crioula), a mediação do casamento já se torna possível. A mulher não quer mais ser a amante às ocultas, mas a esposa. Há aí uma aspiração social. Aspiração essa descartada pelo interlocutor masculino no poema que, ao ouvir falar de casamento, dá excusas de que é ainda muito jovem. Também Casimiro de Abreu, em "Moreninha", pinta as graças sedutoras do tipo, comparando-a ora à rosa e à romã, ora à rola e à juriti. Mas um exemplo ainda mais útil vem em "A mulata", de Alexandre José de Melo Morais Filho (1844-1919), que assim se inicia:

"Eu sou mulata vaidosa,
Linda, faceira, mimosa,
Quais muitas brancas não são!"

E a seguir vai valorizando seus "requebros", ressaltando que é a rainha do samba, do "bamboleio", que a todos cativa e arrasta quando dança. As mulheres brancas que a olham da janela dela têm inveja, e ela sabe

"que qual mulata baiana
outra não há no Brasil".

E continua a descrever todos os seus dotes físicos na vitrina do poema: seios, cintura, pulsos, os adereços que traz, os corais, as contas de ouro, o pano à cintura, as saias de rendas finas, brincos de pedrarias, cordão e correntinha, afirmando que

"Minha existência é de flores
De sonhos, de luz, e de amores
Alegre como um festim!"

De novo, como assinalamos em outros textos, o lugar da mulher vai ser o lugar da sedução e da festa. E ao desfilar nas ruas ela é o cobiçado objeto do desejo. E, sobretudo, o poema marca e falseia o real, à medida que, revestindo a figura da mulata como objeto e nunca como sujeito do seu próprio desejo, a enquadra "feliz" dentro do sistema de dominação. Após dizer, naquelas três versões anteriores, que sua vida é um paraíso, mostra ligeiramente o quadro da opressão que possibilita sua "felicidade":

"Escrava, na terra um dono,
Outro no céu sobre um trono,
Que é meu Senhor do Bonfim!"

Fundem-se os dois senhores: o da terra e o do céu, senhores aos quais ela seduz com todos os seus atributos físicos. Evidentemente, essa confissão de submissão aos dois senhores é feita por uma voz masculina, que escreve o poema, retratando a questão de um ângulo que não é exatamente o da escrava. Mas tanto nesse poema como em outros, já assinalados, a ausência de dotes econômicos e sociais é compensada pelo dote físico. O corpo passa a ser a moeda de ascensão social.

Castro Alves e a denúncia do social através do sexual

Charles Expilly (*Mulheres e costumes do Brasil*), que muitos consideram exagerado e mesmo detrator do Brasil, refere-se a um lavrador português, ao norte de Diamantina, que fazia o cultivo de negros e mulatos como se faz criação de cavalos de raça. O seu negócio reprodutor consistia em gerar mão de obra pelo cruzamento dos próprios escravos. Bem, até aí não haveria nenhuma novidade. Contudo, o fazendeiro resolveu incrementar mais seu negócio obrigando sua mulher, de raça branca, a gerar filhos de escravos negros, enquanto ele mesmo difundia a mestiçagem, apossando-se de outras negras. E fomentando ainda mais sua empresa, ele ia trocando os meninos que nasciam por negras, que eram logo fecundadas por escravos vigorosos. Assim, em dez anos, tinha "um capital de 25 escravos, dos quais dez mulatos e 15 negrinhos, e ainda mais, nove rapazes na força da idade, dentre os quais três soberbos rebentos e seis negras".[32] A seguir, Expilly cita um certo Buckinham, que relata coisas semelhantes acontecidas na Virgínia, Estados Unidos.

Historiador imaginoso ou não, o fato é que não há muita diferença entre Expilly e Jacob Gorender, em *O escravismo colonial*, ao referir-se "ao fato de não serem raros os senhores que mantinham na escravidão seus próprios filhos, havidos com escravos. Em 1752, Mateus Dias Ladeira, colono residente na Bahia, dirigia representação a El-Rei D. José na qual, entre outros assuntos, se referia: 'aos nascimentos de muitos filhos que os brancos tinham de suas escravas e que escravizavam também.' Do aumento do número de escravos mulatos inferiu Saint-Hilaire que '... se pode afirmar que existiam homens livres de nossa raça de alma bastante cruel para deixar os próprios filhos sujeitos à escravidão. Por não se tratar de prática excepcional, que a própria moral vigente bastasse para coibir, foi que José Bonifácio propôs sua proibição taxativa pelo artigo IX do seu projeto de reforma da escravidão. A proposta de José Bonifácio permaneceu letra morta, e continuou a haver pais que escravizavam filhos e até os vendiam. Em 1869, relatou Correa Júnior ter presenciado um 'branco e brasileiro nativo' vender sua própria filha, nascida de escrava e 'quase tão clara como ele' (...). Nesse particular, o direito escravista brasileiro situava-se atrás do direito romano, que mandava considerar libertos a mãe escrava e os filhos, quando estes tivessem por genitor o próprio senhor da escrava".[33]

Essa introdução sociológica e histórica é fundamental para o entendimento referencial de um poema como "A cachoeira de Paulo Afonso", de Castro Alves. Ressalta-se aí o tópico da violência e do sadismo na sociedade falocrática. A violência erótica complementa as violências racial, social e econômica. Há um sadismo ao mesmo tempo psicológico e social. Foi Krafft-Ebing quem cunhou os termos "sadismo" e "masoquismo", como bem lembra Freud nos *Três ensaios sobre a teoria da sexualidade* (1905). Outros autores preferem o termo algolagnia para descrever essa paixão pela violência. Marie Bonaparte, nessa linha, diz: "No que se refere à algolagnia ativa, o sadismo, as raízes no indivíduo normal são fáceis de detectar. A sexualidade da maioria dos homens comporta um elemento de agressão, de tendência a dominar o objeto pela força."[34]

O poema de Castro Alves, que comentarei, é o lugar de passagem do tópico da mulata faceira, num jogo sedutor romântico, para o tópico da sedução como agressividade explícita. A violência implícita e esmaecida na linguagem dos poemas anteriores agora é desnudada, na denúncia de Castro Alves. O poeta está exibindo o sadismo do conquistador convertido em violador. O sadismo, conforme Freud, é um exercício da pulsão de dominação. Aqui, a dominação erótica mistura-se à econômica e à social na sociedade escravocrata. Mais ainda: há uma relação entre o sadismo e a pulsão de morte. O indivíduo exercita sobre o outro o seu desejo mortal. Exerce a dominação/submissão. Pratica um ato canibal e, no caso, oral-sádico.

Ficará, no entanto, mais claro o que estamos encaminhando se narrarmos ao leitor o enredo do poema de Castro Alves e realizarmos alguns desdobramentos de tópicos aí subjacentes. "A cachoeira de Paulo Afonso" é um longo poema dramático. Na verdade, são 33 poemas de formas métricas variadas, individualizados por títulos específicos, que contam uma trágica história. A história do amor de dois escravos: Lucas e Maria.

Maria, a mucama, é a "mimosa flor das escravas". Lucas é o "filho das florestas" e "escravo lenhador". Ambos são jovens, fortes e belos. O poema descreve Maria e Lucas indo se encontrar. Mas ocorre um imprevisto. Maria é surpreendida por outro homem enquanto se banhava no rio. Inicia-se uma longa cena de perseguição pelos campos, até que Maria é alcançada e possuída.

Depois de desonrada, Maria se encontra com Lucas e conta-lhe o sucedido. Mas aí a dramaticidade do poema começa a se armar mais nitidamente, pois Maria acaba por revelar que fora violada pelo filho do dono da casa-grande, o qual, na verdade, é meio-irmão de Lucas. Numa cena narrada no passado, fica-se sabendo que a mãe de Lucas foi convertida em amante do patrão. Tendo jurado à mãe moribunda que nunca se vingaria, o escravo vê agora se repetir o seu drama familiar. E entre matar seu meio-irmão, rompendo o juramento, e o trágico suicídio, ele e Maria decidem pelo suicídio. Deixam a canoa em que estavam deslizar rio abaixo até se precipitar na cachoeira de Paulo Afonso, realizando, assim, como diz o poeta, um himeneu, em que as estrelas do céu são as tochas de uma igreja, os rochedos são monges que murmuram preces, as águas espargidas pela cachoeira são o incenso e Deus é o sacerdote que celebra a união dos noivos na morte.

Se esse é o enredo sucinto do poema, em seu significado mais profundo encontramos outros elementos que devem ser ressaltados. Esse é o texto também no qual se narra como o sistema escravocrata começa por desestruturar o sentido de família do escravo, impossibilitando-lhe o mínimo de organização social e psicológica. Não apenas o fazendeiro apossou-se da mãe de Lucas. Também o filho do fazendeiro e meio-irmão de Lucas apossa-se de sua noiva, Maria. Se o corpo do escravo é espoliado, o ventre da escrava é explorado, não apenas como o lugar do desejo erótico, mas também como o espaço em que se consubstancia o poder econômico. E aqui caberia não apenas lembrar aquelas afirmações de Charles Expilly, mas, com Gorender, lembrar que a espoliação do corpo escravo estava sempre vinculada ao sexo. Assim é que os casais negros escravos eram estimulados a procriar intensivamente, para dar mão de obra aos patrões, porque havia nisto uma recompensa de liberdade. Há registros de que em certas fazendas se legislava que "as escravas que derem sete filhos, tanto o marido como a mulher ficarão forros e ainda o senhor será obrigado a dar-lhes um terreno de cem braças de testada, pelo menos com quinhentas para sua vivenda".[35] Quer dizer: a família, como a tradição cristã a quis conceber, não existia para o escravo. Os próprios filhos eram produzidos para pagar a paradoxal liberdade dos pais.

E falando da metáfora do corpo, assinale-se que a poesia de Castro Alves realiza uma série de deslocamentos e mesmo de inversões da prática retórica e ideológica comum aos românticos. Se na maioria dos poemas que tratam dos escravos (como os que já analisamos anteriormente) a metáfora da mulher-flor e a da mulher-caça é apresentada como um endosso do conceito de mulher-objeto, em Castro Alves o erótico e o social são inscritos ao mesmo tempo. Esse é o grande traço distintivo desse poeta. Ler a tragédia erótica do casal escravo é constatar a sua tragédia racial e social. Nesse sentido, a lírica amorosa e a lírica de Castro Alves fazem um todo. A liberalidade do poeta nas relações amorosas com as mulheres brancas se complementa na luta contra a opressão erótica de negras e negros. O Castro Alves erótico e o Castro Alves social são, portanto, um só.

Exemplo disso é a diferença na apresentação da mucama Maria, se comparada com outras mucamas já referidas. Ela não está ali num comércio de trocas com o fazendeiro, buscando embranquiçar-se ou querendo certos favores. Não é a *mulata cordial*, brejeira, faceira, sestrosa. É, ao contrário, a noiva da morte, quando violada em seus projetos com seu parceiro. Como resultado, toda a semântica da sedução, todas as metáforas da mulher-flor e da mulher-caça têm agora um tom trágico. Ou seja: o poeta não poetiza apenas a caça erótica, mas a denuncia. Maria é a "flor manchada por cruel serpente", a "rola", a "perdiz", a "corça" abatida por seu violador. Não há o elogio da sedução, mas a revolta ante o canibalismo erótico.

"Ai! que pode fazer a *rola triste*
Se o *gavião* nas garras a *espedaça*?
Ai! que faz o *cabrito* no deserto
Quando a *jiboia* no potente aperto
Em roscas férreas o seu corpo enlaça?

Fazem como eu... Resistem, batem, lutam
E finalmente expiram de tortura...
Ou, se escapam trementes, arquejantes,
Vão, *lambendo as feridas gotejantes*,
Morrer à sombra da floresta escura!...
E agora está concluída
Minha história desgraçada.
Quando caí – era virgem,
Quando ergui-me, desonrada!"

Contrariamente ao que faz a lírica de inspiração romântica alienada, ele se revolta contra o fato de que a "flor" escrava seja arrancada e morta. Ele se rebela contra a caçada erótico-econômica que vitima Maria e, por consequência, Lucas. Ele opera uma inversão do significado usual daquelas metáforas dentro do seu sistema poético-ideológico. Desse modo, seu texto não canta só a plenitude imaginária dos dotes físicos dos escravos, como vimos a respeito das mucamas faceiras e mulatas brejeiras. Sua fala relata a ruptura, o corte, o advento da morte, o outro lado da metáfora usual romântica.

"*Pomba* – em teu ninho as *serpes* te *morderam*.
Folha – rolaste no paul sombrio.
Palmeira – as ventanias te *romperam*.
Corça – *afogaram-te* as caudais do rio.
Pobre flor – no teu cálice *beberam*,
Deixando-te depois triste e vazio..."

Seja, portanto, no conjunto animal (pomba-corça), seja no conjunto vegetal (folha-palmeira-flor), confirma-se a denúncia da cadeia de dominação econômica e social através da subjugação erótica. Os termos que iniciam as frases são seguidos de termos que revelam uma ruptura na cadeia do que seria esperado na vida normal das flores e dos animais. E essa ruptura é trabalhada mais explicitamente em seus vínculos com o econômico e o social, ao falar o poeta agora diretamente do "trabalho" e da "liberdade", negados aos negros:

"(...) o que é verdade
É que os infames tudo me roubaram...
Esperança, *trabalho*, *liberdade*
Entreguei-lhes em vão... não se *fartaram*.
Quiseram mais... Fatal *voracidade*!
Nos dentes meu amor espedaçaram...
Maria! última estrela de minh'alma!
O que é feito de ti, virgem sem palma?"

Esses versos nos fazem retomar as primeiras afirmações deste capítulo, quando insistíamos na oralidade como uma característica distintiva da poesia romântica. O verso: "Nos dentes meu amor espedaçaram", reforça, ao lado de "fartaram" e "voracidade", a metáfora da caça que perpassa todo o texto e que já estaria até mesmo no trecho inicial, em que o poeta se refere ao seu cão perdigueiro. Mas, sintomaticamente, esse cão perdigueiro recusa-se a caçar a perdiz diante da mata incendiada. Esse cão está do lado de Lucas e do poeta. O caçador é o patrão com sua ideologia falocrática.

Sublinhemos, aqui, a relação entre o erótico e o econômico, tendo em vista que o próprio poeta vincula, no seu texto, a problemática do "trabalho" e da "liberdade" à questão da dominação sexual dos escravos. O senhor usa o corpo do escravo não apenas como produtor de trabalho e reprodutor de mão de obra, mas como produtor de prazer. É um objeto altamente rentável nos planos erótico e econômico. Mais do que isso, pode-se destacar outra característica. O desempenho erótico, que deveria estar sempre do lado da vida, da liberação e da saúde natural dos indivíduos, não apenas se converte de Eros em Tanatos, ganha também algumas nuanças nessa passagem de um polo ao outro, e a ação sexual do escravocrata assume sua função doentia, seu caráter verdadeiramente patológico, não apenas psicanalítica, mas econômica e sexualmente. Algo mais ocorre nesse universo falocrático: o sexo, que deveria transmitir vida, transmite morte. Morte e doença, como nos conta a história.

Ocorreu com os africanos trazidos para a América o mesmo que se deu com os índios, aniquilados não apenas pelas doenças sociais, mas sobretudo pelas doenças físicas do conquistador. Por isso, lembrando Gilberto Freyre, "é preciso notar que o negro se sifilizou no Brasil. Um ou outro viria já contaminado. A contaminação em massa verificou-se nas senzalas coloniais. A 'raça inferior', a que se atribui tudo que é *handicap* no brasileiro, adquiriu da 'superior' o grande mal venéreo que desde os primeiros tempos de colonização nos degrada e diminui. Foram os senhores das casas-grandes que contaminaram de lues as negras das senzalas. Negras tantas vezes entregues virgens, ainda molecas de doze e treze anos, a rapazes brancos já podres de sífilis das cidades. Porque por muito tempo dominou no Brasil a crença de que para o sifilítico não há melhor depurativo do que uma negrinha virgem".[36]

Sem família, tribo, costumes e religião, com o corpo desgastado no eito e poluído no leito, o tempo de vida do escravo era muito curto, sendo uma minoria aqueles que ultrapassavam os 30 anos de vida. A sociedade escravocrata brasileira foi mais perversa e desumana que a sociedade feudal europeia, que admitia o casamento entre os vassalos, mesmo conservando o costume do *jus primae noctis* ao soberano. Como lembra Taylor, em sua *History in sex*, "nos primeiros tempos feudais, o dia do casamento podia terminar diferentemente com o senhor feudal deflorando a jovem noiva antes de entregá-la ao marido. A existência desse *jus primae noctis*, também conhecido na França como *jus cunni*, na Inglaterra como *marchette* e no Piemonte como *cazzagio* tem sido muito discutida. Mas Ducange fornece dados baseados em autoridades, provando que ele existiu. São até conhecidos casos em que monges, sendo ao mesmo tempo senhores feudais, desfrutaram desses direitos. Por exemplo, os monges de Thiodart exerceram esse direito sobre os habitantes de Mont Auriol. Práticas semelhantes foram encontradas em muitas outras sociedades. Por exemplo: nos chamados costumes samonianos, todos os convidados da festa de casamento copulavam com a noiva. O propósito psicológico desse costume derivado dos ritos da fertilidade religiosa é afastar o ressentimento da esposa em relação ao seu marido, pois a mulher geralmente sente isso em relação ao homem que a desvirgina".[37]

Deixando de lado essa última frase, em que transparece um pensamento discutível e, talvez, de extração folclórico-machista, ressalte-se a fusão do poder e do prazer na mesma prática social. E, no caso da mulher escrava, presa de caça do sistema falocrático, reafirma-se aquela categoria do ser *comível* e do ser *esposável*. Caça-se sempre um ser de outra espécie. O canibalismo, por isso, é, em geral, exogâmico, embora existam anotações sobre o canibalismo endogâmico, conforme lembra Jacques Attali, em *Vita e morte della medicina – l'ordine cannibale*.[38] E o canibalismo não é exatamente um sistema de alianças ou de trocas sociais, embora psicologicamente ainda possa ser concebido como tal. Sistema de alianças e trocas, concretamente falando, é o casamento. Mas numa sociedade escravocrata, ocorre geralmente dentro do mesmo estrato social e racial. Fora disso, há o conflito, e um elemento deve ser devorado por outro.

O casamento, contudo, apenas organiza entre os senhores sua violência erótica. Violência dentro da mesma classe social entre homens e mulheres, violência que sobrepõe impunemente o senhor à sua "escrava branca". De certo modo, o casamento é a parte legislada das violências eróticas. Ele passa a legitimar, juridicamente, o processo de dominação macho-fêmea, enquanto outra área permanece desguarnecida, escapando à ação policial, judiciária e eclesiástica, e que diz respeito aos escravos, vassalos e subalternos vários. Desse modo, a senzala, como espaço associado ao espaço da casa-grande, significa também o espaço segregado para o exercício impune e violento do sexo. A senzala e o corpo escravo, enfim, vão ser a válvula de escape das tensões acumuladas na casa-grande.

Esse poema de Castro Alves tem certo parentesco com "Mauro, o escravo", de Fagundes Varela, e "Sabina", de Machado de Assis. No poema de Varela, narra-se como o belo escravo Mauro vinga-se da morte de sua irmã, perseguida por Roberto, filho do fazendeiro Lotário. A vingança se consuma quando Mauro, figura mitológica de bandido errante pelos sertões, surge na festa de casamento do filho do fazendeiro e o mata. Mas o tema desse poema, no entanto, não é eroticidade e poder, mas vingança. A semelhança com o poema de Castro Alves vem do fato de que Mauro também é filho do fazendeiro e, portanto, irmão de Roberto, que tentou seduzir a irmã mulata de Mauro. De um lado, portanto, a aliança de pai e filho brancos, e, de outro, Mauro, filho bastardo, defendendo a honra de sua irmã.

Já no poema "Sabina", de Machado de Assis, narra-se a paixão entre a escrava e o senhor moço. Assim como no poema de Castro Alves, aqui também há uma cena em que o filho do fazendeiro surpreende a mucama a banhar-se num rio. Mas o romance de Otávio, que cursava a academia, e a escrava Sabina não tem futuro. Daí a algum tempo, o rapaz se casa com uma jovem da corte. Desesperada, Sabina procura se matar. Corre para as águas do rio, mas aí o instinto materno surge mais forte e ela decide não se suicidar.

O poema de Machado é a descrição da renúncia ao amor e a aceitação do cativeiro. O de Varela é a narrativa da revolta e da vingança. O de Castro Alves é o do protesto através da morte. Só no poema de Castro Alves a sensualidade e a sexualidade descrevem uma curva de significados econômica e socialmente mais relevantes. De qualquer forma, esses e outros poemas, que narram a opressão social e erótica, remetem para uma observação de Léon-François Hoffmann de que "a sociedade escravagista não deixa ao negro a não ser três saídas: o suicídio, a colaboração e a revolta. As personagens negras que se suicidam são legiões. Se tal ato é a expressão do desespero, é igualmente vingança, pois privam o opressor branco de uma fonte de renda. A colaboração? Não colabora quem quer, a colaboração é exigida pelo senhor. Ela dá um certo poder sobre os escravos irmãos".[39] Enfim, há a revolta. Revolta que, na literatura francesa, é contada em *Toussaint-Louverture*, de Lamartine, e no *Burg Jargal*, de Victor Hugo, ou, modernamente, por Aimé Cesaire em *Roi Christophe*, que narra a tragédia do escravo-rei do Haiti.

O tema da violência erótica pode ser entrevisto nesse poema de Castro Alves, ainda através do que se pode chamar de *mitoanálise*. Ou seja, através da estrutura de um mito subjacente, pode-se ler melhor o drama de Maria. E é na mitoanálise que o pensamento de Freud se realiza, ao trazer, por exemplo, o mito de Édipo para estruturar sua teoria da libido. Na verdade, "ele descobriu que a psicopatologia é a dramatização de um mito".[40] Mais, ainda, "que a mitologia é necessariamente patológica, se não ela não poderia nos falar da alma no que ela tem de mais profundo".[41] Assim, a mitologia não deve ser entendida como uma "depravação moral", mas como uma representação do que temos de mais essencial e contraditório.

Estou me referindo à presença subliminar do mito de Pã, que preenche a história de Maria. O poeta não se refere a ele diretamente. Mas isso não é necessário para que esteja atuando na enunciação do texto. Há muitos indícios desse substrato mítico, como apontarei aos poucos.

Curiosamente, há estudos que circunscrevem a popularidade desse mito na literatura do século XIX, tendo sido o favorito da literatura inglesa, rivalizando aí com Orfeu e outros. Evidentemente, o mito de Pã é complexo e pode ser lido em várias vertentes. Wilhelm Heinrich Roscher, em seu *Lexicon*, tratou de entendê-lo amplamente, e analistas modernos, como James Hillman, tentam resgatar alguns aspectos positivos dessa imagem, vendo aí até mesmo um sinônimo de "instinto" e de forças inconscientes que os homens equivocadamente temem em si mesmos. A mim, aqui, interessa o mito no seu significado mais forte e universal. Pois mais do que simplesmente o deus da masturbação e da epilepsia, ele é também o deus da violação.

Tomemos, antes de outras observações teóricas, o poema de Castro Alves, procurando aí as implicações não apenas psicológicas, mas sociais. Com efeito, no trecho intitulado "Na fonte", descreve-se a chegada de Maria a uma fonte. Como no mito, Pã vive à espreita das ninfas em bosques, florestas e fontes. E é nesse cenário que, ao se banhar, Maria se vê possuída de "pânico", quando surge imprevistamente um personagem que a persegue como um sátiro. Como se sabe, o deus Pã emprestou "seu nome à palavra pânico, este terror que se expande na natureza e no ser, sentimento da presença desse deus que tumultua o espírito e enlouquece os sentidos".[42] Mas Pã é sobretudo o deus violador. Violação com a violência que isso implica.

Nesse poema de Castro Alves, há uma aparente inversão. Enquanto na tradição mitológica Pã é um deus caprino, às vezes identificado com a cor escura, porque habitante da sombra, no poema o estrato histórico e social nos indica um Pã senhor branco diante de uma ninfa mulata. Aliás, o aspecto físico do Pã/fazendeiro nos é poupado pelo poeta. Ele se concentra dramaticamente na figura de Maria, correndo desvairadamente pelos campos. A figura masculina que ataca não tem nenhum de seus aspectos descritos. Mas Maria corresponde ao protótipo mitológico, pois, como diz James Hillman, "a ninfa faz parte dos bosques, das águas, das grotas, das formas evanescentes, da bruma. Ela é casta, sua natureza é ainda virgem, pura e jovem".[43]

Por outro lado, para contrastar com isso "nos escritos latinos, Pã é chamado de o agressor, o ousado, o bárbaro, o feroz, o brutal, o gorduroso, o peludo, o negro".[44] Em um pensamento místico e analítico, é sinônimo do diabo, do mal e do desconhecido.

É significativo observar como a cultura branca conseguiu colar o mito de Pã e da ninfa à imagem do negro. Como diz Hillman, "o medo do violador negro e primitivo existiu na consciência ocidental bem antes de existir o estado da Pensilvânia".[45] E em seu livro *Pan et le cauchemar*, mostra como nos Estados Unidos se cultivou a ideia de que o escravo era o *niger, instabilis, lubricus, rusticus, brutus, nudus, nocturnus* etc. Isso, a meu ver, explicaria a presença subjacente desse mito numa célebre obra do cinema americano. Refiro-me a *O nascimento de uma nação*, produzido na década de 1910 – o primeiro longa-metragem americano, uma espécie de *E o vento levou...* do cinema mudo. O filme pretende delinear as forças que realmente marcaram o caráter da história americana. E uma das cenas-chave envolve o conflito de pretos e brancos: um escravo negro, como se fosse Pã, surpreende uma jovem branca e rica no bosque e inicia uma perseguição erótica, que termina com a morte da moça que, aterrorizada, se joga de um rochedo. Griffith, o diretor do filme, coloca a saciedade e concupiscência sempre do lado dos negros, como se estivesse ilustrando as teses racistas de Gobineau.

Exatamente o contrário vai ocorrer no poema de Castro Alves. Maria, a mulata, está sob o signo de Eros, enquanto seu agressor branco está na esfera de Pã e da morte. Dramatiza-se aquela pulsão de morte por parte do agressor. Estabelece-se, claramente, a diferença entre o *amor* e o *pânico*. Maria ia se encontrar com o amor/Lucas e é surpreendida pelo seu oposto: a tragédia pânica. Ocorre uma inversão, e a *cena da sedução* converte-se na *cena da violação*. A violência implícita que havia naqueles outros poemas românticos, nos quais se decanta a eroticidade da mulata, converte-se em violência explícita. Aqui, a sedução atingiu o seu ápice, pois se, etimologicamente, seduzir (*seducere*) significa "desviar", "levar para fora do caminho", efetivamente é isso que o agressor de Maria faz, interrompendo a trajetória da mulata ao encontro do noivo, cortando o caminho do amor com a morte. O amante, ao contrário, conduz (*conducere*) a amada, andam lado a lado, como Lucas e Maria o fariam, não fosse a interferência diabólica de Pã.

Sintomaticamente, a figura de Pã, composta ambiguamente de traços de bode e de homem, mostra na sua fissura, na sua diferença semiótica, sua vocação para a antinomia. Por isso, a *transgressão* é sua característica básica, e ao tentar aproximar elementos díspares (como a pureza e a devassidão) ele se utiliza da força, violência e violação. A transgressão é o oposto da *conjunção*. Aqui, há um toque de fecundação divina e não demoníaca. De tal maneira que se pode dizer que o seduzir está para a transgressão, assim como o conduzir para a conjunção.

Mas na sequência de raciocínio que estou desenvolvendo desde o princípio deste capítulo, é necessário retomar aquela imagem original da *mulher-flor* a que me referi a propósito da lírica sedutora das mulatas e mucamas. E que além de ter ocorrido uma passagem notável da mulher-flor para a *mulher-fruto*, ocorre agora, na poesia de Castro Alves, a problematização erótica desse tema, com a introdução da temática da *defloração*, decorrente do mito de Pã e da ninfa. Não existe, aqui, mais aquela suave declaração que os renascentistas e barrocos tanto repetiram: colher a flor do amor enquanto é tempo. A ideia é de arrebatar. Mais: de violar, deflorar a flor de carne. Sobretudo porque essa flor corporal é uma flor escrava, e o despetalar de sua essência é também um exercício sádico de poder. E não é por acaso que a mitologia vincula não só a presença de Pã à transgressão, mas à própria ideia de demônio. Ou, explicando melhor ainda, o tema da defloração vincula-se à figura de Perséfone, ou Corê, que um dia, colhendo flores, foi surpreendida por Hades, ou Plutão, o deus do inferno.

Miticamente, ainda, o conflito entre Maria e seu agressor reconta o mito de Pã e de Eros como se estivesse contrapondo a pulsão de morte à pulsão de vida. Com efeito, muitos afrescos e vasos da Antiguidade retratam a luta entre esse ser peludo e demoníaco com Eros, jovem e belo. E, assim como Eros, outra contraposição ressalta do texto mítico, pois o escravo Lucas, que aí está, é também um Orfeu tropical. Como tal, canta uma "Tirana" à sua Maria enquanto espera encontrá-la. Antes, o poeta, em "O baile na flor", descreve o ambiente de música e dança na floresta, onde "há silfos e fadas" cercando Maria e Lucas. Orfeu é a harmonia. Mas o seu oposto é Pã, que em vez de música produz ruído pânico. Verdade é que a mitologia diz também que Pã possuía uma flauta – a sirinx. Mas essa flauta é apenas parte do processo sedutor. O outro lado é a perseguição ruidosa de suas vítimas, que não acolhem seu som. Do lado de Maria e Lucas está a música. Ambos, quando vão se encontrar, produzem música, geram sons agradáveis na natureza, encadeiam as vozes dos pássaros, e os movimentos de seus corpos correspondem à luminosidade do dia.

Maria é uma criatura social e historicamente consistente. Não é apenas um fantasma erótico. Não é parte daquele bando de ninfas clássicas que os marinheiros descritos por Camões perseguem na ilha dos Amores. Essa ninfa tropical é escura e trágica. Ela não está, como suas parceiras da poesia romântica, exercendo a sedução no baile, na festa, nas ruas e na senzala. Não é a mulata faceira, dengosa e cordial. Sendo a presença do amor, mais do que ninfa negra, é a Diana que, em vez de caçar é caçada por Pã, travestido de filho de fazendeiro branco, que com sua flauta/*falus* a submete à violência da antimúsica.

Para finalizar a análise desse poema, pode-se dizer que há outra maneira de acompanhar os pontos centrais que estamos assinalando. A passagem de Eros a Tanatos pode ser narrada se fizermos a descrição de como se desenvolvem alguns códigos do texto. Refiro-me a algo que disse anteriormente no princípio deste capítulo, quando me referi ao *código dos sentidos* e à sua adequação talvez mais rentável ainda na literatura. Explicitamente, eu diria:

– *Código cromático*: quando o poema se inicia, o céu é "rubro", "incandescente" e se ouve o "estampido estupendo das queimadas". O incêndio é um "leão ruivo ensanguentado". Lucas passeia seu torso nu ao sol dos trópicos como uma "estátua de bronze". Aos poucos, à medida que se exibe a dramaticidade do poema, as cores da natureza e dos corpos vão se metamorfoseando. O dia se converte em noite, Eros se converte em Tanatos, e os amantes, que iam encontrar-se para a festa, despencam na cachoeira da morte.

– *Código sonoro*: todos os ruídos iniciais, como os cantos dos pássaros e a música da própria natureza, silenciam no desfecho do poema.

Para se ter um elemento sintético e expressivo de comparação, veja-se o poema "Tirana" – que é a canção festiva e esperançosa de Lucas entoada no princípio, em contraposição a "Bandolim da desgraça", na segunda parte, que soa como música soturna e trágica, encaminhando a morte dos amantes.

– *Código térmico*: descrito conjuntamente com o código cromático, marca toda a fogosa excitação dos amantes sob o sol do amor, até sua imersão na "gélida", "hirta", "glacial" atmosfera noturna, que vai nos deixar os cadáveres dos amantes.

– *Código dinâmico-estático*: se, no princípio, se descreve a agilidade dos amantes, correndo e nadando nos campos, além da movimentação dos pássaros e plantas, de repente o que era festa e música se converte no estaticismo da "funeral orquestra". As próprias águas do rio tornam-se barrentas e paralisantes como a morte. Animais e aves se recolhem no "Crepúsculo Sertanejo". Tudo se imobiliza no escuro e no medo. Os amantes, enfim, estão paralisados no fundo da canoa que se deixa levar rio abaixo, até precipitar-se na cachoeira. A natureza, que no princípio era um "ninho", converte-se num caixão. E a canoa não é o leito dos amantes, mas o esquife dos escravos suicidas.

Um dos tópicos mais curiosos, que se poderia mais longamente estudar em Castro Alves, é o da sensualização da natureza. E, aqui, o rio São Francisco é a metáfora do amor trágico, uma metonímia dos próprios amantes infelizes. Assim, o rio que nasce em Minas e conhece o "seio da mineira" é o mesmo que é visto "delamber demente/as rijas formas da cabocla ardente". É também o "insano amante" cujo fogo não se apaga no "deleite da indígena lascívia" e vem "à busca talvez de desafogo/bater à porta da Baiana altiva". Esse rio erótico caminha para a morte na cachoeira, é o rio-amante assassinado.

Essa tragédia tropical é sensivelmente balizada pelos mitos de Eros e Tanatos e pela pulsão de vida e de morte. No final, o poema "Despertar para morrer" constrói, a partir do título, as antíteses dentro das quais o poeta crava seu texto descritivo da violação erótico-social. Com efeito, o mesmo aparente paradoxo surge no título de outro trecho: "Loucura divina". Os títulos dos poemas vão marcando, cada vez mais, as contradições internas da história, mostrando a esquizofrenia social. Não somente o "morrer" é "despertar" para outra vida, não apenas a "loucura" dos amantes é resgatada pelo aspecto "divino" do gesto, mas mesmo a ideia de "abismo" se completa na ideia de "céu". Nesse sentido, a "morte" passa a ser o seu oposto, sinônimo de "liberdade" e "salvação". A canoa, que na verdade é um "esquife", passa a ser entendida como "berço", embalado não pela morte, mas pela mãe natureza. A água branca da cachoeira é vista não como um "gélido sudário", mas como "cetim branco do noivado". Diz o poeta, neste texto que assim recupera o clima no diálogo dramático:

"– Doida! Doida! é a voragem que nos chama!...
– Eu ouço a Liberdade!
– E a morte, infante
– Negro fantasma é quem me embala o esquife!
– Loucura! E tua Mãe... O esquife é um berço,
Que boia na amplidão!

– Não vês os panos d'água como alvejam
Nos penedos?... Que gélido sudário
O rio nos talhou!
– Veste-me o cetim branco do noivado...
Roupas alvas de prata... alventes dobras...
Veste-me!... Eu aqui estou!

– Já na proa espadana, salta a espuma...
– São as flores gentis da laranjeira
Que o pego vem nos dar...
Oh! névoa! Eu amo teu sendal de gaze.
Abram-se as ondas como virgens louras,
Para a esposa passar!
As estrelas palpitam! – São as tochas!
Os rochedos murmuram!... – São os monges!
Reza um órgão nos céus!
Que incenso! Os rolos que do abismo voam!
Que turíbulo enorme – Paulo Afonso
Que sacerdote – Deus..."

O tópico final que se destaca no poema é dos "noivos da morte", revivendo uma tradição que vem da Idade Média e do barroco. Isso, que a estética literária assinala em todos os Romeus e Julietas, pode ser também comprovado através das palavras de Marie Bonaparte, que analisa intemporalmente a consciência dos suicidas amantes: "Já que a vida não pode mais satisfazer a aspiração de união dos seres, a morte, na sua imobilidade definitiva, é então imaginada como solução. Subtraídos, enfim, à vida mutável e instável, os amantes sonham com uma união eterna, com a morte no além."[46]

Mas uma diferença final existe entre a morte dos amantes brancos e negros. Relacionada com os escravos, não é um tema apenas metafísico, mas uma realidade gritantemente racial, social e histórica. À interdição social junta-se a interdição sexual, que determina o sistema de dominação. Por isso, o suicídio de Lucas e Maria é predominantemente social e não apenas individual. E nisso, de novo, Castro Alves se destaca de seus pares românticos. Ele politiza a lírica erótica e dá um sentido social àquilo que, em outros autores, não passaria de conflitos pessoais psicologizantes.

Da mulher-esfinge como estátua devoradora ao striptease na alcova

INTRODUÇÃO	65
PROPOSIÇÕES	66
DESENVOLVIMENTO	66
Vênus e Maria: o desejo e a interdição numa só estátua	66
A devoração voyeurista e o véu da interdição	73
O Édipo poeta e a esfinge devoradora	80
A mulher-estátua e a alquimia erótica do corpo entre a pedra e a água	86
A taça, o vaso e a concha como conteúdos e formas do desejo	89
A mulher-sereia, a mulher-serpente e a sedutora Cleópatra	95
Salomé, Laís e outras dançarinas e o striptease da estátua nas festas e alcovas	103

INTRODUÇÃO

Com a cristalização do movimento parnasiano em torno de 1880, começa a surgir em nossa poesia, reincidentemente, a imagem da *mulher-estátua*. Descrita em cima de um pedestal, ela é a Vênus e a Afrodite greco-romanas seduzindo o homem. Seu corpo alvirróseo, no dizer dos poetas, surge das ondas cercado de espumas e irradiações de desejo. Vem nua e fria, mas latejando as pulsões inconscientes do escritor. Ao seu redor as vagas se agitam e golfinhos, tritões, sereias e toda sorte de divindades marinhas constroem uma atmosfera propícia a um himeneu mitológico e imaginário.

Além disso recria-se uma atmosfera plástica das esculturas clássicas e renascentistas. O poeta quer que seu texto também seja uma escultura, uma miniatura, uma pintura. Ele, por isso, *esculpe, cinzela* e *molda* seu poema como se ele fosse matéria concreta e mineral. Pode-se dizer que em relação à estética clássica, essencialmente visualista, aqui se desdobra o *aspecto tátil*. Por isso há uma enormidade de poemas que descrevem a arte poética como um ato erótico de organização manual da massa de palavras. O *poeta-escultor* luta para fazer emergir da forma bruta e indecisa um vulto feminino que é o fantasma de seus desejos. Ele alucina seus desejos em forma de estátuas.

Essa mulher-estátua é polissêmica. Tem significados míticos e ideológicos variados. Numa vertente pagã, por exemplo, é a Vênus e a Afrodite. Numa vertente cristã, é uma referência direta ou indireta à Virgem Maria. Ostenta-se aí uma esquizofrenia simbólica característica do homem ocidental cristão: o prazer amoroso corroído pelo remorso do pecado conforme a ideologia judaico-cristã.

PROPOSIÇÕES

Consideraremos neste capítulo os seguintes tópicos para estudo:

1. A estátua de Vênus e Maria concretiza o fenômeno da *condensação* simbólica reunindo conflituadamente o desejo e a interdição. A prática parnasiana está prenhe do culto à Virgem – o *marianismo*, e, no Brasil, pode ser estudada em correlação com a ideologia do positivismo.

2. A ambiguidade do homem diante da mulher é demonstrada através de uma série de mecanismos de *esfriamento*, *imobilidade* e *distanciamento da estátua*, mas sobretudo através de um voyeurismo que institui o *véu* como *traço* ambíguo do desejo e da interdição.

3. O poeta se institui como um Édipo diante da *mulher/estátua/esfinge devoradora*. O canibalismo amoroso agora é exercido pela mulher, conforme o imaginário masculino. O mito da esfinge e o da mulher fatal se complementam.

4. Da pedra (estátua) à água (onde nasce Vênus), estabelece-se uma alquimia do desejo, explicada nas imagens da taça, do vaso e da concha. E nesse cenário aquoso e erótico que se desenvolvem os símbolos da *mulher-sereia* e da *mulher-serpente*, tão bem representados em *Cleópatra* e *Salomé*, duas figuras emblemáticas do desejo interditado. Desenvolve-se aí, enfim, o rito da mulher no banho: a estátua de Vênus sai do oceano para a alcova. O parnasianismo vai fixar, através das metáforas do *véu*, do lençol e da *dança*, a problemática do striptease como ritual erótico.

DESENVOLVIMENTO

Vênus e Maria: o desejo e a interdição numa só estátua

A *mulher-estátua* é a imagem central da questão erótica e estética dos parnasianos. Aparentemente, esse tema está preso apenas ao amor pelo ideal clássico de beleza. Mas embora falem muito de Vênus e Afrodite, no imaginário dos textos inscreve-se a Virgem Maria com seus imperativos de castidade e sublimação. Poder-se-ia, por isso, falar que as mulheres parnasianas retratam sempre uma realidade bifronte: a Virgem recalca a bacante. Ou a bacante com um esforço de libertação do desejo recalcado na Virgem. Do ponto de vista técnico freudiano, essas imagens exemplificam os processos de *condensação* e *deslocamento*. Ora o poeta condensa Vênus e Maria num mesmo complexo plástico e neurótico, ora as coloca uma em primeiro plano, falando indiretamente da outra. Poucos, pouquíssimos exemplos de textos existem sem essas marcas esquizofrênicas. E nisso o poeta está expressando os traços neuróticos de sua comunidade. Ele dramatiza e metaforiza um conflito social. Tais deslocamentos e condensações são também condensações e deslocamentos no imaginário coletivo. Nisso a poesia problematiza a ideologia de uma época.

Isso nos coloca diante de uma questão curiosa, pois como assinala Lederer no livro *La peur des femmes*, as "duas grandes religiões que se bateram pela conquista do mundo, o mitraísmo e o cristianismo, nenhuma teve jamais uma divindade feminina, mesmo secundária".[1] No entanto, podemos ajuntar, a palavra *deusa* semanticamente condensa o significado que a mulher incorpou, sobretudo na estética parnasiana. Talvez se pudesse mesmo demonstrar que essa metáfora é, aqui, tão comum como no romantismo foi comum comparar a mulher a uma *criança* ou a um anjo.

Sabemos que o século XIX foi o período da recuperação mítico-religiosa da Virgem Maria. Até o século IV, por exemplo, a posição da Igreja era diversa. Santo Epifânio e Santo Ambrósio sustentavam que "Maria era o Templo de Deus e não o Deus do Templo".[2] Mas o Concílio de Éfeso começa a autorizar a iconografia com a Virgem, que marcaria toda a arte ocidental. Em 431, a Igreja a confirma como *Theotokos* (Mãe de Deus), e no século VI a Madona e o Menino são um tema preferido dos pintores e escultores. Finalmente, em 8 de dezembro de 1854, Pio IX decreta o Dogma da Imaculada Conceição, e, em 1950, Pio XII assina o Dogma da Assunção.

Mas foi no século XIX que o marianismo se instalou. E é curioso ver como esses poetas parnasianos vão trabalhar o imaginário erótico e religioso de sua comunidade. Pois, surpreendentemente, chega-se à conclusão de que o que ocorreu aí tem profunda vinculação, ideológica e plástica, com o que ocorreu no século VI, com a iconografia cristã. Não apenas sobreveio o culto da Virgem, mas esse culto se manifestou mesclado de signos pagãos, deixando entrever, atrás da cena e das imagens, a presença de Afrodite e Vênus. A ideologia católica optou pela *condensação* ou superposição dos valores cristãos e pagãos. Sociologicamente, não ocupou espaço livre no imaginário das comunidades. Ao contrário, disputou o mesmo espaço simbólico da religião, destronada por Constantino, e operou a técnica do recalque, que, por sua vez, não consegue ser total, pois continua no inconsciente social e nas obras que revelam os vestígios do paganismo. Vestígios que, parece, a Igreja não quis apagar. Ao contrário, deixou que persistissem como prova de um sincretismo que possibilitasse, ao cristão recém-convertido, associar numa só imagem a sua velha crença à nova. Daí a duplicidade semiológica, não só na relação entre o cristianismo e o paganismo clássico, mas em relação aos substratos míticos indígenas e africanos de nossa cultura. No espaço brasileiro, a fusão da figura da Virgem com a de Iemanjá é o exemplo típico.

Como consequência, na iconografia da Virgem, "utilizam-se as mesmas cores simbólicas que tinham servido à representação dos ícones da deusa Cibele. A própria veste parecia familiar: Maria tinha uma coroa de estrelas e um manto estrelado, seus pés nus pousavam sobre a Lua e ela lembrava estranhamente as efígies de Afrodite. Ostentava, às vezes, uma espiga de milho como a Virgem da Espiga (*Spica Virgo*), ou se acompanhava de uma pomba, cara a Istar, pisando a serpente que, até então, invariavelmente víamos associada às representações da deusa. Sua história está cheia de lendas que foram em outros tempos as de Istar e de Juno. Em Roma, em Atenas e em muitos outros lugares, os templos da deusa foram transformados em igrejas e basílicas dedicadas à Virgem, às quais dava seu nome, como a basílica de Santa Maria *sopra* Minerva, em Roma".[3]

No Brasil, o marianismo teria, consciente ou inconscientemente, de deixar suas marcas na produção literária. Verdade que os simbolistas foram os que mais misticamente se entregaram a esse trabalho, a exemplo de Alphonsus de Guimaraens. Mas os parnasianos também afinaram seus instrumentos por esse diapasão. É importante ressaltar, ainda, que, além desse flanco religioso, outro flanco ideológico se constituiu: a divulgação, entre nós, do positivismo, que, convertido numa espécie de filosofia religiosa, enfatizou a função mediadora da esposa e incentivou o culto da *santa mãe*.

Estamos diante de uma conjunção significativa de fatores ideológicos e estéticos. O parnasianismo se insere nesse quadro de valorização da imagem da mulher. Mas uma *valorização sui generis*, pois essa *superioridade* é ambígua. A mulher é efetivamente apresentada muito acima do homem. Através dessa ênfase, ilude-se o indivíduo, pois a figura que vai rebater no diedro do poder é, em última instância, o homem. Como diria Pedraza, há aí "um arquétipo por trás, típico da história de amor de uma mulher com um homem que lhe é inferior. A assimetria é apresentada sob a forma da relação entre uma deusa e um mortal. Na vida, isso corresponde à relação entre uma mulher de características marcadas (arquetipicamente bem definidas) e um homem menos afirmado, arquetipicamente vago".[4] Pedraza continua seu estudo sobre os arquétipos na mitologia greco-romana e fala da identidade que existe entre essa *mulher forte* (deusa), como mãe forte, e o *homem fraco*, como pai fraco, dominado pela mãe fálica, possessiva. Não é nessa direção que queremos, no entanto, seguir. Mas apontar como o texto literário, aliás não só desse período, mas até de autores modernos, como Manuel Bandeira e Vinicius de Moraes, utiliza esse *endeusamento da mulher* para realizar um jogo duplo. Desse modo, o homem se faz de fraco e articula um discurso de dominação a partir de um simulacro, exatamente como o discurso positivista, que endeusa a mulher não apenas imaginariamente, mas concretamente constrói altares dentro das casas para as esposas e mães, em que a mulher substitui a Virgem. Por outro lado, essa é apenas uma das faces da moeda. Por trás desse comércio simbólico está uma prática de controle e submissão da mulher.

Como muito bem coloca June E. Hahner em *A mulher no Brasil*, ao analisar a ideologia positivista em relação à mulher, "o marianismo da América espanhola e lusitana assumiu uma forma característica e secular entre os positivistas brasileiros do fim do século XIX e princípio do século XX. Os positivistas ortodoxos rendiam homenagem a Clotilde de Vaux, inspiradora de Augusto Comte, e ao próprio Comte, como fundadores de sua doutrina. Raimundo Teixeira Mendes e Miguel Lemos, líderes do Apostolado Positivista Brasileiro, seguiam as ideias de Pierre Lafitte e dos comteanos ortodoxos quanto aos assuntos sociais e religiosos e quanto à organização da sociedade, destacando enfaticamente a preponderância da família e a importância das liberdades individuais... O pedestal em que a mulher estava colocada foi um dos pilares do positivismo ortodoxo no Brasil. Os positivistas elevaram a mulher por meio do que poderia ser considerado a transfiguração do culto da Virgem. A feminilidade como um todo devia ser adorada e colocada a salvo de um mundo perverso. Para os positivistas, a mulher era a base da família, que por sua vez era a pedra fundamental da sociedade. Ela formava o núcleo moral da sociedade, vivendo basicamente por meio dos sentimentos, ao contrário do homem. Dela dependia a regeneração da sociedade".[5]

O texto de Teixeira Mendes, "A Mulher, sua proeminência social e moral segundo os ensinos da verdadeira ciência positiva", é um rico documento que pode ser paralelizado com os textos dos poetas, para compreender melhor o enclave da metáfora da estátua da Virgem em nossa cultura. Aí, o *lugar* da mulher é definido como superior em relação ao do homem. Superior exatamente dentro daquela ambiguidade que anteriormente já assinalamos, em que o fraco é forte e o forte é fraco. A mulher é "superior", já se verá, porque se "submete" ao homem, que lhe dita as normas. Teixeira Mendes louva-se em Aristóteles, que dizia: "A principal força da Mulher consiste em vencer a dificuldade de obedecer." A partir daí, há todo um culto do "altruísmo" feminino. A mulher, como não é egoísta, é regida pelo "instinto materno". Instinto que não se confunde com o "sexo", que, nessa visão, é algo abominável para a mulher. Ela, ao contrário, se caracteriza pelo "amor", pela "veneração" e pela "bondade". O homem, por sua vez, tem sua vida balizada pela figura da mãe e da esposa. É mero produto de duas mulheres, que se devem esforçar sempre por resgatá-lo do mal. Nesse diapasão, não estranha que o articulista invista contra o nascente "feminismo", ao qual se refere pejorativamente. Entre as preciosidades de seu pensamento machista, podem-se destacar frases como essas: "A Mulher sujeita-se com humildade a tudo isto, e vai desempenhar no lar, modestamente, a sua verdadeira obra de santificação; mas santificação na Terra, adaptando o homem, cada vez mais, a *viver para outrem.*" Depois de concluir que a mulher obedece por "amor" e não por "servilismo", no fim do artigo transparece, uma vez mais, o exercício do narcisismo cultural. A mulher se converte em espelho do homem. Se transforma naquilo que o homem quer que ela seja, para que ela o ajude a ser o que ele quer ser: "Demos ao homem a consciência de sua missão, à Mulher a consciência dos seus deveres. Coloquemos a Mulher na sua função de mãe de família, de filha, de irmã, de esposa: é seu verdadeiro destino a formação do homem, e para isso é preciso que o homem cada vez mais se aperfeiçoe, de maneira a transformar a Terra num verdadeiro Paraíso."[6]

Essa ideologia da sacralização da esposa, no entanto, expõe suas brechas quando submetida à análise crítica. Para usar um modelo homólogo ao usado em linguística e, mesmo, em psicanálise, pode-se dizer que o signo mulher é concebido, aqui, numa dualidade. No nível consciente dos significados, está a intenção e a vontade de que a imagem seja uma coisa, mas ao nível dos significantes inconscientes está um desejo oculto, recalcado e recalcante da libido amorosa. Ao visualizar essa dualidade, teríamos:

$$\text{Signo/Mulher} = \frac{\text{Significado/Maria}}{\text{Significante/Vênus}}$$

Nessa fórmula, estariam os dois elementos: o ideológico afirmado pela ideologia católica vigente e a pulsão do desejo erótico que humanizar o ideal. Evidentemente, isso não é exclusivo do parnasianismo, senão que aí se afirma com mais nitidez e reincidência, pela persistência das figuras pagãs de Afrodite e Vênus, que são a outra face da moeda da Virgem. De alguma maneira, é também a repetição de certo dualismo entre o "bem" e o "mal", o pecado e a virtude. Aquilo que, de certa forma, Melanie Klein tipificou no seio bom e no seio mau, e que Bilac (1865-1918) ilustraria no poema "Pomba e chacal":

"Anda a *tristeza* ao lado da *alegria*,
E esse teu *seio*, de onde a *noite* nasce,
É o mesmo *seio* de onde nasce o *dia*."

Dupla imagem, duplo seio, esse é o signo da dualidade e da ambiguidade. Nesse sentido, o discurso do poeta é uma materialização do conflito ideológico do homem de seu tempo, com uma nota característica: é um discurso problematizador. Na sua dubiedade, exorciza dramas e conflitos e é até um esforço por se libertar da linguagem conservadora. Nesse sentido, nos poetas parnasianos vamos encontrar textos bastante ousados, nos quais a ousadia é a contraparte significativa daquela atitude beata sacral tipificada no positivismo. Ousadia complementar e denunciadora, pois fala pelo avesso da própria repressão.

Tome-se, por exemplo, um Adelino Fontoura (1859-1884). Em "Celeste", pinta uma mulher de "tão divina e angélica aparência", semelhante a "uma visão do céu, cândida e pura", que "nem parece mulher – parece santa". Mas esse é o mesmo autor de "Fruto proibido", em que se confessa "escravo dessa angélica meiguice/por uma lei fatal, como um castigo". E confessando seu drama diante dessa mulher que açula seus desejos, apesar de parecer um anjo, termina esquizofrenicamente:

> "És para mim o fruto proibido:
> Não pousarei meus lábios nesse fruto,
> Mas morrerei sem nunca ter vivido."

É necessário, portanto, ler nesses textos a sombra da Virgem Maria atrás de Afrodite e Vênus. Maria "*mater dolorosa*", de um lado, e Vênus, mãe de Eros e Cupido, amante de Baco e de Marte, de outro. E isso, que o imaginário literário retrata tão repetidamente, tem seu lado anedótico e verdadeiro. Lederer, ao analisar a relação ambígua que primitivos e civilizados mantêm com a imagem da mulher, conta que "a própria Virgem não está acima de toda suspeita. No século XVI, na basílica de Soledade, no México, uma estátua de Maria passou pelo vexame de se ver desvestida de noite. Roubaram-lhe sua bela vestimenta e a deixaram nua pela metade, em roupas de baixo. Conta-se que várias vezes se percebeu que suas vestimentas estavam molhadas e com sinais de sal, donde se conclui que foi possuída pelos pecadores de Tehuantepec. Os que contam essa lenda fazem-no sem espírito crítico, pois mantendo a veneração, revelam que a Virgem possui um *élan* irresistível".[7]

Esse efeito de condensação da Virgem e de Vênus aparece, antologicamente, em "Profissão de fé", de Bilac, que, aliás, examinamos mais exaustivamente em outro livro (*Por um novo conceito de literatura brasileira*). Depois de descrever como é a sua arte poética, como esculpe, cinzela e pinta em sua poesia, aproxima a própria musa de uma estátua, que é a superposição de Vênus e Maria. Fundem-se, no ideário parnasiano, as imagens pagãs e cristãs. O poeta fala o tempo todo da poesia/mulher identificada à Virgem Maria, mas usa um arsenal semântico característico das imagens de Vênus e Afrodite.

Ele está no Acropólio, no Partenon, mas se comporta como um cristão. Os inimigos não são o romano e o grego, mas o bárbaro, o visigodo e o vândalo. O poeta associou-se à mitologia clássica, impregnou-a de significados judaico-cristãos, exatamente como a Igreja o fez desde os primeiros séculos, inscrevendo, sobre as datas das festas profanas, as datas do cristianismo e construindo sobre o mesmo espaço em que havia um templo romano (ou asteca, no caso da América Latina) um templo de louvor à Virgem. Louvor que mostra as ambiguidades da fundação desse templo, erguido entre o desejo pagão e a interdição cristã do desejo: "Em Roma, a basílica de Santa Maria *sopra* Minerva, junto ao Panteon, foi construída sobre um velho templo dedicado a Minerva; Santa Maria Maggiore, sobre o Esquilino, teria sido erigida sobre o lugar de um templo de Cibele. Igualmente, em Atenas, o Erectêion da Acrópole, templo consagrado a Pallas, foi convertido em igreja cristã, que tinha como padroeira a Virgem Maria, a qual foi para os atenienses templo romano de Siracusa".[8]

A devoração voyeurista e o véu da interdição

A esquizofrenia do signo feminino no imaginário masculino pode ser entrevista de outra perspectiva. O conflito entre Maria e Vênus se exibe em dois tipos de movimento contrário, que se explicam complementarmente. Ou seja, ao impulso do desejo do poeta, procurando um *aquecimento*, um *movimento* e uma *proximidade* em relação ao corpo da mulher, sobrevém sempre uma situação de *esfriamento, imobilidade* e *distanciamento*.

O que seria, exatamente, esse jogo de oposições? Vejamos. O que esses poetas prenhes da culpabilidade judaico-cristã conseguem é estabelecer uma tensão entre um extremo e outro desse sistema de invariantes. A passagem do aquecimento do desejo ao esfriamento, ou a conversão da figura da amada em um ser imóvel, e o constante distanciamento imposto aos amantes vão ser a marca do recalque e da interdição do desejo. Desejo que se oferece e se nega, que se excita e se constrange, mostrando a pulsação erótica do amante entre Vênus e Maria.

O *esfriamento* se dá pelo fechamento da figura em metáforas duras e frias, como: coral, mármore, concha, pérola, rubi, ouro e prata. O poeta a todo instante compensa o ardor do peito amante com esses adereços. Ele joga inclusive com essa dicotomia estética e emocional para comover e se expressar. O quente da paixão e o frio da indiferença se acoplam.

A *imobilidade* está fixada na forma estática da estátua/esfinge, que apenas contempla e recebe o olhar e os gestos do amante sem nenhuma participação voluntária. Fixada num pedestal ou colocada no imaginário do poeta como algo a ser apenas visto, essa imagem narra o conflito entre a pulsão e o recalque.

O *distanciamento* se confirma através da repetição constante dos verbos "ver" e "olhar". Aí existem duas coisas: em sentido estético, o culto do objeto plástico a distância, como queriam os parnasianos, mas no plano psicanalítico, a prática de um voyeurismo que substitui a ação pela visão.

A mulher, por isso, lá está, na ambiguidade de seu signo, e o desejo do poeta pulsa entre o esfriamento e o aquecimento, entre a imobilidade e o movimento, entre o distanciamento e a proximidade imaginária. Desse jogo de tensões sobressai outra característica que reforça o caráter esfingético da figura feminina. Refiro-me ao reincidente voyeurismo, sinal de certa relação perversa entre os amantes. Como a junção dos amantes raramente ocorre, o que existe é um constante excitar-se através dos olhos, que passam a ser substitutos do corpo interditado. De um lado podemos reconhecer uma afinidade entre esse voyeurismo e a estética neoclássica dos séculos XVII e XVIII. Os parnasianos cultivaram essa "objetividade" descritiva, perspectivista e realista. Claro que, em comparação com os neoclassicismos anteriores, foram bem mais agressivos, como já demonstramos anteriormente. Mas a constante visual continua. Continua mesmo ligada ao canibalismo erótico, mostrando que entre o objeto do desejo e a realidade existe uma barra separadora. Tome-se de Martins Fontes (1884-1937) o soneto com o título de "Gula". Pois bem. A gula amorosa do amante é descrita, aí, como totalmente visual. Começa indagando à mulher se não viu nos olhos dele o seu "furor satânico" e o "modo carnívoro" como a quer. A seguir se declara "sedento" como condenado Aasvero e Tântalo. Há um "rio túrbido" que diabolicamente corre dentro dele sem destino, desperdiçado. E ele, como o rei Tântalo, é condenado a apenas ver os frutos e os líquidos do prazer sem jamais poder tocá-los. Como se sabe, Tântalo, na mitologia, foi "condenado a morrer de fome e sede: precipitou-se no Tártaro, e as águas fugiam aos seus lábios; árvores repletas de frutos pendiam sobre a sua cabeça; ele, faminto, estendia as mãos crispadas, para apanhá-los, e o vento os arrebatava".[9] Associado, portanto, a esse outro mito, o poeta amante é o desejante voyeurista, o canibal que devora só com os olhos:

> "Com os olhos te dispo, em vivo anseio
> com o olhar te desnudo, alucinado,
> provando o fruto virgem do teu seio!"

Idêntica apologia do amor visual desponta em "Imortal", de Alberto de Oliveira (1859-1937). Depois de pintar a imagem da mulher com uma tez marmórea, exercita seu amor visual pedindo que o próprio tempo não toque sua amada, mantendo dela distantes suas mãos sacrílegas. Ali está a mulher/estátua resistindo ao tempo com sua "ebúrnea face", como "rainha, pelos séculos fora". E imaginando que ele, poeta, vai envelhecer diante desse mito que não morre, considera que quando estiver velho e trôpego, com a fronte já alvejada, mesmo assim o desejo vai acender nele a "visão". E o "ver-te" passa a ser sinônimo de "amar", "possuir" e "viver". O "ver" passa a ser, paradoxalmente, uma espécie de "cegueira douda", a vertigem da posse. Daí que nas estrofes seguintes do poema toda a força erótica vai concentrar-se na repetição do verbo "ver". "Ver" significa sair da "bruma" e do "frio" do não desejo. "Ver" é sinônimo de "febre" e "sede". Ao fim do poema, imaginando tocar o corpo da amada como uma harpa, manifestando também o sentido da audição e até mesmo reacendendo paladar e olfato, recai no aspecto visual inicial: "Ver-te e morrer depois! que mais quisera?"

A interdição exemplificada pelo voyeurismo está disseminada em inúmeros poetas desse período. Às vezes, até com uma inversão dos papéis, como "Capricho da deusa", de Luís Delfino (1834-1910). Ele imagina uma princesa que "despe a clâmide branca", vem ao seu quarto atiçar-lhe os sentidos, mas que, depois de beijar-lhe a boca e "atear a chama" das pulsões, se afasta e, "de longe, só por molestar-me, insiste/a olhar-me, a olhar-me!". Nesse caso, o desejo foi colocado fora do ator. É a mulher que deseja o seu desejo. Ele é o objeto passivo, vitimado por essa mulher-enigma que o prende pelos olhos.

Evidentemente, nem tudo nessa poesia é neurose ou sintoma puramente psicanalítico. Colocados esses poemas em seu contexto histórico e social, é forçoso reconhecer que havia uma enorme dificuldade na aproximação física dos amantes. Nesse sentido, ver era um ato metonímico do prazer dentro de certa prática social. Via-se muito o objeto do desejo. Via-se mais do que possuía. Há um poeta do fim do século, Marcelo Gama, que celebrou esse ritual da visualização da mulher pelo homem, ao descrever longamente como se colocava, às três horas da tarde, para assistir ao desfile das mulheres que cobiçava na rua principal da cidade. Contudo, o problema da visualidade no parnasianismo tem função sistêmica. Ele se insere num conjunto de características que reforçam a barra que separa o desejo de sua realização imediata. Ver a mulher, aqui, vai ser uma atitude metonímica, pela qual o resto do corpo se ausenta da realidade. Olhar e fantasiar se complementam. Nesse caso, o que se vê não é exatamente a imagem objetiva, mas a reprodução de fantasmas eróticos subjetivos. De resto, esses poemas, entre o "ver" e o "não ver", reproduzem homologamente a mesma ambiguidade de Édipo, aquele que arrancou os próprios olhos depois que viu o assassínio e o incesto que cometera.

Essa questão do voyeurismo conduz-nos a uma metáfora reveladora dos paradoxos ideológicos e sentimentais nessa poesia. Refiro-me à limitação do ato de ver a uma visão apenas parcial, pois o desejo se impossibilita e se cega em suas origens. Aqui, bem se poderia reproduzir aquela afirmativa lacaniana, de que a simples presença do desejo já é também o sinal de sua interdição. Estar desejando é estar revelando, ambiguamente, a dificuldade de realizar o desejo. Mas radicalmente, nessa linha, o psicanalista francês e seus seguidores aceitariam até que o desejo jamais é satisfeito.

Pois nessa poesia parnasiana a interdição aparece metaforizada claramente na palavra *véu*. Esse véu vai ser o encobrimento e o recalque, e ao mesmo tempo aquilo que preserva e exila o desejo em sua pulsação infinita. Esse véu é o espaço da diferença entre Vênus e Maria, entre a razão e o instinto. É como se no poeta estivesse patente aquela separação que Nietzsche colocava entre Apolo e Dionísio, entre o espírito e a carne. Aliás, seguindo essa linha de raciocínio, Norman O'Brown, em *Vida contra morte*, diz: "Apolo é o deus da forma, da forma plástica em arte, da forma racional no pensamento, da forma civilizada na vida. Mas a forma apolínea é a negação do instinto."[10] Sintomaticamente, a poesia do período que estamos considerando se quer apolínea, ao mesmo tempo que fala de desejos dionisíacos. Permanece a mesma barra que separa, no signo, os dois extremos, Maria/Vênus. Curiosamente, Norman O'Brown, analisando essa dualidade entre o racional e o instintivo, entre Apolo e Dionísio, assinala que, no último, aparece "não a vida mantida a distância e percebida através de um *véu*, mas a vida plena e imediata".[11] E retomando ele mesmo essa metáfora do *véu*, que grifamos em seu texto, diz: "Dionísio é a imagem da realidade do instinto que a psicanálise descobrirá no outro lado do *véu*."[12]

Estabelece-se, aí, uma rica conjunção de imagens que, atravessando teóricos e poetas, esclarece ainda mais nosso pensamento. Esse *véu* referido é a metáfora que potencializa nossa interpretação. Esse *véu* é a própria barra que separa Vênus de Maria. Recalca o desejo na sua exibição. É o sinal divisor e ao mesmo tempo o lugar de passagem, onde desejo estético e desejo erótico se superpõem metaforicamente. Com efeito, uma das frases mais essenciais da estética realista-parnasiana diz exatamente isso: "Sobre a nudez dura da realidade, o *véu* diáfano da fantasia." Há um véu, uma fantasia, uma neblina vestindo, ocultando o corpo da estátua nua, como na iconografia bíblica cristã haverá sempre um ramo de árvore (outra barra, outro véu) a ocultar a matriz do desejo.

Esse tópico da representação da imagem do desejo registra uma duplicidade de tratamento, caso seja a mulher ou o homem a ser representado. Sila Consoli coloca muito bem que as "artes plásticas nos habituaram a uma forma de representação da nudez feminina em que o corpo, afinal sem *véus*, oferece ao olhar uma *ausência* da figuração genital. Enquanto o órgão sexual do macho é em geral tratado de maneira realista, o órgão sexual feminino está omisso: a parede abdominal continua solidamente até a inserção das coxas – como nos diz Safouan. Isso significaria que a descoberta da castração se esboça sobre o fantasma da negação e que 'a realidade vaginal' permanece no domínio do impensado".[13]

Nesse sentido, é lícito ajuntar que o sexo da mulher "representado" na escultura não nos é "re-apresentado". Ao contrário, surge uma versão infantil e angelical, sem identidade com o sexo real da mulher adulta comum. Igualmente, na pintura neoclássica, a erotididade está difusa por todo o corpo, e a própria nudez é disfarçada por uma série de véus, folhas, galhos e barras que tais. Chega a ser exceção a estátua de Diana, em mármore, de Jean-Antoine Houdon (1741-1828), exposta no Museu Gulbenkian, de Lisboa, onde é mostrada não apenas de pé, sem ocultamentos, tendo nas mãos uma flecha, que pode ser falicamente interpretada, enquanto o órgão genital está naturalmente configurado.

Mas seria a poesia parnasiana só *ocultamento*? Evidentemente que não. Do lado complementar, ela é necessariamente *desvendamento*. Velar e desvelar, eis o jogo erótico exercitado ao extremo nas tensões eróticas e estéticas. Há mesmo poemas em que se atinge o despojamento total das imagens, como naquele "Toda nua", em que Raimundo Correia (1859-1911) diz que não quer entrever a Vênus "opulenta e bela" com suas "luxuriantes formas", através de uma "transparente túnica". Num rasgo de realismo total, exclama:

> "Quero vê-la, sem pejo, sem receios,
> Os braços nus, o dorso nu, os seios
> nus... toda nua, da cabeça aos pés."

É nessa mesma linha que se insere Carvalho Jr. (1855-1879) em "Profissão de fé", renegando as "virgens pálidas cloróticas/beleza de missal", que o romantismo hidrófobo apregoa em peças góticas, até que ao fim faz a apologia de um amor saudável e carnal contra os amores sorumbáticos românticos:

> "Prefiro a exuberância dos contornos,
> As belezas da forma, seus adornos,
> A saúde, a matéria, a vida enfim."

Assim é que, no extremo contrário à idealização passiva da mulher, como o queria o positivismo, vamos encontrar uma relação assaz violenta entre o homem e a mulher. Aos poemas de devoção, nos quais a mulher aparece sacralizada, superpõem-se aqueles em que ela é objeto da violência erótica do macho. Longe estamos, agora, daquela candura dos poetas árcades, que apenas exploravam a eroticidade da amada de maneira quase puramente visual e a distância e em que a palavra beijo quase não aparecia. Longe estamos também dos poetas românticos, que haviam descoberto um canibalismo amoroso, mas sobretudo voltado para a mulher de cor. Se Castro Alves, por exemplo, falando dos seios da amada, em "Peitos nus", dizia levemente: "Quando eu sonhava nos morenos seios/das belas filhas do país do sul", agora, com os parnasianos, aflora um canibalismo amoroso mais ardente, no qual o poeta escuta (imaginariamente) sua amada lhe dizer:

> "Morde também!
> Ai! morde! que doce é a dor
> Que entra as carnes, e as tortura!
> Beija mais! Morde mais! que eu morra de ventura,
> Morta por teu amor!"

Se Bilac diz isso em "Beijo eterno", em "Satania" ele volta à mesma alucinação, ouvindo a mulher diabólica clamar: "E que meus lábios possam ser beijados/Mais que beijados: possam ser mordidos."

A constante oral e devoradora registra-se até mesmo em poemas que aparentemente têm menos força, como "Gula" de Martins Fontes e nos inúmeros versos que os parnasianos dedicaram ao espetáculo da caça. Caçada que, ambiguamente, pode ser lida não apenas como esporte, mas como metáfora da realização agressiva do desejo. Dois poemas, contudo, destacam-se nessa voragem canibalesca e amorosa. O primeiro chama-se, exatamente, "Antropofagia", de Carvalho Jr.:

"Mulher! ao ver-te nua as formas opulentas
Indecisas luzindo à noite, sobre o leito,
Como um bando voraz de lúbricas jumentas,
Instintos canibais refervem-me no peito.

Como a besta feroz a dilatar as ventas
Mede a presa infeliz por dar-lhe o bote a jeito
Do meu fúlgido olhar às chispas odientas
Envolvo-te, e, convulso, ao seio meu t'estreito.

E ao longo de meu corpo elástico, onduloso,
Corpo de cascavel, elétrico, escamoso,
Em toda essa extensão pululam meus desejos,

– Os átomos sutis –, os vermes sensuais
Cevando a seu talante as fomes bestiais
Nessas carnes febris –, esplêndidos sobejos!"

Outro poema é "A matilha", de Teófilo Dias (1854-1889). Estabelece o poeta um paralelo entre a matilha de cães e a matilha dos desejos soltos sobre o corpo amado. Aí aparecem os "sôfregos desejos", "alucinados beijos", "volúpias", "frescas ondulações", "nervosos arrancos", até que, finalmente, "embriagada louca", chega-se ao "gozo", quando a fera amorosa apreende o outro com sua "boca".

Essa ousadia descritiva é também ilustrada por Alberto de Oliveira quando, em "O poeta", esse é definido através de seu "berro animal carnívoro e feroz". Mas essa antropofagia, assim explícita, é apenas um dos lados da moeda. Aqui desponta uma questão riquíssima e que complementa a visão dessa problemática. Pois além do poeta/devorador, a poesia parnasiana vai descrever-nos o homem atemorizado diante da mulher devoradora. Exatamente. A mulher sai de sua imobilidade imaginária e aparece como esfinge castradora.

O Édipo poeta e a esfinge devoradora

A literatura dramatiza muito bem o medo intemporal que os homens têm das mulheres e que disfarçam através de uma agressividade contra elas. Agressividade que pode ser a externalização de um canibalismo ou uma passividade que pode ser a reafirmação do canibalismo da fêmea sobre o macho. Aquela síndrome que Mário de Andrade intuíra no seu ensaio "Amor e medo" aparece mais claramente estudada no livro de W. Lederer, *La peur des femmes*, e também no ensaio "Vagina dentada", de Robert Gessain. Com efeito, Marie Bonaparte, partindo de Freud, estudou, na obra de Edgar Allan Poe, essa obsessão. Obsessão que está em alguns poemas de Verlaine e que também aparece na mitologia de índios americanos, como mostrou, no fim do século XIX, o antropólogo Franz Boas. Robert Gessain refere-se a sonhos de clientes, em que a imagem da mulher aparece como uma serra, aranha, caranguejo, guilhotina, bocas que mordem e mastigam, peixes ferozes, enfim, toda sorte de seres e objetos cortantes, que revelam um sentimento de castração em pessoas traumatizadas com a imagem de uma mãe fálica.

Esse medo, primitivamente, está registrado em expressões do folclore de todo o mundo, segundo o qual a mulher é mesmo um ser misterioso, haja vista o fenômeno da menstruação e do parto. Por isso, crê-se que, se durante a menstruação, uma mulher toca um espelho, ele escurece, ou se ela vai preparar uma maionese, esta desanda. As diversas religiões têm ensinamentos de como lidar com a mulher durante o mênstruo, recomendando distância e prometendo desgraças para quem a tocar. Do mesmo modo, já em Heródoto, está a narração de que entre os mesamões, no norte da África, era costume a noiva dormir com vários convidados para que assim se diluísse o espírito perverso que nela habita e que poderia castrar o marido. Há tribos em que os homens encarregados da defloração são isentos de todos os outros trabalhos, porque realizam uma tarefa em si perigosa e mortal. "Thompson forneceu cerca de trezentos exemplos encontrados entre as tribos indígenas da América do Norte, e A. Métraux conta que os índios supunham que as primeiras mulheres chaco possuíam dentes no interior da vagina, e que se utilizavam deles para comer; os homens não deviam aproximar-se delas antes que o herói tradicional, Caroucho, quebrasse tais dentes."[14] Esse medo da *vagina dentada* levou, em muitas tribos, à extirpação do clitóris. Entre os nadi, o clitóris cortado é jogado num pântano, onde vira sanguessuga. Lederer é de opinião de que até as histórias infantis, como "A Bela Adormecida", contam de maneira indireta a mesma ideia, pois os pretendentes da princesa são sempre feridos por espinhos e morrem, até que surge o herói que sabe penetrar pelos perigos, arrebatando o troféu. Por outro lado, a literatura e as lendas estão povoadas de fadas más e venenosas, mulheres fatais e demoníacas, identificadas com a Medusa, as Górgonas, a deusa Kali, Pandora, Eva, Cleópatra e Salomé.

Por aí se penetra na temática da esfinge devoradora que Teófilo Dias descreve em "Esfinge", poema que nos permite retomar o fio da meada, pois que começamos este capítulo falando sobre o sentido da mulher/ estátua no parnasianismo. A mulher descrita pelo poeta é um enigma. Como esfinge, sua decifração é impossível. De pedra, impenetrável, inalcançável. Embora no centro do desejo do poeta, ele não pode senão venerá-la "como o verme à flor mais pura/e o musgo à mais bela estátua". Misturam-se, na figura dessa mulher/enigma, a "ternura" e a "tortura", ou seja, o prazer e a dor. Seu seio verte perfume e veneno, e dos lábios vêm a sedução e a voragem canibal, pois, antropofagicamente, diz o poeta, "teus lábios prodigalizam/dentadas por entre beijos".

Estamos penetrando num novo tópico fascinante para a compreensão do imaginário poético desse tempo. O poeta/Édipo está se configurando diante da mulher/esfinge. A esfinge está lá, sempre na base da história doméstica de Édipo. É a esfinge que Édipo encontra em seu caminho trágico. Ele lhe decifra o enigma e, como consequência, a esfinge, desesperada, atira-se ao mar para morrer. Mas, antes que isso ocorresse, a esfinge lá esteve a devorar os que não resolviam seu enigma. Ou me decifras ou te devoro, diz a estranha mulher de pedra.

Ora, também a esfinge/Vênus/Afrodite ali está diante dos poetas, com sua dupla ou múltipla face de Maria e Eva, sendo ao mesmo tempo a deusa Kali e uma Medusa. A mulher surge ali como enigma devorador de homens, a ameaçá-los com a concha dentada de seu sexo. Ali está como Bilac a descreve em "Abyssus":

"Bela e traidora! Beijas e assassinas...
Quem te vê não tem forças que te oponha:
Ama-te, e dorme no teu seio, e sonha,
E, quando acorda, acorda feito em ruínas..."

Consideremos essa metáfora da mulher/esfinge. Como a mulher/estátua, a esfinge é também um ser compósito. Tem cabeça de mulher, patas e cauda de leão, asas de ave e rosto humano de mãe. A esfinge é sedutora e perversa e um ser antropofágico por excelência: ou me decifras ou te devoro. O caráter duplo desse signo começa na oposição entre "decifrar" e "devorar". Mas não só seu discurso desafiador é compósito. Os estudiosos desse mito assinalam a duplicidade de seu significado, sendo ao mesmo tempo uma entidade opressora e condenada. Acresce, ainda, que sua imagem se liga tanto ao amor quanto à morte. E nisso ela se aproxima das sereias. Coincidentemente, tanto a esfinge quanto as sereias se atiram ao mar para morrer. A primeira ao ver o enigma resolvido por Édipo, e as segundas quando Ulisses resiste à tentação de seu canto. Curiosamente, Olavo Bilac tem um soneto, "A iara", que é uma espécie de transposição daqueles poemas dedicados a Afrodite e Vênus. Até o vocabulário remete para o mito grego, muito mais que para uma figura de nosso folclore. Ele aí fala das "pérolas de espuma", descreve um "borbulhar de argênteos flocos" e vê surgir a Iara "de cabeleira de ouro e corpo frio".

O poema retrata a ilusão amorosa do amante, que se afoga em devaneios sem alcançar o corpo amado. Essa sereia/iara/esfinge é, por outro lado, como observa Marie Delcourt em *Oedipe ou la légende du conquérant*, um duplo do íncubo. A esfinge tebana "é essencialmente um íncubo, ou seja, um ser fêmea que se aproxima do homem para dele se apoderar".[15] como se fosse uma *mulier adultera*. Delcourt é de opinião de que a imagem da esfinge passou por uma transformação e que, "sob a influência da literatura ela perdeu seu caráter de íncubo";[16] assim, ela não teria mais, como na tradição grega, também o sentido de prostituta. No entanto, uma análise da camada mais profunda desses poemas parnasianos vai revelar-nos que a mulher esfingética e perversa persiste, quando o poeta, sem se dar conta, passa da descrição de uma mulher/estátua tipo Vênus, que ele deseja, para uma mulher/estátua/esfinge, que o ameaça canibalisticamente.

Por isso, para melhor esclarecer essas conexões entre o poeta enquanto Édipo diante da mulher, é necessário ler o mito da esfinge a partir de Marie Delcourt. O exame da iconografia das esfinges registradas em diversos vasos da Antiguidade dá-nos prova inequívoca, por exemplo, da relação erótica existente entre ela e o jovem que a enfrenta. Marie Delcourt detém-se em analisar sete obras antigas que ilustram isso. Numa delas, por exemplo, num vaso encontrado em Gela, vemos a representação de oito jovens nus que vão num cortejo, seguidos por uma esfinge. Chama a atenção não apenas o fato de os jovens estarem nus, mas de a esfinge caminhar com um jovem abraçado a ela, como se ele estivesse pendurado em seu pescoço e debaixo dela. É um jovem efebo que parece ser cavalgado, como se estivesse submetido a fazer amor com aquele ser alado e terrestre.

Outro dado sintomático é que todas as representações plásticas da cena da esfinge com o macho não apenas insistem na nudez ou no aspecto de efebo do mancebo, mas mostram uma cena ambígua em que não se sabe se o que está ocorrendo é um "combate" ou uma "junção". Há algo entre a dança e a relação erótica, algo de abraço consentido, mais do que um ataque ou golpe de luta. A rigor, uma leitura comparativa dessas reproduções mostra as esfinges com características semelhantes às do anjo anunciador, quando ele aparece à Virgem. As enormes asas desse ser parecem pousar e possuir o parceiro. Não estranha, portanto, que uma análise semiológica mais ambiciosa tenha levado Delcourt a aproximar o episódio da esfinge e do mancebo daquela cena clássica de Leda e o Cisne. É espantosa a semelhança. O ser alado abraçado, envolvido, fundido com o ser humano. Só que, no caso de Leda e o Cisne, se operou uma troca do feminino pelo masculino, pois o cisne é o símbolo fálico adentrando Leda. A invariante: a relação amorosa entre dois seres de natureza diversa, um alado e outro humano. Na mitologia, o cisne é um disfarce de Júpiter para seduzir Leda. Ocorre aí uma *hierogamia*, tópico a que voltaremos neste capítulo e, de novo, ao estudarmos o simbolismo, pois aí a imagem da mulher-cisne reaparece em sua transcendência mística.

É de se notar que Marie Delcourt, como profunda conhecedora do mito da esfinge, descobre em Freud uma série de falhas interpretativas sobre o mito de Édipo, chegando a disputar com ele o significado do texto em Sófocles. Entre as muitas discordâncias, assinala que o aspecto culposo que Freud vê em Édipo vem do desconhecimento da cultura grega. É, antes, sinal da cultura judaico-cristã. Acrescenta ainda que a luta entre o jovem e a esfinge, que termina com a vitória de Édipo, era na época clássica entendida como o triunfo da "inteligência, tranquila, confiante nela mesma". A vitória de Édipo é a vitória da inteligência e não da memória, quando ele resolve o enigma proposto. Por outro lado, Delcourt não pode deixar de encaminhar algumas observações sobre a conexão entre "devorar" e "amar", freudianamente pertinentes. E surge mesmo uma questão curiosa sobre esses dois atributos da esfinge, pois se a função da esfinge, antes de encontrar Édipo, era "devorar" o seu desafiador incompetente, por que não se encontram reproduções desse ato de devoração? Por que só se encontram documentos das cenas de "devoração amorosa"?

Esse é um mito polissêmico, e a versão freudiana privilegia apenas uma de suas faces. Pausânias, o célebre descobridor e revelador da Grécia para o Ocidente, apresenta outra versão, segundo a qual a esfinge era irmã de Édipo. Exatamente. Esfinge era o nome de uma das filhas de Laio, que tinha vários filhos espúrios. Embora a esfinge fosse filha natural, Laio a preferia, e foi a ela que revelou o significado do oráculo. Ora, tendo morrido o rei e a fim de testar se os que diziam ser descendentes dele realmente o eram, a esfinge o submetia ao teste do enigma. Como guardiã da verdade e da herança, acreditava que o filho verdadeiro saberia a chave do enigma, pois, do ponto de vista mitológico (e, às vezes, prático), o *saber* e o *poder* caminham juntos. Ora, quando dá a resposta exata ao enigma, Édipo prova ser realmente filho do rei e faz-se merecedor do trono. Michel Foucault também explora, no mito do Édipo, essa questão do poder e do saber, privilegiando, em *A verdade e as formas jurídicas*, o lado político, e não psicanalítico da questão.

Há muitas interpretações desse enigma. Ao contrário da decifração de Édipo, o mito da esfinge admite várias leituras. Segundo, ainda, Marie Delcourt, narrativas modernas gregas recontam a história de outra forma: Édipo, em vez de esposar a mãe, Jocasta, casa-se com a esfinge, porque Jocasta e a esfinge não são mais do que personagem dupla. É uma variante significativa. Nesse sentido de variante, é preciso retomar aquela versão que acentua certa semelhança entre o episódio da esfinge na mitologia grega e o aparecimento do anjo à Virgem na cultura cristã. Por mais diversas que possam parecer, ambas reproduzem o episódio da *hierogamia*, a junção do herói com uma entidade sagrada. Não é, portanto, somente a semelhança semiótica que existe na cena, mas a semelhança estrutural. A tal ponto que se pode considerar que, nos poemas em que a figura da Virgem aparece ao poeta, estar-se-ia repetindo, através dessa iluminação, o mesmo mito da hierogamia. Em vez da esfinge, a Virgem. Mas o enigma continua mediando a relação. É nesse sentido que se poderia reconsiderar a poesia mística do simbolismo ou mesmo de Jorge de Lima e Murilo Mendes: a mulher fantástica e divina que surge enigmaticamente ao poeta. Murilo Mendes, por exemplo, tem dois poemas muito ricos desse ponto de vista: "A mulher do deserto" e "Metade pássaro", que já no título o símbolo na direção que estamos interpretando. São mulheres intemporais, mulheres-sereias, mulheres-pássaros, que cantam e seduzem o poeta-Édipo surrealisticamente.

Voltemos, no entanto, aos nossos parnasianos. E preciso reforçar o aspecto angustiante, opressor e castrador da esfinge. Não é por acaso que a etimologia de esfinge remete para opressão, afogamento, tormento. Aliás, o mesmo radical estará no termo *esfíncter*, podendo-se tirar daí sortidas ilações psicanalíticas. É necessário assinalar que o aspecto devorador e canibal da esfinge, mostrada em textos poéticos, encontra respaldo em versões primitivas, pois "os trágicos pintam a esfinge como uma ogra música. Édipo derrota a esfinge comedora de carne crua", e Píndaro fala do "enigma arrancado às ferozes mandíbulas da jovem mulher".[17]

Finalmente, Bilac tem uma série de sonetos sob o título de "Édipo". São quatro sonetos que retomam toda essa problemática: "A pítia", "A esfinge", "Jocasta" e "Antígona". Em todos eles, Bilac utiliza como epígrafe trechos de *Édipo rei*, de Sófocles, que ele demonstra conhecer. Há um mesmo sentimento que passa por esses sonetos e outros poemas, em que a figura da mulher é descrita como a castradora esfinge ou o poeta exibe sua perplexidade diante do mito da estátua. Faz parte, por exemplo, desses últimos o soneto "A morte de Orfeu", que descreve o poeta sendo destruído pelo amor furioso das mulheres. Lá está Orfeu: "No último canto, no supremo brado,/Pelo ódio das mulheres trucidado,/Chorando o amor de uma mulher, morreu..." Nessa série de poemas finais, Bilac privilegia vários tipos de mulheres em sintonia com a mulher/esfinge, sedutora, fatal e divina: "Madalena", "A rainha de Sabá", "Cleópatra" e, sobretudo, "Gioconda".

O poema "Gioconda" é incrível como sintoma do que estamos assinalando. O sorriso e a ironia da Gioconda são interpretados como "insídia e eterno ardil" e ela está tecendo "luminosa teia". Aliás, mais adiante, em outros dois sonetos, "Os amores da aranha" e "Os amores da abelha", também de Bilac, o tema da castração aparece belamente exposto. Mas em "Gioconda", a "cilada do amor" é dramatizada na imagem de mulher comparada com a "esfinge de Gizé", que "sorri na adusta areia" e não apenas na tela de Da Vinci. Finalmente, ao fazer a condensação de vários símbolos, chama-a de sereia ("seduzes, através dos séculos, sereia"), compara-a a Ísis, à serpe e à própria Eva.

Perpassa, portanto, o sentimento de que o poeta/Orfeu é sempre esse impotente estraçalhado pelo enigma, representado por uma mãe grande, uma mulher fálica que tem os atributos sedutores da *abelha* e da *aranha* e que oculta em si as contradições, na verdade as contradições reais e imaginárias do macho, psicológica e culturalmente dividido numa esquizofrenia entre o amor e o ódio. Sobressai um traço, um sinal, uma marca ambígua e reveladora desse trauma na metáfora da *boca* e dos *lábios*. A Madona que sorri é a mesma que devora. A abelha que produz o mel é a mesma que pica. Eva que seduz, seduz através da boca que alicia e morde a maçã do desejo. Como na interpretação que Freud fez da Gioconda de Da Vinci ou como se constata nas esfinges grega e egípcia, o sorriso inscrito na boca desenha como sedução aquilo que se oculta na voracidade oral-sádica do ser devorador.

A mulher-estátua e a alquimia erótica
do corpo entre a pedra e a água

A pedra e a água aparecem complementarmente compondo o enigma duplo da mulher parnasiana. Como tal, ela é a esfinge do deserto, mas também a Vênus marinha. A poética parnasiana faz a conversão do elemento mineral em elemento aquático, com certa facilidade mítica. Ou, melhor dizendo, conforme certa alquimia mítica e estética. Assim, o que é rígido e pétreo se metamorfoseia em algo fluido e mole, e o que é estático e frio se transubstancia em dinâmico e quente.

Poder-se-ia, nesse sentido, retomar inúmeros poemas para o estudo dessa metamorfose. Por exemplo, "A estátua", de Carvalho Jr.; "A estátua" e a "Última deusa", de Alberto de Oliveira; "Citera", "A Vênus de Viena" e "Versos a um artista", de Raimundo Correia; "As ondas" e "Profissão de fé", de Olavo Bilac. Mas, sobretudo, os três sonetos de Alberto de Oliveira, intitulados "Afrodite", nos quais ocorre a conversão completa do elemento mineral em elemento marinho. A mulher deixou de ser o bloco de mármore, em que o poeta esculpe, desnuda ou faz o striptease de seu desejo, para assumir a forma anfíbia, imaginária, orgânica da Vênus fantasmática.

No primeiro daqueles sonetos de Alberto de Oliveira, a imagem feminina surge num concerto de sereias de cauda prateada à flor das águas. O mar é, ao mesmo tempo, enorme turquesa iluminada e bosque pagão onde vão surgir figuras míticas. A natureza toda se prepara para o surgimento de Afrodite em meio às ondas. Há irradiações divinas e um brilho dourado de estrelas contemplando aquela que, estremecendo as águas, "aparece nua, à flor do oceano/coroada de um círculo de espumas".

O segundo soneto, que cria uma atmosfera que lembra a Vênus de Botticelli, dá prosseguimento a essa cena. Descrevem-se o cabelo doirado, a pedraria do olhar faiscante, o mármore luzindo no alvirróseo peito, enquanto ela surge "nua e fria". Ao seu redor, conservando distância, uma multidão de seres marinhos, cavalgando onda por onda, vem saudá-la ressoando torsos búzios. São os golfinhos e tritões que descrevem sua homenagem à deusa sem qualquer toque físico.

O terceiro soneto faz a transposição do mito para a realidade. E de alguma maneira pode-se dizer: assim como Afrodite/Vênus surge das águas numa corte de amantes, a amada do poeta – Clítia – também surge nua. Mas aparece entrando ansiosa na água, entregando o colo às vagas. Enquanto o peito do poeta abrasa olhando de longe, lá está ela, de fino alabastro, em linhas de mármore polido como uma pagã formosa. E como as vagas que rebentam também estala o peito do amante ao ver essa mulher que molha a cabeleira tão sensualmente. A imagem final desse soneto diz que o poeta treme de ciúmes e cuidados ao ver que o mar vem lavar com beijos o corpo de sua Afrodite nua. Aqui ele opera um jogo, segundo o qual transfere para o mar a sua sensualidade e realiza, metonimicamente, o amor através dele. Mas de tal forma o seu desejo ainda é recalcado, embora seja tão falado, que ele tem ciúmes desse *al-*

ter ego, que é o seu *idêntico*, mas no qual vê o outro, que possui aquilo que ele não ousa possuir, a não ser através de um processo tortuoso e inconsciente.

Essencialmente, do ponto de vista do elemento constitutivo da imagem de Afrodite, vemos a fusão dos componentes pétreos e aquáticos. Afrodite é a mulher/esfinge que emerge não na areia do deserto, mas das águas do oceano. E nela, a rigor, difícil é saber onde começa a representação mineral e onde termina a representação orgânica. Água e pedra se complementam. Aliás, já na tradicão alquímica e na tradição mística há correspondência entre esses dois elementos aparentemente opostos. A pedra tem significado de origem, remete ao estado primordial e se confunde com a Terra Mãe. Sintomaticamente, uma interpretação junguiana da figura de Afrodite vai identificá-la como essa "fonte da vida", como sinônimo de Anima. E é aqui que ocorre, na própria essência do pensamento junguiano, uma alquimia semântica e ideológica, que ele confere à figura de Afrodite e de Anima.

Com efeito, na vertente aquática do símbolo de Anima, ela é aproximada das ninfas, ondinas, fadas como a Morgana (cujo nome significa "nascida do mar") e da mulher-cisne. Mas o significado de Anima, para Jung, não se prende apenas a uma mitologia pagã. Ele se amplia pelo cristianismo, razão pela qual, para ele, Anima "é fundamento de todas as figuras divinas e semidivinas, desde as deusas antigas até Maria".[18] Percebe-se que estamos penetrando numa rede de elaborações simbólicas com as mais variadas implicações. De um lado, temos os textos dos poetas parnasianos que versam o tema da mulher essencial. De outro, temos o pensamento psicanalítico junguiano que, pretendendo fazer a análise de certos arquétipos, acaba por reinscrever o significado ideológico daqueles textos e mitos. De certa maneira, o pensamento junguiano é uma paráfrase dos mitos. Uma ilustração, uma ampliação fascinada e fascinante da visão mítica e mística da realidade.

Emma Jung, filha do famoso psicanalista, em *Anima e animus*, desenvolve a ideia de que os indivíduos veem projetada em seus sonhos e fantasias uma imagem arquetípica de Anima. Ela surge como "a Estrangeira", "a Desconhecida", "a Mulher Velada", e se superpõe à figura de uma mulher real existente. Mas, embora se confunda com uma mulher concreta, tal imagem é um arquétipo, "uma entidade da alma com a qual é preciso entrar em relação".[19] Ou seja, tal pensamento psicanalítico acredita em uma entidade – o arquétipo – que não é o fantasma ou a fantasia freudiana. Não se trata aqui de um exercício narcísico do imaginário, mas da percepção de uma realidade sobrenatural graças à sensibilidade individual. Por outro lado, a afinidade ideológica entre o pensamento junguiano e a imagem de mulher veiculada, em geral, pela poesia que estamos analisando é de tal ordem que Jung vê em Anima esse misto de Eva e Maria e, além do amor cristãmente definido, essa Anima, que tem um "aspecto afrodisíaco", significa também "o ódio, o rancor, a dúvida, o ciúme, o desprezo, a inimizade, a decepção, a traição, a crueldade, a misantropia, o ridículo".[20] Por pouco estamos falando diretamente da "mulher fatal", uma vez que o pensamento junguiano introjeta o machismo dominador, que faz de Afrodite, e mesmo de Maria, um ser que representa o fluido, o instável, o misterioso, o inalcançável. Enfim, uma nova esfinge. Não estranha, portanto, que tal pensamento se aproxime das formulações alquímicas de Paracelso, para quem as ninfas, embora se assemelhem aos homens, não descendem de Adão e não têm alma. Segundo ele, "diz-se que as ninfas saem da água e vêm até nós e se assentam às margens dos regatos; é aí que elas habitam e que são vistas, capturadas e desposadas (...) A união delas com um homem permite-lhes receber a alma, e as crianças nascidas dessa união igualmente têm alma. É por isso que elas disputam os favores dos homens e o fazem com zelo e em segredo. São como os pagãos que carecem do batismo e fazem o possível para receber uma alma e encontrar a vida em Cristo".[21]

É alarmante a sintonia entre esse pensamento alquímico e psicanalítico e a prática ideológica literária e o próprio cristianismo. Nesse jogo, a imagem da água ocupa lugar privilegiado. Por isso, para estudá-la devidamente, temos de ver suas outras vertentes nos símbolos da concha, do vaso e da taça, que vão figurar de novo as variantes do desejo e da mulher.

A taça, o vaso e a concha como conteúdos e formas do desejo

A mulher/estátua é apenas uma das representações privilegiadas pela poesia parnasiana. No conjunto das representações mais ligadas ao aspecto plástico, material, metálico, pétreo e mineral, a taça, o vaso e a concha ocupam espaço significativo e revelam outras faces da problemática do desejo e sua figuração.

Considerando as metáforas da taça, do vaso e da concha, é inegável a relação que mantêm com a imagem da mulher, uma vez que a água vai ser o elemento mediador desses termos. A tradição bíblica narra-nos a história de Cristo junto ao poço, pedindo à mulher samaritana que lhe dê de beber. Ele, o estrangeiro sedento, ela, a mulher mediadora que pode saciar-lhe a sede. Matar a sede, saciar o desejo, são metáforas comuns também na literatura, seja em sentido místico, seja em sentido francamente erótico. As vestais romanas (assim como as sacerdotisas ainda hoje no Daomé) iam diariamente buscar água nas fontes, trazendo-a em seus vasos sagrados para as urnas especiais do templo.[22] No Brasil, a lavagem do templo do Senhor do Bonfim é realizada pelas descendentes africanas, num ritual comandado por mulheres.

Por possuir um corpo que funciona como fonte da vida, a mulher seria, naturalmente, aproximada da ideia de vaso sagrado. Com efeito, é no seu ventre que a vida é gerada, e é cercada de água que a criança cresce dentro da placenta. Assim, a mulher é esse vaso que contém outro vaso. Verdade que a imagem do vaso, em sentido místico, pode ser aplicada também ao homem, pois, como lembra a Bíblia, o homem, em geral, é o templo do Espírito Santo. Mas, em relação à mulher, ocorre essa identidade corpo/mulher/vaso, pois ela é "a urna mágica no seio da qual se elabora a vida".[23]

Por outro lado, na tradição literária, existe uma série de poemas que, já na Idade Média, retratam a cena da mulher indo à fonte apanhar água com seu vaso ou jarro. Aí ocorreriam imprevistos amorosos, não exatamente místicos, como aquele entre Cristo e a samaritana. É famosa a linda canção em que a mãe indaga da filha acerca de seus amores na fonte:

> "Digades, filha, mia filha velida:
> porque tardaste na fontana fria?
> Os amores ei."

A filha disfarça, põe a culpa até nos cervos que sujaram a água, alega que teve de esperar que ela de novo se clareasse, mas o fato é que a fonte era local mágico e mítico dos encontros apaixonados. Por outro lado, do ponto de vista sociológico e histórico, a relação entre a fonte e a mulher intensifica-se quando se estuda, como o fez Yvone Didier, a função da lavadeira em comunidades medievais. "Os homens, em conjunto, são excluídos do ofício de lavar."²⁴ E se quisermos aproximar o mundo medieval de um certo naturalismo e primitivismo brasileiros, no romance *O cortiço*, de Aluísio Azevedo, publicado na época áurea do parnasianismo, vamos encontrar as mulheres da comunidade ocupadas, sobretudo, na lavagem da roupa. O trabalho delas é esse dentro do terreno do grupo, enquanto os homens saem daí para trabalhar fora. Só o homossexual pode associar-se às mulheres junto à fonte e ao rio. "Em outros termos, na fonte, no lugar da lavação, existe uma atmosfera exclusivamente feminina em relação à qual o homem é um intruso, um sabotador, um curioso, um inoportuno."²⁵

Nessa linha, Didier oferece ainda uma série de dados e raciocínios pertinentes, estendendo a lavagem da roupa à lavagem do próprio corpo e suas implicações ritualísticas e psicanalíticas. "Das manchas do corpo passa-se logo àquelas da alma. Lavar em grupo a roupa da casa, ou lavar a roupa suja dos outros, é meter o nariz no negócio alheio, entrar nos segredos de suas misérias, de seus pensamentos, de seus desejos, de sua alma, ao mesmo tempo que limpar as manchas e sujeiras embranquecendo."²⁶

Ironicamente, pode-se estabelecer um paralelo entre a mulher antiga e a atual, sobretudo a padronizada pela publicidade moderna. A mulher atual não mais vai à fonte (pelo menos as de classe média e as ricas), mas existe toda uma indústria de detergentes e sabão em pó que enfatiza a mesma relação entre a mulher e a água ou entre a mulher, a água e a pureza. Claro que na sociedade moderna já não se trata somente da alquimia retórica, mas de produtos químicos, que nem por isso ocultam inteiramente os ingredientes míticos dos signos água e mulher. Portanto, não seria de todo surrealista imaginar um anúncio de sabão em pó, ou de qualquer outro produto de limpeza, que reativasse a figura de Vênus/Afrodite saindo de sua concha para clarificar a atmosfera do lar, reafirmando, nesse caso, sua imagem agora não de deusa do oceano, mas de rainha do lar.

Jung, estudando o símbolo do *vaso*, assinala a sua presença não só nos textos bíblicos, como o Cântico dos Cânticos ou nas metáforas de

Santo Ambrósio e Santo Agostinho, mas observa que, mesmo antes do cristianismo, a imagem tinha seu uso na representação mística e erótica da mulher. Parece-me que além das razões religiosas há outra razão para a contínua presença desse objeto nos diversos textos: as culturas mais antigas tinham mesmo uma relação intensa e cotidiana com esse objeto, o que fez com que ele fosse elemento presente na metaforização dos sentimentos. Erich Neumann, no livro *The great mother*, considera a relação mulher = corpo = vaso = mundo retomando um pensamento de Bachofen sobre o *ovo órfico* também um ovo cósmico, que marca um estágio matriarcal da humanidade.

O vaso, quando aparece na poesia parnasiana, tem significado plural. Pode estar vinculado à estética parnasiana no seu amor pela descrição do objeto plástico. Pode ser esse exercício de pintar, descrever, pormenorizar os elementos da composição, como se o poeta fosse um ourives a cinzelar miniaturas, a exemplo do "Vaso chinês", de Alberto de Oliveira, mas pode, além disso, vincular-se à ideia de inspiração e arrebatamento. O poema de Alberto de Oliveira "Vaso grego", por exemplo, refere-se à embriaguez da inspiração, lembrando a taça de Anacreonte, poeta que na Grécia antiga celebrou o vinho e o amor. Aqui, nesse poema, não se trata mais da água que purifica, senão da bebida que erotiza. Mas em "Taça de coral" o mesmo poeta volta ao tema da sede, falando do pastor Lícias, cuja sede procura seu termo seja na água das fontes, seja na "taça de coral" da boca da amada.

A forma mais aliciante e exemplar de representação dessa imagem é-nos oferecida por Hermes Fontes (1888-1930), no poema "Pouco acima daquela alvíssima coluna". Ele constrói um caligrama, como aquele que mais tarde faria Apollinaire. O poema é em forma de taça. Ao mesmo tempo que a taça sobre a qual fala é visualizada, ele assinala que a boca da mulher é também uma taça. Existe toda uma linguagem litúrgica: "hóstias ideais", "infinito amor", "céu", "luz", apesar de o poema não ser místico, mas eroticamente endereçado a descrever a relação amorosa. Daí o sentido ascensional das metáforas, mais voltadas para a realização plena do desejo do que para a sublimação. A taça é a própria mulher a ser sorvida. Água e mulher, sede e desejo, vinho e arrebatamento estão no substrato do texto.

"POUCO ACIMA DAQUELA ALVÍSSIMA COLUNA
que é o seu pescoço, a boca é-lhe uma taça tal
que, vendo-a, ou vendo-a, sem, na realidade, a ver,
de espaço a espaço, o céu da boca se me enfuna
de beijos – uns, sutis, em diáfano cristal
lapidados na oficial do meu Ser; outros
– hóstias ideais dos meus anseios,
e todos cheios, todos cheios
do meu infinito amor...
Taça
que encerra
por
suma graça
tudo que a terra
de bom
produz!
Boca!
o dom
possui
de pores
minha boca
Taça
de astros e flores,
na qual
esvoaça
meu ideal!
Taça cuja embriaguez
na via-láctea do Sonho ao céu conduz!
Que me enlouqueças mais... e, a mais e mais, me dês
o teu delírio... A tua chama... A tua luz..."

O aspecto líquido e mineral da taça conduz-nos, finalmente, à última imagem dessa série de transformações: a *concha*. Ora, essa concha, que aparece também sob a forma variante do *ninho* (ver "Star's nest", de Luís Delfino, e "O ninho", de Alberto de Oliveira), tem significado polissêmico. Essa concha, paradigmaticamente, se situa no mesmo núcleo de imagens que "alcova". Aliás, é outro soneto de Luís Delfino, "Surgit stella", que vai mostrar essa passagem. Começa a falar do surgimento da deusa/Vênus/mulher do meio de uma concha ("Mas em que concha a deusa veio?/Que onda azul a deitou na fina areia?"), e termina falando da alcova: "No etéreo azul da alcova enfim baixando." A concha é o *leito* natural de Vênus. E uma fenomenologia da concha, na linha do que propõe Bachelard, confirma, na estrutura entreaberta de sua natureza, aquele jogo ambíguo do desnudamento encontrado na dança e no striptease. De origem mineral como a pedra, a concha termina por ser humanizada nessa poesia parnasiana, tanto quanto é organicamente apresentada a estátua. "De fato, o ser que sai da concha sugere-nos devaneios do ser misto. Não é somente o ser 'meio carne, meio peixe'. É o ser meio morto, meio vivo e, nos grandes excessos, meio pedra, meio homem."[27] Bachelard chega mesmo a ver identidade entre as Melusinas, com sua cauda escamosa e pedregosa, e as conchas.

A concha, como berço, origem, quarto, ninho, chega também a ser a metáfora da casa, do mundo e do próprio corpo, esse também feito de vários invólucros, o que leva Bachelard a dizer que "o homem é um acúmulo de conchas".[28] Mas a concha é também "esse invólucro que se abandona",[29] e, de maneira ainda mais apropriada, poder-se-ia dizer que ela é uma pele que se deixa. Ao sair dessa pele-placenta-esconderijo, Vênus está finalmente nua, como um recém-nascido que deixa o útero. Espaço inaugural da vida, onde a pérola é gerada em dor, a concha, no entanto, pode ser considerada também o espaço da morte, seja quando é a casa desabitada, seja quando ritualisticamente é posta em caixões, como a querer dizer alguma coisa sobre a possibilidade de reinauguração da vida. Nesse sentido, é pertinente lembrar o abade Vallemont, que encontrou um caixão contendo cerca de trezentas conchas de caracóis dispostas dos pés à cintura do esqueleto. Daí Bachelard concluir, ousadamente, que deve haver algum simbolismo nisso, falando até das "conchas da ressurreição".

Nessa sequência de raciocínios, o pensador francês alude a uma "fênix da água", que se aproxima muito da Vênus que estamos configurando. Essa fênix é uma reedição da mulher-peixe e da mulher-pássaro. Ele se baseia nas afirmações do jesuíta Kircher, de que nas costas da Sicília "as conchas de peixe, quando reduzidas a pó, renascem e se reproduzem se regarmos esse pó com água salgada". O abade Vallemont cita essa fábula paralelamente à da fênix, que renasce de suas cinzas. Existe, portanto,

uma fênix da água. O abade Vallemont não acredita em nenhuma das fênix. Mas nós, que nos colocamos no reino da imaginação, devemos registrar que as duas fênix foram imaginadas. São *fatos da imaginação*, "os fatos positivos do mundo imaginário".[30]
De resto, essa aproximação da concha, não apenas com a vida, mas também com a morte, é possível a partir da própria figura de Vênus, pois existe uma Vênus mortuária – a Vênus Libitina romana, em cujo templo eram vendidos os objetos das exéquias. Nesse caso, é forçoso estabelecer um paralelo entre a *concha* e o *caixão*. A concha se abre para a vida como na poesia parnasiana, e o caixão – concha mortuária – vai ser o espaço onde se enclausura a noiva morta da poesia simbolista.

A mulher-sereia, a mulher-serpente e a sedutora Cleópatra

Ocorre uma metamorfose novamente significativa nesse sistema de representações: do aspecto puramente mineral da estátua original passamos à representação mítica, em que há uma humanização crescente da imagem. Da *estátua* passa-se à *sereia* e à *serpente*, para alcançar uma representação mais completa na figura de *Cleópatra*, por sua vez serpente, sereia e representante mítica da mulher fatal. Curioso, por outro lado, assinalar que essa transformação se realiza marcando também a passagem de uma representação mais estática para outra, mais dinâmica. Como já assinalamos, a estátua inicial, sob identidade de Vênus, emerge, sai das águas e caminha cada vez mais para um referente mais concreto. A tal ponto que, em outro estádio da evolução, ela é apresentada como a *mulher se banhando* no espaço da própria alcova.

Retomando, no entanto, o tópico da sereia, assinalemos: de alguma maneira, a sereia é estátua que se banha. Quando descreve a mulher entrando no banho, o poeta faz uma superposição de significados. A pedra do corpo se humaniza, se movimenta, sai do ateliê imaginário e do museu retórico. A estátua que se banha é uma sereia. E o dinâmico agora está para a crescente liberação, assim como o estático estava para a inibição e o fechamento. Nesse caso, ocorre uma alteração na dramatização dos desejos: agora não é o poeta que gira seu desejo em torno dessa imagem, como um voyeurista faiscando significados nas imagens minerais. Agora é a mulher que se aquece, que se articula no imaginário do sujeito. Claro que circunscrita ainda ao espaço do desejo que o homem lhe desenhou.

Nesse círculo de giz fantasioso, ele a aprisiona na casa, no quarto, no banho, como uma Vênus em sua concha. Concha polissemicamente fértil, semiabertura do desejo, concha pulsante que se contrai e se retrai no reflexo das pulsões masculinas imaginárias.

"Sereia", o poema de Oscar Rosas (1862-1925), produz uma síntese do que estamos falando. Aliás, Oscar Rosas não é um parnasiano puro. É um simbolista que conviveu com Cruz e Sousa e influenciou-o. Mas seu soneto se encaixa sistematicamente ao que estamos demonstrando. Aí, a mulher, a estátua, a sereia e a mulher no banho se integram. O artifício da composição está em propor-se a descrever uma estatueta japonesa de bronze, onde ele vê a matéria orgânica e a mineral fundidas. A sereia é, aí, personagem mitológica, mas humanizada, pois são visíveis as veias de seu corpo: "Veia a veia/cornucópia de seios e de escama". Poema que acopla os estilos parnasiano e simbolista, exibe o objeto do desejo dentro de um "nevoeiro" onde se mesclam os "véus da noiva" e o "olhar amortecido da sereia". O final é uma síntese das virtualidades da imagem da sereia utilizando-se de imagens fálicas que retratam ambiguamente o desejo e a castração. E esse ser compósito que é a sereia "como o búzio a referver ressoa/numa langue preguiça de serpente/num êxtase nostálgico de *leoa*". Ocorreu, então, a potencialização da imagem da mulher-estátua. Ela aí está triplicemente valorizada: de *mulher-pássaro* (a sereia que canta e seduz) à *mulher-serpente*, chega-se à *mulher-peixe*. Sendo, mesmo aquela mistura de leoa e serpente, um traço do ser compósito que é a esfinge.

Essa *bricolage* estética remete-nos para o problema da *condensação* ou da deformação, tal como o viu Freud. E eram exatamente essas figuras orientais (o soneto se refere, lembre-se, a uma estatueta japonesa) que fascinaram Freud ao aproximá-las das imagens produzidas pelo inconsciente durante o sonho. Diz ele: "O que tenho em mente são 'figuras compostas' e 'coletivas' e as estranhas 'estruturas compostas', que são criações não dessemelhantes dos animais compostos inventados pela imaginação folclórica do Oriente."[31] Esse é o tipo de figura com significado de *hieróglifo*. O poeta quer dizer várias coisas ao mesmo tempo. E se a deformação onírica está ligada aos mecanismos de condensação e ao elevado grau de recalque, a metáfora plurivalente, na poesia, pode ser o espaço acumulador de maior descarga estética.

Digamos que o pássaro, a serpente e o peixe habitam três espaços: o aéreo, o terrestre e o marinho. Digamos, também, que esses espaços se misturam nas figuras da esfinge e da sereia. Mas há textos, como "Paganismo", de Alberto de Oliveira, em que os aspectos terrestres e aquáticos são mais nítidos. Nesse poema, narra-se uma cena entre dois amantes dentro d'água, enquanto perto, metonimicamente, canta uma sereia. Há uma duplicidade da imagem feminina. A sereia ao longe e a mulher junto ao poeta se complementam. E acoplando os diversos espaços, faz a superposição do bosque pagão e da água fria, mediados esses elementos pela areia fina pisada pelos amantes, que se agitam entre o quente e o frio da natureza e de seus corpos.

O caráter heteróclito da imagem feminina remete-nos para uma afirmação de Sila Consoli, em seu livro *La candeur d' un monstre*, no qual estuda o mito da sereia: "A mulher acha-se de novo do lado desses seres duplos e anfíbios, que são as focas e os polvos, como se ela fosse uma espécie de harpia ou de sereia-pássaro, de esfinge, de eríneas, equidnas e nereidas. Todos esses seres são, ao mesmo tempo, criaturas ambíguas: uma parte de sua natureza os aproxima da terra e do mundo humano; outra parte os enraíza num universo de forças aéreas, aquáticas e subterrâneas, universo misterioso e perigoso, estranho e hostil ao homem, reino de forças demoníacas, de espíritos e de mortos."[32]

Há ainda um dado relevante no significado da sereia nesse jogo do desejo. Sila Consoli lembra que "as sereias cantam e seduzem, mas elas não fazem amor".[33] Estaria aí uma identificação entre essa mulher mitológica, aparentemente mais dinâmica que a figura da estátua, mas que guarda como invariância a interdição. Por outro lado, essa mulher-sereia, que o parnasianismo e o simbolismo atualizaram dentro da tradição mitológica e literária, vai incorporar-se mais abundantemente na poesia moderna, seja num surrealista, como Murilo Mendes, seja num moderno de raízes clássicas, como Manuel Bandeira. No primeiro, a mulher-sereia surge sedutoramente ao lado dessas divindades sobrenaturais que povoam o *au delà* da realidade. No segundo, ela corporifica os dilemas ideológicos do indivíduo, entre a santa e a prostituta. Significativamente, em Manuel Bandeira, vai aparecer uma versão indígena, nacional e modernista da sereia, que é Iemanjá e Janaína. Mas já em Bilac está uma variante folclórica nacional da Vênus – a Iara, reedição da figura de Vênus e das sereias de Ulisses. Aí o poeta fala de "argênteos flocos", "cabeleira de ouro" e "pérolas de espuma", dentro do melhor estilo parnasiano.

"A Iara

Vive dentro de mim, como num rio,
Uma linda mulher, esquiva e rara,
Num borbulhar de argênteos flocos, Iara
De cabeleira de ouro e corpo frio.

Entre as ninfeias namoro e espio:
E ela, do espelho móbil da onda clara,
Com os verdes olhos úmidos me encara,
E oferece-me o seio alvo e macio.

Precipito-me, no ímpeto de esposo,
Na desesperação da glória suma,
Para estreitar, louco de orgulho e gozo...

Mas nos meus braços a ilusão se esfuma:
E a mãe-d'água, exalando um ai piedoso,
desfaz-se em mortas pérolas de espuma."

Nessa sequência, chegamos finalmente à figura de *Cleópatra*. O que tem ela a ver com as iaras caboclas ou gregas? O que tem a ver com as serpentes do paraíso, deslizando sedução entre o amor e a morte? Ora, exatamente aí seu significado emerge: enquanto sintetiza, ideologicamente, o papel de Eva e vai ser uma alma gêmea de outra figura feminina, igualmente estigmatizada, que é Salomé. Evidentemente, a presença dessas duas figuras, Cleópatra e Salomé, tem uma explicação genética dentro das opções parnasianas. A paixão pelas imagens, mitos e cenas orientais e africanas é abundante na poesia e prosa do período.

Através da eleição desses temas, o autor exibia todo o seu requinte estilístico e revelava seu exotismo sentimental. Mas é sintomático que o imaginário dos escritores tenha selecionado essas duas personagens sempre aparentadas não somente entre si, mas à serpente sedutora e bailarina e à *mulher-sereia*.

O *Dicionário de símbolos*, de Chevalier, Gheerbrant, dedica cerca de 18 páginas ao estudo do símbolo da serpente, um vasto painel da multiplicidade de significados que as culturas de todos os tempos colaram a essa imagem. Dizer, portanto, como já foi vulgarizado pela psicanálise, que a serpente é um símbolo fálico corre o risco de ser, ao mesmo tempo que uma verdade, também um empobrecimento da figura. Mais do que resvalar para o que hoje é o óbvio freudiano, ou mesmo mais do que insistir no aspecto junguiano, segundo o qual a serpente, como animal misterioso e sombrio, liga-se às forças do inconsciente, talvez valesse a pena ressaltar outra pluralidade de significados, fornecidos sobretudo pela antropologia. A serpente, portanto, não tem senão vários significados. Entre os caldeus, era a vida; aliás, eles tinham uma só palavra para designar vida e serpente. O mesmo se repete em árabe, em que serpente é *el-hayya* e vida, *el-hayat*. Existe também uma serpente com significado cósmico. É o que deve ter querido Jean Giono com seu romance *Le serpent d' étoiles* (1934), e é o que queriam os astecas e os maias com o mesmo símbolo. De alguma maneira, isso está no sentido cósmico do ouroboro, a cobra que devora a si mesma, pela cauda, circularmente, representando o centro e o eterno retorno.

Nova metamorfose, no entanto, ocorre com a imagem da mulher parnasiana. Da mulher-estátua que se converteu na mulher-sereia, temos agora a mulher-serpente. Serpente, já se vê, aparentada à sereia sedutora. Serpente que vem da tradição bíblica do Velho Testamento, símbolo da tentação erótica a ser recalcada, pisada como se esmaga a cabeça da áspide. A serpente é, então, essa mulher-Eva serpenteando seduções e envolvendo melosamente o macho, como uma sereia o faria com o incauto Adão-Ulisses.

Essa fábula, parábola ou mito é retomado por Raimundo Correia, no soneto "Lubricus anguis", em que vai dissertando sobre os tempos em que "a mulher perdeu a deleitosa/paz e os jardins da habitação primeva". Aí se esmera o poeta em descrever a serpente, agora com um "língua trissulca, que na treva/falaz vibra". E mostrando seu ajustamento ao conflito entre a carne e o espírito, entre Eva e Maria, termina maiusculamente (ou masculamente?) se rejubilando com outra mulher que ele chama de Virgem, que com "o rijo calcanhar firme e possante" achatou impávida a cabeça do monstro tentador.

Mulher-Eva, mulher-serpente, tal figura é o simulacro do que há de mau no homem. Aqui se exibe o artifício ideológico masculino, a tática religiosa, segundo a qual o mal é algo que *existe fora* do homem, *exteriorizado* sistematicamente no *outro*, que é a mulher. Desse modo, a mulher termina por ser um mal em si. Uma fatalidade da criação. Foram precisos milhares de séculos para que, sobretudo através da psicanálise, se pudesse denunciar esse jogo esquizofrênico de poder e essa solidariedade neurótica do par amoroso. Foram precisos milhares de séculos para que o homem começasse a descobrir a eroticidade dentro dele mesmo e para que a mulher reconstruísse, por sua parte, sua imagem pervertida através de mil reflexos ideológicos contraditórios.

Mas é relevante assinalar que existe uma variante da imagem da serpente, variante em que o mal é apresentado sob forma masculina. Refiro-me à figura do *dragão*, que simbolicamente se liga à serpente, como uma de suas variações morfológicas e ideológicas. Só que aqui haverá uma inversão: o dragão é essa figura maligna intermediária entre o homem e a mulher, entre o herói e a princesa. É a projeção ideológica do anátema a ser destruída. O dragão é uma espécie de serpente alada. Considerando esse símbolo na Idade Média, diz Gilbert Durand: "O dragão é o obstáculo que se tem de vencer para atingir o sagrado. Ele é a besta que o bom cristão deve matar em si, conforme os exemplos de São Jorge e São Miguel. O mito pagão de Siegfried teria o mesmo sentido."[34] E é essa ideia da serpente-dragão, como coisa ruim, que a cultura ocidental utilizou persistentemente nas histórias infantis. Já no Velho Testamento, a cobra aparece reincidentemente. Jeová, por exemplo, manda como praga uma chuva de serpentes que queimam. Também o dragão é um animal que expele fogo pelas narinas e boca.

Em outras culturas, como na mitologia grega, o sentido da serpente surge diferentemente. A cobra pertence ao culto de Apolo e Dionísio e está ligada à música e à poesia. A própria figura de Zeus vê-se metamorfoseada em serpente. Por outro lado, James Frazer anota que em outras mitologias primitivas sempre houve uma relação positiva entre a mulher e a cobra. Numa delas, "se uma serpente se encontra no leito de uma mulher, não devemos matá-la, pois ela é considerada como uma reencarnação do espírito de um ancestral ou de um parente morto que veio informar à mulher se sua próxima criança nascerá em boas condições".[35] Por outro lado, na Índia, quando deseja uma criança, a mulher adota uma serpente. Entre os tupi-guaranis, aqui no Brasil, o bater nas ancas de uma mulher com uma cobra ajuda a fecundação.

A história de Cleópatra insere-se no lado negativo da simbologia da áspide. É assim que a literatura, desde o Renascimento, retoma o assunto em *Cleópatra cativa*, tragédia de Etienne Jodelle (1532-1537). É assim que chega ao período barroco com Francisco Roías Zorrilla (1607-1648), em *As áspides de Cleópatra*, e é assim que, com maior maestria, aparece em Shakespeare, em *Antônio e Cleópatra* (1623). A poesia do perverso Swinburne também tem uma "Cleópatra" (1866) além de suas variantes em Messalina – aliás também descrita por Bilac. E sem falar em tantos outros assim a mulher é descrita por Bernard Shaw, machista inveterado, em muitos de seus textos, sobretudo em *César e Cleópatra* (1901). Shaw, apesar de sua genialidade satírica, foi, tanto quanto Schopenhauer, um inimigo ideológico das mulheres, a quem dedicava frases mordazes, que na verdade revelam o substrato de uma formação ocidental do intelectual que não sabia (ou não sabe ainda) o que fazer com Eva e Maria juntas.

No panorama brasileiro, em torno de 1900, Alberto de Oliveira tem um soneto – "A galera de Cleópatra". Descreve-a rio abaixo, levada por uns cinquenta remos, enquanto arde o sol do verão no Egito. Essa nova Vênus desliza sua galera (ou concha?), enquanto na paisagem o poeta assinala vários elementos, sobretudo a "esfinge de granito" e o "íbis branco", revoando entre os juncais, que nos lembram claramente a mulher-estátua e a mulher-pássaro. Fechando o soneto, a figura de Cleópatra vem correlacionada ao canto. Mas esse canto, metonimicamente, vem entoado não exatamente pela sereia-Cleópatra, mas por uma de suas servas, e é um canto de morte e tristeza: "O canto que a escrava Carmion tristemente murmura."

Mais agressivamente, o mesmo tópico ressurge em Raimundo Correia, em "O filho de Cleópatra". Em 11 estrofes, descreve o suicídio da "egípcia encantadora", que toma de uma serpente e a agasalha no peito como se fosse um filho nascido dela e de Marco Antônio. Implicitamente, o poeta joga com a ambiguidade de mamar e morder, leite e veneno, amor e morte. E esse filho-fálico, dessa mãe também fálica, como "a áspide mortal picou-lhe, ingrato, o seio/Pela primeira vez maternalmente aberto!...".

É recorrente, por outro lado, a utilização da imagem do seio como metonímia dessa Eva venusiana. Seio, no entanto considerado sempre como *seio mau*, de que nos fala Melanie Klein: seio castrador por excelência. Teófilo Dias, no poema "Os seios", utiliza-se desse lugar-comum, mas dessa vez a cobra é o próprio poeta, que se enrosca no tronco dessa mulher-estátua enigmática, "como serpente arquejante/se enrosca em férvida areia."

O mais óbvio dos poemas parnasianos na utilização dessa metáfora é "Pesadelo de Ema", de Raimundo Correia, que se apropria de uma lenda corrente em várias culturas, segundo a qual a mulher amamenta, por engano, uma serpente, pensando amamentar o próprio filho. Lenda que, por sinal, tem outras versões: a do filho que pensa estar mamando o seio da mãe e está mamando a cauda da serpente. Essa lenda tem uma variante no poema de Castro Alves "Immensis orbibus anguis", e surge no *Macunaíma*, de Mário de Andrade. Restringindo-nos, no entanto, ao espaço parnasiano, consideremos "Pesadelo de Ema", de Raimundo Correia.

Nesse texto, o poeta entrega vasto material ilustrativo para análise. Tão rico, mas, por outro lado, tão óbvio ante os olhos do leitor hoje familiarizado com a psicanálise que seria praticamente dispensável somar-se outro comentário. Depois de abrir seu poema de sete estrofes, dizendo que tem um tipo de amor que é uma "paixão criminosa/que o sangue das ilusões/nutre: e que mata impiedosa,/todas as outras paixões", começa a explicar melhor o que quer dizer. Esse amor mortal e mortífero, veneno venéreo e pecaminoso, é como a serpente que se insinua no colo da mãe e absorve o leite, como se fosse um filho. O poeta, então, estabelece um paralelo entre a "paixão criminosa" que suga os seus sonhos, como uma serpe, e a história de Ema, que pensava amamentar o filho e amamentava a cobra:

"Assim, enquanto Ema dorme
E ao colo o filho gentil
Lhe suga o leite, uma informe
Serpe a esgueirar-se, sutil,

Da mãe, que o filho amamenta,
Achega-se mansa, mansa,
E troca, pela nojenta
Boca, a boca da criança:

E, macia, a poma cheia
De leite puro a infamar
Torpe e vil, lúbrica e feia,
Põe-se a mamar, a mamar..."

Como num sonho, esse texto deixa seus vestígios linguísticos para interpretação. Essa mulher que se chama Ema, como uma Eva, tem ligação com a serpente. O disfarce, a deformação linguística do *v* em *m* não apaga de todo as marcas informativas da metáfora pecaminosa. Ema ave ou Eva serpente decaída no paraíso, ela é descrita como aquela que amamenta falicamente o mal. É uma Cleópatra vitimada pela áspide. Ela não busca o suicídio, mas alimenta na inconsciência do sono o mal. E, curiosamente de um ponto de vista estilístico, o poeta ainda fornece outro elemento confirmador dessas observações. Usa ele a palavra "poma" no lugar de "seio", superpondo evidentemente a ideia de *maçã/pomo* e a ideia de *seio*. *Fruto do mal* e *seio do mal* se complementam. *Sugar* e *morder* se acoplam, assim como o *leite* e o *veneno* são ambiguamente servidos.

Esse tipo de mulher-serpente Théophile Gautier representou na própria Cleópatra, mas comparando a rainha, dessa vez, ao *louva-deus fêmea*, que assassina os machos que ama. Olavo Bilac, como já apontamos anteriormente, também explorou essa contaminação semântica e ideológica nos sonetos sobre a *abelha* e sobre a *aranha*, enquanto metáforas do amor castrador. Também em "Satânia" está aquela mistura de "serpe sorrateira" e "ave inquieta". Aquela ave, sereia, esfinge que Bilac retratou na "Gioconda" e que tem parentesco, enfim, com a "Cleópatra", de Gustavo Teixeira, que com a "graça de um sorriso" combate todo o Império Romano.

Enfim, essa serpe que se enrosca em Cleópatra e com ela se confunde vai desdobrar-se sistematicamente noutra imagem – a de Salomé, lenda extraída do mundo antigo para alimentar a mitologia amorosa parnasiana e simbolista, dramatizando na coreografia de suas danças novas virtualidades da interdição do desejo.

Salomé, Laís e outras dançarinas e o striptease da estátua nas festas e alcovas

É evidente a relação entre essa sedutora mulher, a serpente aliciadora e a dança serpenteada de Salomé. E Salomé, como demonstrarei, é o final da evolução da metáfora da estátua, agora convertida em matéria orgânica, não mais fria e estática, mas aquecida de eroticidade e movimento.

Na narração bíblica da morte de João Batista, aparecem duas mulheres. Salomé, que dança diante de Herodes e lhe pede como prêmio a cabeça do profeta encarcerado, e Herodíade, a mulher de Herodes, que sugere à filha esse pedido, pois o profeta condenava a relação de Herodes e Herodíade. Todas as duas figuras, a mãe e a filha, foram aproveitadas pela literatura ocidental de maneira repetitiva e doentia no final do século XIX, sobretudo no espaço da expressão estética realista, parnasiana e simbolista.

Parece que a fonte de vulgarização da figura de Salomé se deve a Flaubert. Foi ele que em "Herodias", no livro *Três contos*, fixou a figura da dançarina tentadora. Foi daí que partiu Oscar Wilde para compor seu drama *Salomé*, escrito diretamente em francês e encenado em 1896, dedicado a Sarah Bernhardt. Na peça de Wilde, que escandalizou enormemente na época, Salomé se apaixona por João Batista, que está preso. No final, quando lhe é trazida a cabeça do profeta posta na bandeja, ela ainda o beija, realizando assim um amor mórbido, em que amor e morte se confundem. Posteriormente, o romântico alemão Heinrich Heine, em seu texto "Atta Troll" (1841), volta ao assunto e diz-se que influenciou Banville em *Princesses* (1874). É um jogo complicado esse de se estabelecer a precedência e a origem do tema. Mas há aí um dado curioso, pois Mario Praz sugere como a literatura e as artes plásticas giraram em torno desse mito, ao lembrar que o escritor francês de ascendência flamenga Joris-Karl Huysmans (1848-1907) fez sua personagem Des Esseintes adquirir o quadro *Salomé*, de Gustave Moreau, exposto verdadeiramente no Salão de 1876. E a descrição que o autor faz desse quadro expressa todo o fascínio pela mulher-estátua-dançarina-mortal.

Em Portugal, inspirado em Flaubert, Eugênio de Castro publicou o drama *Salomé* (1896); no Brasil, Menotti del Picchia, mesmo depois do modernismo, publica *Salomé* (1940), *Laís* e *O nariz de Cleópatra*, como se fosse um crepuscularista tardio versando as mesmas obsessões. Fora da literatura, na dança, em 1907, Florent Schmitt escreve *La tragédie de Salomé*. Mas o poema que mais teria influenciado os brasileiros, além de Wilde, foi *Hérodiade*, de Mallarmé. Texto, na verdade, inacabado, publicado apenas em parte no *Parnasse contemporain*. É uma obra de vertente mais nitidamente simbolista, na qual Charles Mauron, por exemplo, vê uma ligação com os problemas e forças do inconsciente. É desse texto, também, que saiu a ópera de Jules Massenet (1842-1912) e o jogo orquestral de Paul Hindemith (1895-1963), *Hérodiade*.

Essa história da gênese do tema tem lá seu interesse, mas é noutra direção que quero ir. Ir anotando as fontes dos autores brasileiros, mas interpretando essa imagem que fascinou o imaginário dos artistas de uma época. Assim é que Martins Fontes, em "Salomé", ao modo parnasiano, descreve uma orgia em que ouro, marfim, ânforas de vinho e aromas são o cenário do banquete em que será servida a cabeça do profeta. Salomé aí surge como uma variante extrema da mulher-estátua. Mais que a estátua pulsante, mais que a estátua no banho, caminhante pela alcova, ela é a estátua com todos os predicados da serpente, seduzindo pela dança. Superando os atributos do mármore, essa mulher-pássaro, essa serpente alada em sua dança, "as mil imagens reproduz/da flor, dos pássaros, da luz". Seus pés se descolam do chão em voos porque eles são alados ("à asa recurva de seus pés") e ela ondula seus desejos e "flutua, maravilhosa e seminua". "E em torcicolos coleantes/e, na volúpia das Bacantes", lá vai essa estátua-esfinge que "gira em volteios columbrinos/lentos, elásticos, felinos/ao retumbar dos tamborins". *Mulher-serpente, mulher-ave, mulher-peixe*, ela "avança e foge, e vem e vai/ondula e ala-se e recai/em posição de quem atrai".

A imagem de Salomé, na verdade, pertence a um sistema mais amplo de figuras femininas, do qual fazem parte alguns tipos criados sobretudo pela literatura francesa. É impossível não lembrar *Salambô* (1862), de Flaubert, onde se descreve uma história em Cartago. Trata-se da paixão do líbio Matho por Salambô, a virgem sacerdotisa consagrada a Tanit. Já no primeiro capítulo, descreve-se um festim como aquele imaginado por Hermes Fontes no já citado poema e por Olavo Bilac em "A tentação de Xenócrates". Neste, em vez de Salomé, temos uma variante: a irresistível bailarina-escrava Laís, cujo papel é seduzir o sábio Xenócrates. Com efeito, os generais, os filósofos, os políticos e os demais convivas da festa descrita por Bilac desafiam a escrava-cortesã a seduzir o sábio que, nessas alturas, está em meditação em sua alcova, afastado dos desejos mundanos. O poema é a dramatização do embate entre a razão e a paixão e de como o distanciamento, o esfriamento e a imobilidade são atributos para se vencer a carne. Laís irrompe pelo quarto do filósofo e usa de todos os artifícios para sensibilizá-lo, mas tudo é em vão. Nem o perfume, nem a fala, nem a nudez da bacante o comovem. Derrotada, enfim, em suas investidas, o poema se fecha como um elogio à virtude, à castidade e à razão. Num texto que publiquei anteriormente,[36] detive-me pormenorizadamente nessa análise. Seria interessante se o leitor pudesse correlacionar uma série de observações que aqui fazemos com outras já feitas naquela oportunidade, para melhor compreender a questão do desejo e da interdição na estética parnasiana.

Essa Laís bem merece um destaque na simbologia parnasiana. Ela também surge como personagem num poema de João Ribeiro, "Museon nº 9". Mas é uma figura real da história grega. A rigor, aquela história que Bilac criou tem lastro na tradição, pois Laís foi amante de um filósofo – Aristipo. Só que essa é uma história exatamente oposta àquela narrada entre Laís e Xenócrates, pois Aristipo mantinha relações com a cortesã e ainda sustentava argumentos sobre a vantagem de ela ser uma mulher livre: "Mantenho Laís com todo o conforto para desfrutar dela e não para impedir que os outros a desfrutem."[37] Com efeito, segundo os historiadores, "a Grécia inteira suspirava na porta de Laís...".[38] Tal era a beleza dessa escrava que as mulheres da Tessália assassinaram-na por vingança e ciúme.

Contudo, a história dessa escrava, trazida menina da Sicília para Corinto, tem para este estudo outro interesse. É que ela, assim como uma série de outras figuras históricas e míticas, como Cleópatra, Salomé, Frineia, Aspásia, Messalina, Neera e outras tantas figuras pela poesia da época, introduz discretamente a temática da prostituta. Mas da *prostituta sagrada*, que foi louvada por Sólon e inúmeros pensadores gregos. E aí surge uma congeminação sintomática: pois essa prostituta sagrada vem a ser a mediadora entre a Vênus e a Virgem. Diante dela, os poetas têm posições diversas, que vão do louvor à condenação. Em Bilac, mesmo, existe a louvação a Frineia e a descrição de como Xenócrates resiste a Laís. Introduz-se a moral cristã em oposição à grega: os homens da moral parnasiana se utilizavam das hetairas de seu tempo, mas sucumbiam ao remorso. Cultuavam Afrodite (por sinal, protetora também das prostitutas), mas tentavam vesti-la com o véu da Virgem. Assim é que a "Deusa serena", a "Deusa sublime" que Bilac celebra em "Profissão de fé", vai ser a Virgem que está no "trono egrégio" e que se opõe à prostituta grega.

Esse tema da prostituta sagrada tem uma variante no longo poema de Luís Delfino "O Cristo e a adúltera", inspirado num "mármore de Bernardelli". O poeta se encarrega de aproximar Madalena da Vênus Citérea, embora seja "vênus doutro mar", "o ideal da mulher da Judeia".

Aqui, na imagem de Cristo e Madalena, teríamos uma atualização do tema do sábio (Xenócrates) *versus* a cortesã (Laís). Esse texto de Delfino prestar-se-ia a uma longa análise, uma vez que aí se concentram vários temas que estamos desenvolvendo neste capítulo.

Por ora, no entanto, é pertinente observar que o texto de Bilac, descrevendo Laís, remete não só pelo título, como pela própria história, a *Thais* (1890), de Anatole France. Aí se descreve como o monge Paphuce, no século IV, se relaciona com Thais, atriz e bailarina. Tendo-a conhecido quando era ainda jovem e leigo, e não podendo conquistá-la, agora o monge tenta convertê-la, como forma de "possuí-la" espiritualmente. Thais estranhamente se seduz pelas palavras de fé do monge e se converte a uma vida de paz e tranquilidade, enquanto o monge purga as mais variadas tentações em relação ao seu ambíguo amor.

Depara-se, aí, com o mesmo tema parnasiano que seduziu Bilac: a luta da pureza e da razão contra o pecado da carne. Mas aí, sobretudo de novo a marca de Flaubert, que passou toda a vida trabalhando o seu *Tentation de Saint-Antoine*, cujo tema é, exatamente, a luta entre a carne e o espírito, segundo a tradição cristã. Embora isso ocorresse em 1834, só em 1874, depois de escritas suas grandes obras, ele pôde acabar o livro que é o resultado de uma pesquisa de toda a vida. Aos moldes do que ocorre em outros textos nos quais surgem variações de Salomé, uma das tentações de Santo Antônio, aí, é a bailarina sedutora e Rainha de Sabá descrita num festim, conforme os parnasianos. Isso, é claro, sem falar de um ponto de vista ainda mais significativo numa interpretação psicanalítica, pois, além dessa tentação, Santo Antônio tem também de enfrentar a própria Esfinge, além da Quimera.

Mais do que retratar, aqui, certa continuidade e concentração dessa temática em torno do Parnasianismo, é assaz revelador constatar que as histórias de Salomé, da Rainha de Sabá, Taís, Laís, Salambô e tantas outras sacerdotisas, bacantes e demônios femininos estão ligadas ao problema específico da dança serpenteante e tentadora, mas sobretudo à questão daquilo que modernamente a semiologia interpreta como sendo o ritual do striptease. Exatamente. Ao realizar a dança dos sete véus, que escondem e ocultam sua nudez, Salomé dramatiza um dos tópicos mais ricos da poesia dessa época: o desnudamento como espaço do desejo, dentro de um ritual que antigamente se chamava, romanticamente, de dança dos sete véus e hoje, industrial e comercialmente, se chama striptease.

A dança de Salomé elabora o manuseio erótico das peças do vestuário feminino no caminho da nudez. A vestimenta funciona como uma cortina que se abre e se fecha, que mostra e oculta, num jogo em que a primeira pele (a do corpo) e a segunda pele (a da vestimenta e dos ornamentos) se entrelaçam e se confundem. Por isso, o momento mais excitante da aparição de Salomé ante Herodes, no poema de Martins Fontes, dá-se quando a "fascinadora Salomé/levanta o véu, que desce até/a asa recurva do seu pé". É a indicação do desnudamento. E o poeta ainda ajunta que "seu corpo mimba-se envolvido/por um translúcido tecido/ que é como um fluido colorido". Não falta, portanto, aquele elemento que reaproxima essa bailarina da estátua coberta por um véu, que analisamos anteriormente. Sempre um "translúcido tecido" cobrindo a nudez. O "véu diáfano da fantasia" de que falavam os realistas, como Eça de Queirós, o mesmo véu misterioso de Salambô, véu que é pele e corpo ao mesmo tempo, um entretecido fundamental ao ritual do desnudamento estético e imaginário.

Seria instrutivo que se desdobrasse um capítulo sobre as diferenças e identidades entre a dança no parnasianismo e a dança no romantismo. Evidentemente, nos românticos existe dança. Mas, sobretudo, a valsa. Ou melhor: existe uma nítida separação entre os tipos de dança: as mulheres virtuosas encontram-se no espaço da valsa, mas as outras, as prostitutas ou, então, as negras e mulatas, dançam outros ritmos mais tentadores.

Acresce que no romantismo a dança, em geral, não é sinônimo de festim e de orgia. O que se descreve são as festas burguesas, os salões aristocráticos, quando a dança é o momento de entrelaçamento dos amantes. É, sem dúvida, uma metáfora da relação erótica, porque os adjetivos usados reforçam os substantivos que falam de arrebatamento, embriaguez, ritmo crescente, tontura, êxtase e sonho. Mesmo a Lúcia, de Alencar, em *Lucíola*, ou a *Dama das camélias*, de Alexandre Dumas, não se comparam com as bailarinas crioulas e mulatas, como Rita Baiana, de *O cortiço*, de Aluísio Azevedo, que se serve da dança no terreiro para seduzir toda a coletividade, como se fosse uma edição tropical da Salomé oriental e africana.

E mais: o romantismo não chega ao striptease em que se esmerou o realismo, quando este também apresenta outra variante do tema do desnudamento progressivo da mulher, que são as cenas de *banho na alcova*, ou quando a mulher se despe para dormir. A propósito, tanto dessas cenas na alcova quanto daquelas de desnudamento em público, a palavra *ritual* é mais apropriada. Ritual não apenas no sentido de que se está falando de uma sacerdotisa do amor ou se está celebrando uma deusa pagã, mas ritual também no sentido estético, pois há um ritmo, uma dinâmica, que não é mais prosaica e cotidiana. No seu quarto ou nos salões, a mulher é apresentada como se estivesse num templo, despindo a clâmide ou qualquer outra vestimenta conveniente ao imaginário erótico da época.

Ora, a dança é um ritual sacro e profano. Por isso, numa aproximação ousada, Baudrillard pode acrescentar que há uma relação entre a lentidão dos gestos, os movimentos do sacerdote e o ritmo na expressão corporal da dançarina. E estudando o fenômeno do striptease, como atualização de um ritual antigo, ele assinala: "A lentidão dos gestos é como a do sacerdote na transubstanciação. Não a do pão e do vinho, mas a do corpo em *falus*. Cada peça do vestuário que cai não se aproxima do nu, da 'verdade' nua do sexo (ainda que todo o espetáculo seja alimentado, também, por essa pulsão voyeurista, povoada pelo desnudamento violento e a pulsão de violar, mas tais fantasmas realizam-se no espetáculo), mas, caindo, cada peça designa como *falus* aquilo que o desnudamento desvela. Um outro e mesmo jogo se aprofunda, o corpo emerge mais e mais como uma esfinge fálica no ritmo do strip."[39]

Daí entender-se o striptease não como o jogo do despojamento das vestes para se chegar a algo mais "profundo" sexualmente, mas um discurso, uma construção de signos que não implica o desnudamento rápido. A lentidão, o fingir a entrega, o negacear são fundamentais nessa atividade lúdica semiperversa. Tanto é assim que, quando se chega à nudez, a bailarina deixa o palco, pois o que interessa é o transcurso, o percurso da eroticidade num trajeto em que há, também, um fascínio autoerótico.

Curiosa a observação de Baudrillard de que "o mau strip é aquele que espera pela nudez ou pela imobilidade (ou a ausência de ritmo e a brusquidão do gesto)".[40] Ou ainda o fato de que é fundamental que o olhar da mulher esteja fixo em um ponto alheio do auditório, pois se seus olhos seguissem a movimentação do corpo, estaria mais perto do pornodrama. Ao passo que com o olhar distante, frio como aquele dos manequins, ela se converte muito mais em mulher-objeto e introjeta sua própria agressividade. "Esse olhar é o olhar neutralizado pela fascinação autoerótica, típico da mulher-objeto que se contempla e, com os olhos abertos, fecha os olhos sobre si mesma. Não existe aí o efeito de um desejo censurado, senão a realização de todo um sistema sexual que faz com que a mulher não seja tão completamente ela mesma, e, portanto, tão sedutora, a não ser quando aceita em primeiro lugar se agradar, se comprazer, estar sem desejo, sem transcendência, que não a sua própria imagem."[41]

Roland Barthes é da mesma opinião: "O striptease – ao menos o striptease parisiense – está fundado numa contradição: dessexualizar a mulher no momento mesmo em que é desnudada."[42] E é muito ilustrativo que Barthes, que não escondia uma certa misoginia, acabe por escrever, em suas próprias palavras, algumas sensações que exalam dos poemas parnasianos e simbolistas quando, a seguir, anota: "Pode-se dizer que num certo sentido se trata de um espetáculo do medo, ou melhor, do 'me mete medo', como se o erotismo fosse uma espécie de terror delicioso, do qual basta anunciar os signos rituais para provocar às vezes a ideia do sexo e de sua conjuração."[43]

Estudando, a seguir, o corpo da mulher como "objeto disfarçado", como "carapaça luxuosa", ele insiste que a dança do striptease não é um fator erótico. Há uma intenção "artística" na cena, mas o que sobressai é uma "técnica", uma "ciência hábil", que confere a essas dançarinas a "indiferença gelada de hábeis praticantes".

Nos poemas parnasianos, evidentemente, trata-se de acentuar o caráter "artístico" e "erótico" da cena. O "medo" e a "frieza" que aparecem na fantasia de Barthes também estão no texto poético. O poeta de ontem está exibindo, assim como o ensaísta de hoje, a mesma dicotomia. Por mais argúcia que se sinta no texto de Barthes, não se pode deixar de suspeitar que talvez aí exista também a mesma sensação castradora que os parnasianos sentiam diante da esfinge e da estátua de mármore.

É expressiva, aliás, a metamorfose da estátua em bailarina, como se essa metáfora feminina circulasse não apenas um significado da interdição, mas até da liberação do desejo. Na verdade, o tópico do striptease já está, de maneira velada, nas apresentações de Afrodite e Vênus. O *véu*, a que insistentemente se referem os Poetas, ondeia nesse movimento de entrega e recusa. O poeta-escultor deixava sempre oculta uma parte do corpo, enquanto despia a pedra-poema ante o leitor. Por outro lado, a escrita é essa dança de significados que o poeta executa ora mostrando, ora negaceando a eroticidade que quer se apresentar.

Por isso é possível dizer que há uma metamorfose nessa imagem feminina, mas uma metamorfose que, ao chegar à fase da mulher/bailarina, demonstra um aquecimento erótico que se diferencia da frígida estaticidade da estátua. E há um movimento, um caminhar, que reforça esse aquecimento. Em "Ouro sobre o azul", de Raimundo Correia, a mulher surge das águas, mas já é uma estátua caminhante, uma Vênus de Botticelli que vai além das águas e da concha. E "quando ela, sobre as águas transparentes/surge em casta nudez, de amor acesa", solta a sua cabeleira sobre o dorso nu deixando precipitar "serena catadupa de oiro fluido". De novo ela surge, agora comparada a outro lugar-comum da época: a uma odalisca da Turquia no poema "No banho". Aqui, evidentemente, já houve uma diferenciação da imagem. A ex-estátua agora está sozinha em sua *alcova/concha*, onde toma um banho perfumoso. E o poeta está ali, voyeurista, como um Pã, a espiar, a espiar, considerando os limites de seus desejos e remorsos, sem saber se acomete ou não sobre sua presa, até que conclui: "E, ai! podia perder-me e te perder."

Nessa mesma linha, o poema "Aspásia", de Raimundo Correia, descreve uma ninfa que vai também entrar no banho, quando é surpreendida por um fauno. A própria figura do fauno, ainda que seja um deslocamento metonímico do poeta, revela que, no imaginário, o voyeurista já não está imóvel, apenas à espreita. E o poema termina quando Pã sai em perseguição da ninfa: "O bode a persegui-la e ela a fugir do bode."

Finalmente, estamos nos aproximando da última metamorfose da imagem da mulher-estátua, configurada na figura da *mulher no banho*. Entre outros, Luís Delfino pode ser considerado como um poeta interessado especialmente nessa cena. Os sonetos "Nuda puella" (Nua donzela) e "Depois do banho" mostram-no já abandonando a matriz original da Vênus clássica para se aplicar na descrição de Uma mulher real. Em "Nuda puella", descreve a mulher largando displicentemente as roupas, uma a uma, pela alcova, como uma flor que perdesse as pétalas:

"Soltas de leve as roupas, uma a uma
caem-lhe: assim a camélia se desfolha.
E quando n'água o belo corpo molha
a água soluça, e o enleia, e geme e espuma."

Essa mulher é identificada como sendo, ao mesmo tempo, uma mistura da Lua, e o desejo do poeta aparece como um cacto eriçado. Mas em torno dessa mulher, de novo, um *véu*, um "véu d'oiro". E quando ela sai molemente das ondas frouxas, os cabelos, substituindo o véu, cobrem-lhe parte do corpo. E ela caminha como um lírio branco, com o orgulho das deusas deslumbrantes.

Comparado a outros poetas, Luís Delfino é de uma ousadia única. Por exemplo: é talvez o primeiro poeta brasileiro a se referir diretamente às nádegas da mulher, ao escrever coisas que tais: "À nuca, à espádua, às nádegas, às coxas/vão rolando os cabelos abundantes." Em que pesem os véus estilísticos do texto, é um avanço em relação às estéticas precedentes, e mesmo em relação ao simbolismo posterior, o qual vai preferir não só as mulheres vestidas, mas, sobretudo, mortas. Tome-se o livro de Delfino *Íntimas e Aspásias*. Aspásia, conforme a história, é nome de uma prostituta grega famosa. Pois nesse livro há um soneto dedicado a cada parte do corpo feminino, incluindo-se, entre outros, "A coxa", "A perna", "O monte de Vênus" e "Caverna rubra". O striptease é constante e o tema da mulher no banho está presente.

Talvez haja aí uma correspondência entre o que aparecia não só na literatura da época, mas principalmente em relação à pintura, pois os impressionistas, nesse tempo, se dedicaram sistematicamente ao tema da mulher no banho, evidentemente atualizando o tema da Vênus grega. São famosas as *baigneuses* de Degas e de Cézanne, a *Olympia* de Manet, a *Grande odalisca* de Ingres, isso para não falar na *Maja desnuda* de Goya, que nos remete a outros períodos da história da pintura e ao tema do nudismo. Não seria também absurdo, numa visão prospectiva, encontrar, após o parnasianismo-simbolismo, poetas como Manuel Bandeira, que atualizaram o tema. Bandeira, aliás, é um constante atualizador de temas e linguagens antigas. A sua composição "Balada das três mulheres do sabonete Araxá", que ele produziu como um anúncio comercial, se apropria de vários versos da literatura de fim de século e anterior, retomando ironicamente um tema que o parnasianismo versou amiúde: o da mulher no banho.

Do mesmo Luís Delfino, "Depois do banho" descreve o corpo alabastrino dessa mulher/estátua gotejando sensualidade e pureza. Agora é o *lençol* que vai servir de véu encobridor da nudez. A mulher numa projeção do erotismo do poeta se admira no espelho. Como um "anjo, merece um céu. Mulher, um trono". E assim endeusada e seminua, a mulher senta-se numa contemplação erótica, enquanto sob o manto do texto o desejo do poeta aparece na "orla avermelhada de uma estrela". Mas apesar de desejante e desejada, ela ali está atenta e pronta a "fugir ao mais ligeiro grito" de um intruso ou perseguidor.

É relevante observar que essa poesia erótica parnasiana constitui, sob outro aspecto, uma objetivação maior em relação à lírica erótica do romantismo. A mulher não é mais descrita na rede ou simplesmente desfilando vestida nas ruas e salões. Ela se despe na cama e na alcova. Também não é mais aquela cabrita-montês ou mulata fugindo ao caçador afoito. As cenas de perseguição da mulher na natureza, se bem que simbolizadas ainda nos episódios de Pã e da ninfa, são substituídas ao fim por cenas no interior da casa. Mostra-se então a mulher no banho, no seu quarto, desembrulhando-se de seus lençóis. E "lençol" é uma palavra que, de repente, assume um espaço significativo nessa intimidade erótica e visual. O *lençol* talvez até seja uma variante daquela *concha*, invólucro que, anteriormente, envolvia Afrodite.

Para finalizar esse tópico do desnudamento, deixamos como sugestão de análise o poema de Bilac "O julgamento de Frineia". Aqui se fundem vários elementos levantados em nossos comentários: a mulher-estátua, a vestal sedutora, a mulher se desnudando em público. Em vez de desnudar o mármore no culto à beleza, desnuda-se a mulher mesma. Dentro da estética e da ideologia parnasiana, o poema é sinal de uma liberação corajosa, onde o critério de beleza vai ser o aval para a aceitação da nudez. *Beleza* também como sinônimo de *verdade*, conforme o código grego. Ao deslocar o teatro de seu imaginário para o mundo antigo, o poeta parnasiano se livra dos conflitos judaico-cristãos e aceita a nudez como forma vitoriosa do desejo de verdade e da verdade do desejo.

Tendo sido levada a julgamento por profanar os mistérios de Elêusis, Frineia súbito é defendida por Hipérides. Mas como o Areópago não cede aos seus argumentos, ele se aproxima de Frineia e arranca-lhe a túnica, expondo-a totalmente nua, sem véus. A multidão e os juízes finalmente cedem deslumbrados diante do "triunfo imortal da Carne e da Beleza". E é curioso anotar que há uma progressão nesse desnudamento, embora não haja a dança e a música. Mas há um jogo, uma disputa, uma trama. E a nudez final não é nem condenada nem condenatória. O estético resgatou o remorso do pecado. O estético tornou-se o veículo de sublimação de um desejo problemático.

Do canibalismo melancólico sobre o corpo da amada morta à eroticidade de lúcifer

INTRODUÇÃO	117
PROPOSIÇÕES	120
DESENVOLVIMENTO	121
O amor entre o luto e a melancolia	121
O canibal melancólico	125
O canibalismo erótico-cirúrgico	131
A fome erótica do verme	135
O sapo, a escada e a Lua no paradoxo ascensional	142
Ofélia e o cisne no espelho líquido da morte	148
O "lyrio" e o cenário vegetal da morte	154
A Bela Adormecida e o conflito de Psique e Alma	160
O amor sonâmbulo no castelo do desejo	170
Monjas e santas: o sequestro místico do desejo	176
Da monja enclausurada ao poeta emparedado	182
Lúcifer: o poeta assume o luminoso mal	186

INTRODUÇÃO

A figura da amada morta é uma obsessão na poesia simbolista. Aí ela aparece mais insistentemente que durante o romantismo, o barroco e a Idade Média. O que teria levado mais de uma centena de poetas brasileiros a privilegiarem a imagem da mulher morta, sobretudo quando ela é jovem, noiva e virgem, é, de alguma maneira, um enigma. Podemos, evidentemente, levantar várias hipóteses que explicam, apenas parcialmente, por que, de repente, a *Vênus libitina* foi trocada pela *Vênus mortuária*. O fato é que a exuberância erótica que Bilac exibia em "O julgamento de Frineia" é substituída por um sentimento mórbido no qual o poeta se compraz no cadáver frio ou em decomposição de sua amada.

Os críticos levantam várias suposições sobre o porquê disso em nossa literatura. Em primeiro lugar, uma influência do simbolismo francês e belga, que utilizou esse tema, envolvendo, além do mais, a descrição das emoções e cenas sempre numa atmosfera nebulosa, triste e mórbida. Em segundo lugar, teria havido uma contaminação literária e ideológica também na absorção do clima "decadentista" de fim de século que, vindo de uma Europa traumatizada por uma série de problemas sociais, econômicos e metafísicos, teria contaminado a vida intelectual nos trópicos. Desse modo o verso de Verlaine: *"Je suis l'Empire à la fin de la décadence"* teria tido repercussões em nosso imaginário poético. A crer nisso, teria ocorrido um fenômeno de superposição ideológica, e o amargo sentimento de derrota dos franceses diante da Prússia, em 1870, teria sido incorporado indireta e animicamente por nossos intelectuais que, no entanto, deveriam estar vivendo um clima diverso, a alvorada republicana.

Mas além desses dois motivos alegados pela crítica, um terceiro pode ser ainda levantado com certa lógica. Realmente, nossos dois simbolistas mais famosos, Alphonsus de Guimaraens e Cruz e Sousa, cultivaram uma poesia e uma biografia que incentivavam a morbidez estética. Alphonsus, tendo perdido sua noiva, Constanza, faz dela um símbolo que resistiu mesmo ao seu casamento com Zenaide. Por outro lado, Cruz e Sousa teria uma biografia também dramática, enfrentando a loucura de sua mulher, Gavita, num clima de miséria, agravado pelo fato de ser um poeta negro numa sociedade de brancos (e brancas).

Mas será que esses argumentos esgotam a questão? Será que explicam a recorrência de tanta noiva morta, tanta princesa encastelada, tanta monja sofrendo nos conventos imaginários? Se Cruz e Sousa e Alphonsus experimentaram a relação do amor com a morte e a loucura, isso não pode ser dito dos demais poetas que versaram esse tema, que não conheceram tal tragédia, mas apenas se apoderaram dela imaginariamente. Estamos, portanto, uma vez mais, como no caso dos parnasianos, diante do fenômeno da organização sistêmica das metáforas de época. E, no nosso caso específico, a sistematização das metáforas do desejo. Temos, portanto, de considerar que na história da repressão psicossocial cada época privilegia certo conjunto de imagens para contar seu desejo reprimido. Não sei se é possível explicar *por que* essa escolha se dá. Mas se torna mais fácil circunscrever *como* ela se dá. Um estudo acurado disso teria de levar em conta muitos outros dados que a cultura brasileira ainda não tem à sua disposição. Penso até mesmo num estudo sobre a morte na sociedade brasileira nesse período. Será que as grandes pestes, enfermidades e calamidades públicas teriam influído nisso? Como era a vida nos hospitais dessa época? Como era a vida das famílias dos poetas ou da burguesia que assimilava esse tipo de imagem na literatura?

Não sei se isso responderia. Talvez ajudasse um pouco. Mas mesmo sem esses dados é possível sustentar outra hipótese, dessa vez não sobre o referente real, mas sobre o próprio imaginário. Ou seja: é necessário admitir a força do imaginário pessoal e social. Súbito se observa que certas metáforas entram em circulação. Venham de outro país ou não, tenham origem em culturas similares ou não, o fato é que se estabelece uma *economia da imagem*. Ela é sinal de um investimento psíquico e de um comércio social. Certas imagens se transformam em moedas expressivas do desejo dos indivíduos e da comunidade. E o imaginário nisso tem uma certa independência e autonomia. Ele não está simetricamente vinculado à realidade imediata. Pode estar vinculado à realidade do próprio imaginário, comprovando aquilo que Tinianov via como certa autonomia da série literária em relação à série social e econômica. Claro que a questão é bem mais complexa que simplesmente afirmar isto, assim. Pois, na raiz da circulação desse imaginário da Europa para o Brasil, entra inquestionavelmente o problema da "dependência cultural", que transforma certas culturas em usuários do imaginário de culturas exportadoras.

O fato é que as imagens e metáforas têm sua historicidade. E a esse propósito é bom lembrar Bachelard, tão interessado na fenomenologia das imagens. Ele assevera que se pode perceber a imagem como uma planta, que tem necessidade da terra e do céu, de substância e de forma. As imagens encontradas pelos homens evoluem lentamente e com dificuldade. E é assim que se compreende a profunda observação de Jacques Bousquet; uma imagem custa tanto trabalho à humanidade quanto a elaboração de uma nova espécie por uma planta.

Quanto a essa análise que apresento, é necessário reforçar a ideia de que certas imagens são as condutoras temporais de uma determinada força. São o veículo do desejo. O desejo é o elemento global e comum, e as metáforas que o exprimem exprimem-no enquanto representantes circunstanciais de um desejo que flui historicamente. A interdição do desejo encontrou, por exemplo, na imagem da noiva morta, um significante bastante rico e eficiente.

Mas é necessário abrir o leque e ir adiantando que a imagem da noiva morta, que Cruz e Sousa canta perversamente em "Caveira" e "Inexorável", é apenas a manifestação mais óbvia da morbidez simbolista. Uma morbidez que, a rigor, é também mais antiga que o próprio Simbolismo. Mario Praz, em seu livro *La carne, la morte e il diavolo*, ao estudar esses temas na literatura do século XIX, assinala que a morbidez amorosa ao sabor simbolista existia, por exemplo, já nos autores seiscentistas. "A bela mendiga, a velha sedutora, a negra fascinante, a cortesã humilhada, todos esses motivos que os seiscentistas haviam tratado ligeiramente ou de forma lúdica, vamos encontrar com um acre sabor nos românticos."[1] Mas é curioso que isso ultrapasse os românticos e ganhe um caráter mais macabro, ainda, nos simbolistas, dos quais os brasileiros são bom exemplo ou sintoma. E igualmente seria preciso achar a relação entre isso e o romance naturalista, na ótica daquilo que Théophile Gautier chamava de *"roman charogne"* (romance-carniça): "Ao lado do romance medieval, crescia o romance-carniça... literatura do necrotério e das galés, pesadelo do carrasco, alucinação do açougueiro bêbado ou do beleguim da polícia febril. O século dedicava-se à carniça e o ossário lhe agradava mais do que a alcova."[2]

Mario Praz assinala, também, uma transformação da perversão na passagem da literatura romântica para o simbolismo: "O macho, anteriormente tendente ao sadismo, inclina-se para o masoquismo no fim do século."[3] Ao homem fatal, tipo Byron, teria sucedido a mulher fatal, tipo Salomé. Mas dentro do contexto inglês, fora da faixa especificamente literária, vários autores que trabalharam com a questão do desejo ou com a história do sexo voltam-se para uma observação que explica, de alguma forma, a relação entre o contexto social inglês e a literatura da perversão e morbidez gerada naquele tempo no país. Na Inglaterra, o jornal *Pall Mall Gazette* publicou, em 1885, uma série de denúncias sobre a violência e o erotismo, sobretudo ligados ao tópico da prostituição juvenil em Londres. E Mario Praz, considerando "o vício inglês" da tortura, ligada a questões eróticas, diz: "Parece claro que a flagelação sexual foi praticada na Inglaterra com mais frequência que em outros lugares, se, pelo menos, devemos crer em Pisanus Fraxi e no dr. Duhren, que se ocuparam do assunto. Quer dizer: confirma-se o fato de que a literatura sobre esse tema seja predominantemente de proveniência anglo-saxônica."[4] Teria sido, então, dentro desse espírito de época, que uma influência da literatura anglo-saxônica sobre a literatura ocidental se daria, associando as sensibilidades alucinadas de Edgar Poe e Baudelaire, gerando fantasmas aparentados com aqueles criados por Sade (1740-1814) e Leopold Sacher-Masoch (1836-1895). Aliás, é significativo que Masoch, que escreveu *O quelle volupté d'être battu*, seja também o autor de *Vénus em fourrure*. É esse romance (*Vênus de pelica*) que provocou em Krafft-Ebing o neologismo "masoquismo". Vejam que estamos, ainda, no espaço da Vênus, mas uma deusa cada vez mais próxima do macabro e da violência, que vão caracterizar o imaginário mórbido do amante simbolista.

PROPOSIÇÕES

Nesta parte de nosso estudo, desenvolverei os seguintes itens básicos:
    1. A passagem da *Vênus erótica* para a *Vênus mortuária*. A poética decadentista do simbolismo como poética do *luto e melancolia*.

2. Há dois movimentos nítidos nessa poesia: um movimento *ascensional* e um movimento *descensional*. Embora o poeta esteja sempre se referindo à *Lua*, às *estrelas*, ao *céu*, à *Virgem* e a estados de sublimação e pureza, ele se julga sempre um *sapo* e um *verme* no *charco* da existência. Há o cultivo da *sujeira* e da *podridão*, que indica fixação anal. Entre o alto e o baixo, constrói-se uma psicologia da verticalidade, aparece o *complexo de Ícaro* e *de Albatroz* nas imagens das *asas, torres, escadas, montanhas, igrejas* e *castelos*.

3. O canibalismo amoroso não se refere mais ao esporte da caça ou ao medo de ser devorado pela esfinge. O próprio poeta é um *canibal melancólico*. Transfere para o verme a sua sanha erótica. O verme devora a virgem e a prostituta numa *eroticidade subterrânea*. Em vez da imagem do escultor que esculpia o imaginário erótico na pedra de mármore, agora o poeta é também um *cirurgião*, que num *canibalismo hospitalar* se maravilha no mórbido espetáculo de anatomia morta.

4. A *noiva morta, a freira no convento* e a *princesa encastelada* são três figurações da interdição do desejo. Elas se complementam na imagem do *poeta emparedado*. A figura lunar de *Ofélia* morta nas águas e a imagem do *cisne* se complementam na metáfora do *lírio*. A mulher e a alma humana são a *bela adormecida* aguardando a ressurreição.

5. Essa poética voltada para Tanatos, que privilegia a mulher morta, vai descrever também a *velhice* e fazer a apologia do *faquir*, da *múmia* e da alienação nefelibata. Por outro lado, contudo, o poeta assume mais ostensivamente a encarnação do mal: confessa-se adorador de *Satã*. É um Lúcifer ou Lusbel praticando uma luminosa sedução. O mal passa a ser internalizado pelo homem. A temática da sedução inclui a ideologia satânica e perversa do dandismo. O poeta diabólico aceita-se como *hermafrodita*, complementando a ideologia do decadentismo do fim do século XIX.

DESENVOLVIMENTO

O amor entre o luto e a melancolia

No ensaio "Luto e melancolia", escrito entre 1915 e 1917, Freud assinala que, além do sonho, o estado de melancolia é também um sintoma importante para se estudar o narcisismo ferido. "O luto é, em geral, a reação diante da perda de um ser amado ou de uma abstração equivalente: a pátria, a liberdade, o ideal etc. Sob essas mesmas influências, surge em algumas pessoas, às quais atribuímos igualmente uma predisposição mórbida, a melancolia em lugar do luto."[5] Assinalando a seguir que a melancolia é um "estado de ânimo profundamente doloroso, uma cessação de interesse pelo mundo exterior, a perda da capacidade de amar, a inibição de todas as funções e a diminuição do amor-próprio", Freud assinala que a melancolia corrói no indivíduo o seu amor-próprio e, nos casos extremos, corrói tanto a autoestima que pode conduzir ao suicídio. O luto, por outro lado, tem características semelhantes, mas nesse caso existe uma causa determinada, a perda concreta de alguma coisa. Por algum tempo, o indivíduo fica incapacitado de eleger outro objeto amoroso. Mas a melancolia, diferentemente, se prende muito mais à perda de uma coisa de natureza ideal e abstrata. Não é necessário que haja luto, que a noiva, por exemplo, tenha morrido. Basta que ocorra uma perda erótica e existencial qualquer. Perda essa que, na poesia que agora estudamos, é incentivada e estimulada, até mesmo provocada e cultivada, como ritual necessário para que o poeta possa se inserir na linguagem de seu tempo.

Retomando, portanto, o que lembramos na introdução deste capítulo, a biografia da grande maioria dos poetas desse período não apresenta episódios de luto. No entanto todos exercitaram de tal forma sua melancolia que assumem também um luto imaginário. Segundo Freud, no luto o mundo parece deserto, vazio, esvaziado, mas na melancolia é o sujeito que se sente empobrecido e mesmo indigno da vida. Por isso, faz-se a si próprio amargas repreensões, insulta-se e espera a repulsa e o castigo. Ele se humilha ante os demais e lamenta que os outros se liguem a uma pessoa tão desprezível como ele.

Nesse rebaixamento, nem mesmo o passado do indivíduo encontra escapatória gratificante. Julga que sempre foi assim, que sua sina é miserável mesmo. Ou, como se diz em muitos textos desse período, o indivíduo se vê como ser *rastejante*, um *batráquio*, um *sapo*, um *verme*, alguém que desde o berço está votado à *cova, à treva, condenado* a contemplar as *estrelas* e o *céu* através da *lama* e do *charco imundo*. Não estranha que, antiteticamente, esse ser aspire também a possuir *asas*, desenvolvendo uma espécie de *complexo de Albatroz* – forma imaginária de se compensar de todas as quedas melancólicas. Por isso, pode-se falar também de um *complexo de Ícaro*. Ícaro e o albatroz inserem-se no conjunto das imagens ascensionais, que estudaremos mais adiante e que se exemplificam, também, nas metáforas que falam de *escada, montanha, asas e torres*. Na verdade, esses termos são a contraparte da vocação para baixo, catamórfica, que existe no simbolismo. E o estudo desse aspecto salienta a psicologia da verticalidade, que transita os conflitos entre o alto e o baixo, com todas as implicações possíveis.

A tendência para baixo, na qual estamos primeiramente nos fixando, ilustra um período em que o poeta sentia certa gratificação em alardear suas precariedades. Despudoradamente, vem a público se execrar sadomasoquistamente, como ocorre com o insólito Augusto dos Anjos. Nele e seus pares repete-se aquilo que Freud já apontara em Hamlet – um cultivador de lutos e melancolias que se comprazia em autocalúnias. Há uma secreta satisfação em exibir os próprios defeitos. Exagerando-os, o indivíduo pode chegar até a inventá-los caricaturalmente. E a caricatura é a arte do rebaixamento e do ridículo. O indivíduo nessa situação, embora minta exagerando, está, por outro lado, sendo verdadeiro, pois fornece a sintomatologia de seu estado patológico.

Ao configurar-se de modo tão deprimente, o enfermo constrói uma espécie de duplo, um fantasma que é o repositório concreto desses defeitos. Desse modo, o seu eu opera uma divisão. O sujeito constitui um personagem que idealizadamente vai agravar aquilo que possivelmente, de um ponto de vista concreto, ele não é. Cria-se uma dialética entre o ser e o parecer. Por isso, Freud conclui que "sempre que investigamos esses casos, fica confirmada a hipótese que nos dá a chave do quadro psicológico, fazendo-nos reconhecer que as acusações com as quais se abatem os enfermos correspondem, em realidade, a outra pessoa, a um objeto erótico, e que se acabaram voltando contra o próprio eu".[6]

No caso dos poetas em estudo, há dois aspectos a observar, pois a violência praticada ocorre em duas direções. De um lado, dentro de uma tradição, aliás romântica, eles se aniquilam procurando a própria morte, seja existencial ou literariamente. Por outro lado, voltam-se para o aniquilamento da figura da parceira. Parece ocorrer aí um desdobramento. A violência branca desse enlutado melancólico se efetiva não apenas contra si mesmo mas contra outro sujeito objeto, que é a sua amada. Assim a violência para dentro e a violência para fora se complementam. O poeta que se sente um verme e um sapo só pode mesmo aceitar que o corpo de sua amada vá para a lama e o barro, sendo aí possuída pelos vermes.

É necessário, a propósito desse jogo de duplicidades, considerar o mecanismo de *identificação* que advém nas relações sentimentais. Ora, o processo de eleição de um objeto amoroso ocorre, normalmente, por meio de uma identificação. E como Laplanche e Pontalis definem esse termo, "a identificação é o processo psicológico pelo qual um indivíduo assimila um aspecto, uma propriedade, um atributo do outro e se transforma, total ou parcialmente, segundo o modelo dessa pessoa. A personalidade constitui-se e diferencia-se por uma série de identificações".[7] A identificação, por outro lado, é a fase preliminar na relação com o outro e pode agravar-se ou diferenciar-se e passar à *incorporação* do outro. Assim, da metáfora chega-se à concretude do canibalismo. Surpreendente à primeira vista, essa observação pode ser cautelosamente estudada, quando se considera não só a constituição da fase oral do indivíduo, mas também as recaídas e regressões nesse estádio na biografia dos neuróticos.

Freud insiste, é bom lembrar, que o processo de identificação ocorre vinculado ao narcisismo do indivíduo. Assim, retornando ao problema da melancolia e do luto, quando há aquilo que ele chama de "ofensa real" ou um "desengano" motivado pela pessoa amada, o normal seria a substituição do objeto de nosso amor imediatamente por outro. Na verdade, no entanto, não se pode substituir o objeto de nossos sentimentos como se substitui um fruto estragado numa caixa ou fruteira. Aliás, até mesmo os objetos estragados e defeituosos, ou que caíram fora de uso, são difíceis de serem descartados, e as pessoas têm sempre certa dificuldade em *elaborar suas perdas*. Muitas páginas da psicanálise versam esse tema: a elaboração das perdas. Trauma que começa na própria relação que a criança tem com a urina e com as fezes de seu corpo e depois continua, ao destacar sua imagem da imagem da mãe. Vida afora, de novo, isso será experimentado nas marcas da velhice sobre o corpo, em todos os traumas de separação e até na separação última que é a morte.

Portanto, nos estados melancólicos, agrava-se a possibilidade de desinvestimento de nossa libido no objeto do desejo. Como consequência, narcisisticamente, o indivíduo, em vez de procurar outro objeto de amor, volta-se para seu próprio ego, e o que seria uma simples perda lá fora começa a ser uma perda dentro de seu ego, o eu cindido, cortado, mutilado. Incapaz de elaborar a perda, o ego perde a si mesmo. Parece que o outro levou uma parte de seu ser para sempre. No entanto, repetindo, não foi o outro que num simples passe de hipnose sequestrou a metade do ser do indivíduo, mas é o neurótico que, confundindo sua imagem com a imagem do outro, narcisisticamente corta seu eu pela metade quando o outro o abandona.

O canibal melancólico

Os problemas de *identificação* e *incorporação* estão ligados ao processo de regressão à fase oral ou canibalística. Nessa fase, passa-se da simples identificação primária com o objeto do desejo para a incorporação desse mesmo objeto. Freud, lembrando outros estudiosos, como Abraham Landauer, vai anotar, paradoxalmente, que é exatamente nos estados de melancolia que o indivíduo recusa alimentar-se. Por isso, via Freud, nos estamos aproximando da expressão "canibal melancólico", que Pierre Fédida usou estudando, numa linguagem meio barroca, aqueles mecanismos de identificação e incorporação. Diz ele, num texto que infelizmente não tem a clareza dos textos de Freud: "Quando Freud reconstruiu o processo pelo qual, na melancolia, a libido, fracassando ao se investir sobre um objeto substitutivo, foi retirada do ego, servindo então para estabelecer uma identificação do ego com o objeto abandonado, parece que Freud subestima a parte devida à angústia nessa identificação do ego com o objeto ao qual se encontra ligado pela ameaça de que ele seja perdido para sempre. Em outros termos, o canibalismo – que serve para designar o conteúdo mítico do fantasma vinculado à angústia da separação – está inscrito na própria natureza dessa identificação. A perda do objeto (separação, abandono...) é uma ameaça enquanto pode acarretar a destruição do ego. A identificação narcísica primitiva é tal que a angústia da perda do objeto de amor se deixa interpretar como angústia do ego de não poder sobreviver depois do desaparecimento do objeto. A melancolia é menos a reação regressiva pela perda do objeto que a capacidade fantasmática (ou alucinatória) de mantê-lo vivo como objeto perdido. A ambivalência do canibalismo se esclarece quando, correlativamente, se diz que a angústia melancólica é canibalesca, e que ela se vincula nesse sentido à dependência do ego à ameaça da perda de seu objeto. Essa ambivalência significa que o modo mais seguro de preservar-se da perda do objeto é destruí-lo para mantê-lo vivo. A incorporação canibal não é o ato simbólico de uma resolução da perda. Ela é a satisfação imaginária da angústia a se alimentar do objeto perdido – objeto cuja perda foi de algum modo necessária para que ele restasse vivo e presente na sua realidade primitiva alucinatoriamente conservada. O canibalismo seria então a expressão mítica de um luto melancólico, espécie de condução à morte de um objeto sob cujo encantamento o ego se encontrou e do qual não pode se livrar, na medida em que ele testemunha a angústia de tê-lo presente em sua ausência. Porque a devoração de que nos fala essa angústia não poderia preencher seu sentido se a ausência sozinha pudesse dar conta da perda (tal como ela se produziu no trabalho de luto chamado 'normal'). O canibalismo encontra, na angústia, a violência de uma derrota que permite ao ego sobreviver da aparência do objeto perdido, isto é, *qualidades* que o fantasma converte em realidade primeiro por efeito de sua ausência."[8]

Essa longa e difícil citação contém uma série de dados que poderiam ser explorados mais detidamente. Por exemplo: a relação entre identificação/incorporação e as formas brandas e metafóricas de canibalismo. Em segundo lugar, o problema da elaboração das perdas, que encontra no capítulo da morte o seu cenário mais dramático. Em terceiro lugar, as relações entre a realidade e a alucinação, devendo-se aí trabalhar todo o problema do imaginário e suas aspirações ao real. Finalmente, em quarto lugar, a relação implícita que se poderia explorar, sobretudo em relação a esses poetas que estamos estudando, que é a temática da sublimação como forma de compensação imaginária diante das dificuldades de realização concreta do desejo.

Por ora, no entanto, vamos nos deter na questão do canibalismo melancólico, que já começamos a introduzir. Canibalismo, aliás, que é uma variante do mesmo canibalismo que estudamos na poesia romântica e parnasiana. No imaginário romântico, os homens *caçavam* e *devoravam* as mucamas e escravas que não conseguiam se furtar à agressividade de seu desejo. Havia também o *caçador de dotes*, misturando a economia do desejo com o desejo econômico, como aparece nos romances de Alencar. Já no parnasianismo, a síndrome oral da devoração continua, mas de forma aparentemente invertida, pois eram os poetas que temiam ser devorados pelas mulheres-serpentes, pelas aranhas, abelhas, esfinges e pelo ventre dentado das bailarinas, tipo Salomé.

Com isso, já se vê, nos estamos aproximando de um ponto realmente fascinante do sistema de imagens e representações na poesia em pauta. Ou seja: a passagem do simples sentimento de luto e melancolia à associação com os gestos de canibalismo amoroso. Canibalismo, evidentemente, simbólico. Simbólico, mas, digamos, não abstrato, e sim com a concretude do símbolo. Pois essas coisas se misturam, obviamente. E a crônica policial de nossos dias alardeou um tipo de canibalismo amoroso realmente factual, que nos deixa a todos perplexos. Trata-se da história acontecida em Paris e divulgada pela imprensa de todo o mundo, que conta como um jovem japonês, estudante de letras na Sorbonne, matou e devorou uma jovem holandesa que não queria deixar-se seduzir pelo dom-juan canibal.

Nessa trágica história real, confirma-se toda a teoria freudiana da libido canibalesca. Os gestos de agressão e amor se mesclam. Tendo sido recusado pela jovem, que levara para seu apartamento, o estudante resolveu matá-la. E, realizado isso, parte para a realização de um desejo imemorial-tribal, ao confessar que sempre pensara em realmente devorar uma jovem. E dando consecução ao seu impulso, realmente recortou a jovem holandesa, guardou suas partes numa geladeira e, depois, devorou as partes mais tenras de seu corpo. O resto dos ossos ele os abandonou numa mala num recanto da cidade. O que acarretou sua prisão. Descoberto e preso, serenamente declarou que assim realizara a vontade de concretamente banquetear-se com o corpo de uma mulher. As notícias enfatizam, ainda, o caráter civilizado do tipo, bem-vestido e de maneiras finas, além de ser, como dissemos, estudante de literatura na Sorbonne.

Esse é um caso extremo de erotismo canibalesco, em que metáfora e realidade se mesclam de tal modo que se passa de uma a outra sem nenhuma esquizofrenia. Evidentemente, nossos poetas situam-se na área do canibalismo simbólico. O que, aliás, não os desclassifica, apenas os tipifica de outra maneira. Exercitam um canibalismo imaginário que, no caso dos simbolistas, é também melancólico. Mas em outros poetas que adiante veremos, como Vinicius de Moraes, se apresenta uma "ternura canibal", modernizadora, irônica, mas não menos feroz e machista.

Os simbolistas iniciais, como Venceslau de Queirós (1865-1921), na fronteira com o parnasianismo, ainda fundem a imagem da "serpente maldita" com a da esfinge devoradora: "Eis o meu seio golpeado,/sugai-o, lábios de esfinge." Mas, aos poucos, como no poema "Nevrose" – já sugestivo pelo título –, a antropofagia é debitada à "larva úmida e fria" que "rói a carcaça de um morto". Outros poetas, como Emiliano Perneta (1866-1921), exercitam também esse imaginário faminto, mas este se identifica mais com tradição solar, retumbante, interpretada positivamente. Assim, em "Versículos de Sulamita", adapta, violenta e eroticamente, a linguagem de Salomão, no Cântico dos Cânticos, e faz a mulher oferecer seus seios "mais rijos que uma pera" e servir a taça de seu umbigo "a ferver de espuma e embriaguez". Enfim, a mulher se apresenta ao seu devorador, nesta colheita amorosa:

"Estes lábios são teus, estas coxas são tuas.
Vem, ó rei Salomão, meu corpo é todo teu,
Vem *devorar* aqui as minhas pomas nuas,
o fruto saboroso e ácido que sou eu..."

Mas essa alegria canibalesca não é típica do simbolismo. Em geral, aparece é o pânico do homem diante da vagina dentada, da "boca devoradora da mulher", como diz Cruz e Sousa. A rigor, existe um ritual antropofágico exemplificado numa *necrofilia*, que faz com que o desejo do amado só surja quando a amada está morta no caixão. Mas, não satisfeitos de ter imobilizado ali a sua presa imaginária, os poetas descrevem o descarnamento da figura da noiva e da virgem, como se estivéssemos assistindo a um striptease *funéreo*. Agora já não é mais a bailarina parnasiana que vai fazendo a dança dos sete véus; agora já não é mais a mulher que vai tirando suas peças de vestuário, enquanto se dirige ao banho, manejando o lençol ou véu, que mostram e escondem seu corpo. Agora o poeta desveste a presença ameaçadora do desejo do corpo da mulher e a coloca nua. Nua e morta. Contudo, não apenas nua e morta. Ele vai ao paroxismo. Canibalisticamente, invade suas carnes e chega aos ossos. Ossos que são a negação da vida, o despojamento último. Ambivalentemente, o máximo de devoração possível a que pode chegar esse canibal melancólico, enlutado e contraditório, que precisa chegar aos ossos para apagar a ameaça da carne.

Significativamente, a imaginação do poeta apaga a vida da mulher, mas não apaga seu desejo. Alphonsus de Guimaraens (1870-1921) vê sua amada ali:

"Simbolicamente vestida de roxo
(eram flores rosas n'um vestido preto)

Tão tentadora estava que um diabo coxo
Fez *rugir a carne no meu esqueleto.*"

Raimundo Correia já havia, no poema "Pesadelo", descrito como ia penetrando a "estância fúnebre e sombria/extremo leito da mulher amada", e de como aí chegando ergue "a loisa, que a cobre – despojada", e a vê "nua de carnes, só a branca ossada,/que apalpo e sinto fria, fria, fria...".

Cria-se a tensão entre a *carne* e o *osso*. Ou seja: qualquer vestígio de carne é ainda vestígio de desejo impureza. Por isso, é necessário que o poeta chegue concretamente aos ossos, esterilizando assim sua luxúria latente. Ou, então, que faça como Alceu Wamosy, no soneto "Carnes", em que fala de "pulcras, liriais, bizarramente claras,/carnes divinas, virginais e puras". Aí a carne está asceticamente purificada através de um imaginário místico.

Pode parecer bizarro falar de canibalismo na poesia simbolista, logo essa poesia que sempre foi apresentada como sendo a da estética das sensações inefáveis, imateriais e indeléveis. Contudo, isso já não seria de estranhar se estudássemos a fundo o próprio ato místico tão invocado por esses poetas. Não se pode esquecer que a religião cristã atualizou o mito da antropofagia. E que muitas outras religiões primitivas ritualizaram o comer carne de crianças ou virgens. A deusa Kali é uma devoradora sempre representada em meio ao sangue e partes das vítimas. E, na mitologia cristã, o próprio Cristo, dado em forma de vinho e pão aos fiéis, é representado pelo cordeiro sacrificado. Como assinala Marwin Harris, "a morte de Jesus vem sempre associada à imagem e ao simbolismo do sacrifício humano e animal, pois a sua crucificação foi concomitante à celebração da Páscoa hebraica. João Batista chamou o futuro Messias de *Cordeiro de Deus*. Os cristãos conservavam vestígios da função original redistributiva do sacrifício animal nos seus ritos de *comunhão*. Jesus partiu o pão e bebeu o vinho pascal, e distribuiu o pão e o vinho aos seus discípulos. *Este é o meu corpo*, disse, referindo-se ao pão. *Este é o meu sangue*, disse, referindo-se ao vinho. No sacramento católico da eucaristia, essa atividade redistributiva é repetida em forma ritual. O padre come o pão em forma de hóstia e bebe o vinho, enquanto os fiéis só comem a hóstia, palavra latina derivada de *hostia*, que significa vítima sacrificial".[9]

A mística cristã refere-se sempre ao *ágape* como o momento da alimentação da alma em transe, ao mesmo tempo material e espiritual. E é curioso como os primeiros cristãos tinham, no *comer*, um ato ritualístico que extrapolava a cena mística e atingia até mesmo o social, para não dizer socializante. "Nos dois primeiros séculos do cristianismo, os comungantes juntavam seus recursos e consumiam uma refeição conhecida como *ágape* ou *festa do amor*. Depois que o cristianismo virou religião oficial do Império Romano, a Igreja se deu conta de ter-se transformado numa espécie de mesa para os pobres. Mas, no ano 363 de nossa era, as festas do amor nos terrenos anexos da Igreja foram proibidas pelo Concílio de Laodiceia."[10]

Considerando a questão do ágape cristão e do canibalismo em psicanálise, Norman O'Brown retorna a Platão para um confronto, tendo em vista que o filósofo grego, no *Symposium*, trata do assunto. Aliás, como lembra Mikhail Bakhtin, nos simpósios gregos era servida a comida, num cruzamento de duas atividades: a oral-verbal e a oral-expositiva. Mas Norman O'Brown diz: "O ágape cristão, em sua estrutura autossacrificial, tem a mesma base na insuficiência do eu (platônico), mas nele o eu não pode ser completado por objeto algum e, consequentemente, deve ser extinto. Nas palavras de Lutero, 'amar é o mesmo que odiar a si mesmo'; e nas palavras de Santo Agostinho, 'o amor mata o que fomos, o que podemos ser, o que não fomos'."

"Da perspectiva psicanalítica", continua Brown, "o Eros platônico é inseparável de um componente agressivo; o Ágape cristão é inseparável de um componente masoquista. A doutrina freudiana da essência narcísica do amor parece lançar o arcabouço para transcender o até agora esgotado debate entre Eros e Ágape e propor a questão adequada, pelo menos para nossa época, que é revelar um amor baseado nem no ódio a si mesmo nem na necessidade de apropriar-se, mas na autoaceitação, autoatividade, autodeleite. E o reconhecimento freudiano (e de Spinoza) da natureza corpórea de todo autodeleite indica o obstáculo que impede tanto platonistas como cristãos de aceitar o eu – o corpo humano".[11]

Portanto, não é só no cristianismo que emerge a questão. Por outro lado, a tradição mística canibalesca do catolicismo é reveladora e só pode começar a ser mais bem entendida a partir da consideração de Jacques Attali, de que "o cristianismo é a última representação da Ordem Canibal na Europa".¹² Nessa religião, não é Cronos ou Saturno que devoram seus filhos, mas é o homem que come Deus. E posto que essa religião é a religião do amor, concordemos com Marie Bonaparte, que "parece existir duas grandes formas de amar. Uma aspira à absorção – assimilar o objeto cobiçado. A outra aspira a se fundir com o objeto amado, a exemplo da paixão sexual e daquilo que o amante experimenta quando, fora de si, diz à amada durante a posse: eu te amo. O primeiro desses modos de amar é pré-genital, o segundo é propriamente genital".¹³ Mas o amor místico também fala de união e êxtase, como faziam Santa Teresa de Jesus e outros, dentro da melhor tradição cristã.

Estudando o que chama de "a ordem canibal", no livro *A vida e a morte da medicina*, Jacques Attali considera que o canibalismo tinha, entre os primitivos, efeito terapêutico. Era a maneira de se defender da morte, consumindo-a, integrando-a ao seu organismo, dando uma sepultura ao outro dentro de seu próprio corpo. E entre esses canibais há os de todo tipo, os que comem exogamicamente os inimigos para assimilar sua força e os que deglutem endogamicamente os membros de sua própria família, para que eles não se percam.

E o poeta simbolista? O que faz ele nesse festim erótico-digestivo? Eles também invertem aquela célebre expressão: "Eu digo que os mortos matam os vivos." Na verdade, eles devoram seus mortos. Aliás, devoram sobretudo as suas mortas. As noivas, de preferência. As amadas que pranteiam de modo canibal, mas de maneira aparentemente serena, como se estivessem não só ingerindo a morte alheia, mas exorcizando e frequentando a própria morte.

O *canibalismo erótico-cirúrgico*

Destaca-se, no âmbito do canibalismo simbolista, outro aspecto particularizador. O poeta se aproxima da mulher morta como se ela fosse um *espetáculo de anatomia* a ser analisado do ponto de vista *hospitalar* e *clínico*. Há, mesmo, uma iconografia sobre esse tema na época. A mulher está ali praticamente nua, cercada de médicos vestidos de negro, vampirescamente dispostos ao seu redor. E na literatura estrangeira, Iwan Gilkin publica, em 1897, o volume *La nuit*, no qual descreve nada mais nada menos que um *"Amour d'hôpital"*. É um longo poema na mesma linha daqueles feitos entre nós por Augusto dos Anjos.

No seu poema, Gilkin imagina o poeta-cirurgião-canibal-vampiro, que se compraz em ir cortando os membros do corpo feminino num exercício de sadismo. Para só citar algumas estrofes, vejamos:

> "*Dans le grouillis rougeâtre et gluant des viscères,*
> *Des muscles découpés, des tendons mis à nu,*
> *De nerfs, où vibre encor un vouloir inconnu,*
> *Des glandes qu'on incise et des flasques artères,*
>
> *Tu plonges tes deux bras polis, avidement,*
> *Tandis qu'erre un divin sourire sur tes lèvres,*
> *Et que sur son chevet, où bondissent les fièvres*
> *Le moribond t'appelle et parle doucement.*
>
> *Car ton visage, pur comme un arbre, te donne,*
> *Sous ta coiffe de toile, et ton noir chaperon,*
> *O vierge au bistouri, vierge au coeur de Huron,*
> *Le resplendissement serein d'une Madone.*
>
> *Sur ton sein, les styles, les pinces, les ciseaux,*
> *La spadule, la scie équivoque et les sondes,*
> *Bijoux terrifiants et berloques immondes,*
> *Comme un bouquet d'acier étoilent leurs faisceaux.**"

É um poema sintetizador de várias questões aqui levantadas. Aí está uma nova forma de striptease, que complementa o que havíamos levantado quando tratamos desse tema nos parnasianos. A semântica da mulher-estátua ainda está ali disseminada, pois a mulher ainda é descrita "pura

---

* No fervente avermelhado e viscoso das vísceras,/nos músculos cortados, nos tendões expostos,/nos nervos, onde vibra ainda um querer desconhecido,/nas glândulas,/rasgadas, nas flácidas artérias,/tu afundas teus braços polidos, avidamente,/enquanto um sorriso divino vaga nos teus lábios,/e sobre o travesseiro onde agitam-se as febres,/o moribundo te chama e fala docemente. //Pois, teu semblante, puro como uma árvore te dá,/ sob tua touca de algodão e tua capa negra,/ó virgem do bisturi, virgem com o coração de Huron,/o resplendor sereno de uma Madona. //Sobre teu seio, os estilos, as pinças, o cinzel,/a espátula, a serra dupla e as sondas,/joias terríveis e berloques imundos,/como um buquê de aço irradiam sua luz."

como um mármore". E mais: é comparada à Madona; é a grotesca "Virgem do bisturi". O poeta mistura os instrumentos de cirurgia com os berloques e *bijoux* que a mulher usaria. Mas, sobre tudo isso, predomina o sentimento sádico de posse e retaliação, até exclamar noutra parte do poema: *"En toi j'adore, enfant des sinistres Destins/l'Horreur fascinatrice et la Bizarrerie."* Esse texto não é de todo insólito a um leitor de Augusto dos Anjos. A citação da atmosfera científica, tecnológica, que contaminou a arte desde o naturalismo e que produziu aquilo que Gauthier chamou de "romance carniça", produziu também a *poesia do cadáver e do hospital*. E é o próprio Augusto dos Anjos (1884-1914), com sua maestria, que abre cirurgicamente um poema, dizendo: "Tome Dr. esta tesoura, e... corte minha singularíssima pessoa." O poeta está, aí, imaginando cena masoquista, onde se sacrifica sarcasticamente. Diferente disso, tomando a mulher como paciente, como objeto de incisões clínico-eróticas, Henrique Castriciano (1874-1947) produz outro texto exemplar dessa vontade canibal de perfurar e devastar as carnes femininas. Significativamente, o poema se chama "Monólogo de um bisturi". O sujeito se faz representar em cena, metonimicamente, pelo objeto. É sintomático que ele mesmo chame ao gesto de "monólogo". Como salienta Pierre Emmanuel, ao estudar a poesia de Baudelaire: "Seja a mulher Anjo ou Demônio, jamais o poeta dialoga com ela. Ele soliloqua em sua presença e, até mesmo, em seu lugar, às vezes."[14]

Calculista, Castriciano se imagina o poeta-cirurgião que friamente vai na sua fúria cortante, onde a erotididade está afiada na agressividade do bisturi, enquanto instrumento que se serve da morte alheia:

"Primeiro, o coração. Rasguemo-lo. Suponho
que esta mulher amou: tudo está indicando."

Mas esse amor, que em outros poetas do período seria motivo para plangentes e nebulosas evocações, aqui não provoca nada. O *poeta-cirurgião-canibal* vai logo adiantando:

"Isso não me comove; adiante! Risonho
Fere, nevado gume! e ferindo e cortando,
O aço mostra que tudo é lama e nada, quando
sobre os homens desaba o Destino medonho..."

O prazer sádico da agressão sobre o corpo da morta está registrado: "Risonho fere, nevado gume!" Ele segue cortando não apenas a figura morta. Segue mutilando a lembrança erótica dela, cortando o passado no presente, a viva na morta, o desejo na repulsa. Daí lembrar que essa mulher já foi uma estátua grega desejada-desejante, e usar ainda adjetivos amorosos, falando de "pomas cor de neve", "linhas senhoris", "delicadas mãos":

"Fere este braço grego! E as pomas cor de neve!
E as linhas senhoris que a pena não descreve!
E as delicadas mãos que o pó vai dissolver."

E o poema termina de maneira insólita, quando o poeta desvia a atenção para outro elemento do corpo da mulher. Refere-se ao feto que "adormecido" (ou morto) no seu ventre deve continuar aí intocado, porque já morreu sem nascer:

"Mas poupa o ventre nu, onde repousa o feto
Por que hás de macular o sono fundo e quieto
Desse verme feliz que morreu sem nascer?"

No livro *A terra e os sonhos da vontade*, Gaston Bachelard tem um capítulo em que estuda a *vontade incisiva*, as matérias duras e as características agressivas dos instrumentos. Diz que o instrumento tem uma função dupla e ambígua: de um lado, a destruição e agressão contra a matéria; de outro, o sentido de dominar a matéria e o objeto a ser trabalhado. De qualquer modo, o instrumento desperta sempre essa pulsão agressiva contra uma coisa resistente. E assinala ainda Bachelard: "O instrumento dá à agressão um futuro."[15] E mais: "A mão instrumentada *recalca* as violências da mão nua."[16] Ou, talvez, fosse melhor corrigir Bachelard em nosso caso: a mão instrumentada potencializa, viabiliza, instrumentaliza a violência inscrita na mão nua.

A seguir, citando George Blin, que forneceu os elementos para uma psicanálise material do desejo de entalhar, diz algumas coisas que explicam, ricamente, o complexo de entalhador que tinha o poeta parnasiano, sempre diante do mármore e cortando o corpo de pedra da mulher imaginária, para possuir visualmente o objeto ideal de seu investimento libidinoso. Considera, então, Blin que "a satisfação do macho, que nasce do gesto de entalhar, deve ser relacionada com certas formas contritas de nosso sadismo. Toda integridade nos provoca".[17]

Pois bem. No simbolismo, em vez de cenas de ateliê, em que o escultor/escritor aparece furiosamente talhando o corpo da Vênus, ocorrem formas outras das chamadas formas "contritas de sadismo". E é sobre isso que discorre George Blin, no texto curto que podia ser epígrafe do poema de Castriciano: "A lâmina percorre a pele como um relâmpago bem dirigido, ou, mais insistente, caminha seguindo a dialética dos dois tempos, da serra. Ela deixa uma espuma tão segura, tão pertinentemente científica que o espírito se sente aí muito à vontade, enquanto a carne sofre." E a seguir, Blin e Bachelard, esses analistas da psicanálise do corte, falam de uma "perfídia oblíqua" das lâminas sobre as carnes, como trabalho do açougueiro, e lembram o sadismo do lenhador, evocando, a propósito, até a história do jovem Franklin e sua machadinha.

É no prolongamento dessa imagem que se pode estudar o soneto de Augusto dos Anjos "A árvore da serra", no qual narra como o menino abraça-se ao tronco da árvore que seu pai abate, fundindo assim madeira e carne, o vegetal e o humano, ante a sanha cortadora-castradora de um superior. E é por aí que se pode reintegrar o soneto "Unhas", de Gonçalo Jacome (1875-1943), pois as unhas são "conhecedoras dos enredos, das volúpias, dos gozos, dos pecados", mas "ferem como punhais envenenados", sendo, por isso, "unhas tentadoras", que quando tocam o corpo do poeta despertam, nele, "as hienas da carne e do desejo".

De resto, essa *hiena* aí referida remete semanticamente para outras imagens desse período. Pois a hiena é um animal que se alimenta de carne apodrecida, assim como os *urubus*, também tão presentes na poesia de Augusto dos Anjos, e os *vermes* que passeiam eroticamente pelas carnes das amadas simbolistas.

A fome erótica do verme

O descarnamento do corpo da mulher, no entanto, só raramente se efetua através daqueles instrumentos perfurocortantes. Em geral e de maneira muito sistemática, o trabalho de manuseio e devoração das carnes da mulher é entregue ao verme. Ao verme cabe a atuação sadomasoquista de posse do cadáver. Ao verme, a necrofilia é permitida. E tal é a insistência nesse desdobramento da matéria erótica que Augusto dos Anjos chega a fazer um soneto "Ao deus-verme". Esse verme divino e humano sintetiza, ao mesmo tempo, o paradoxo mortal e vital que corrói a matéria. Tal verme é descrito "em sua diária ocupação funérea", convivendo com as bactérias "livre das roupas do antropomorfismo". Mas, por outro lado, aproximando homem e verme ressalta o aspecto canibalesco deste, apontando que ele "almoça a podridão", "janta hidrópicos" e "rói vísceras magras", num banquete em que "cabe aos filhos a maior porção". Entre o homem e o verme se estabelece um jogo segundo o qual o *verme é o duplo do homem*. Ele é o *outro* no qual o poeta localiza o asco e o prazer da devoração erótica. Assim, ele culpa a imagem do outro e mantém limpa e pura a sua própria diante de si mesmo. Cruz e Sousa, em "A ironia dos vermes", gratifica-se, por exemplo, em imaginar que uma princesa morre na "flor da castidade branca". E após descrever seu cortejo fúnebre e o sepultamento, imagina-a exposta à sanha erótica dos vermes, numa cena de canibalismo subterrâneo:

"Como foram feitos de luxúria
e gozo ideal teus funerais luxuosos
para que os vermes, pouco escrupulosos,
não te devorem com plebeia fúria.

Para que eles ao menos vendo as belas
magnificências do teu corpo exausto
mordam-te com cuidados e cautelas
para teu corpo apodrecer com fausto."

As metáforas são aí bem reveladoras. Fala-se de "luxúria" e "gozo ideal". Fala-se de "devorar", lembra-se a relação entre "beijar", "comer" e "amar". Colocam-se os vermes maravilhados ante "as belas magnificências" do "corpo exausto". E isso se ajunta o "morder" com cuidado, ou seja, um morder acariciante, amoroso, que conduz a uma espécie de gozo último. Assim, imagina esse "apodrecer" final como sendo a diluição das carnes num grande fausto (ou espasmo) dentro da morte.

Além disso, abre-se no simbolismo uma temática particularizadora do conflito erótico masculino e feminino: o tema da *prostituta morta*, que vem complementar o tópico da *virgem morta*. Exatamente. A figura da meretriz assume aspecto próprio nessa poesia, como se a bailarina, a Salomé, a Laís e todas as bacantes anteriores continuassem seus rituais não mais na alcova, mas em sarcófagos e tumbas. Isso pode ser rastreado dentro e fora de nossa literatura. Veja-se Swinburne, em *"Laugh and lie down"* (1859). Veja-se o poema de Gauthier, em que descreve Impéria, no livro *Emaux et camées* (1852). Sem dúvida, a mesma "Impéria" que também Figueiredo Pimentel (1869-?) descreve. Nesse texto, a mulher mundana, a cortesã, já não é a bailarina viva dos salões, mas a pecadora defunta com quem o inconsciente verminoso do poeta continua imaginariamente a fornicar. Está ali gelada, no chão, na lama, no barro, descrita em rimas que jogam o "beijo" com o "desejo". O lugar do amor não é mais o leito, a alcova, mas o "imundo paul". E aqui se estabelece outro confronto com a poesia de lastro parnasiano. No simbolismo, em vez de *alcova*, há a *cova*. Em vez da fluidez do orgasmo, gera-se outra imagem líquida, mas mortal, pantanosa, suja sobre um corpo "purulento". E efetuando essas substituições, agora os "micróbios", e não apenas os faunos e os escultores, se apossarão do corpo da mulher. Por outro lado, o amante não é mais o "colibri" que se acerca da flor outrora rubra, como era comum na poesia romântica. Contudo, o sentido fálico dessas imagens persiste. Se por um lado ele não é a borboleta que abre os braços ou as asas sobre o corpo amado, por outro lado, ainda é, faticamente, aquele que antropofagicamente vai fuçar com seu desejo aquelas carnes, como uma "lagarta vil, cheia de lama preta", passeando sua fome erótica sobre o indefeso corpo feminino amarrado à morte. Vejam o texto de Figueiredo Pimentel, que retrata a cortesã, agora dentro do código canibal simbolista:

"Impéria

Fria, gelada estás. Agora já não basta
para aquecer-te, Impéria, a tepidez dum beijo
porque não sentes mais, febrilmente, o Desejo
as chamas acender na tua carne gasta.

Como imundo paul, um deletério brejo,
por onde a multidão de micróbios se arrasta
ou como uma esterqueira imensamente vasta,
teu corpo, corroído e purulento, vejo.

No solo agora jaz, fanada e ressequida,
a grande e rubra flor da tua formosura
sem pétalas, sem cor, sem perfume, sem vida!

E, em vez do colibri, em vez da borboleta,
veio nela pousar, ó pobre criatura,
uma lagarta vil, cheia de lama preta."

Como se vê, a leitura, que a princípio poderia conduzir a uma simples interpretação de que o poeta está descrevendo a prostituta gelada e fria em sua morte, mostra, no inconsciente do texto, o prazer sádico e mórbido do imaginário masculino, na mesma linha do que Augusto dos Anjos faria em "A meretriz". Aí ele é mais direto:

"Ser meretriz depois do túmulo! A alma
Roubada a hirta quietude da urbe calma
Onde se extinguem todos os escolhos:
E, condenada, ao trágico ditame,
Oferecer-se à bicharia infame
Com a terra do sepulcro a encher-lhe os olhos!
Sentir a língua aluir-se-lhe na boca
E com a cabeça sem cabelos, oca...
....
Na horrorosa avulsão da forma nívea
Dizer ainda palavras de lascívia..."

Ocorre, além disso, uma variante importante nessa representação de amor e morte. Nem sempre o verme é metonímia pura e simplesmente da figura masculina escarafunchando o corpo feminino. Nem sempre ele é apenas aquele elemento em ação simbólica no corpo da mulher. Outras vezes, a mulher inteira se converte, ela mesma, num *grande verme sedutor*, que com suas formas coleantes ameaça o macho amante.

No poema "Dança do ventre", de Cruz e Sousa, a mulher se assemelha ao verme, quando surge numa "dança macabra e multiforme/de um verme estranho, colossal, enorme/do demônio sangrento da luxúria". Há um evidente sentido fálico nessa simbolização. O corpo feminino é esse "colossal" e "estranho" verme que exterioriza a sensualidade do macho de maneira complexa e invertida. O objeto do desejo é uma extensão fóbica, e o que seria a dança sedutora dos sete véus, é uma dança da morte.

"Dança do ventre

Torva, febril, torcicolamente
numa espiral de elétricos volteios
na cabeça, nos olhos e nos seios
fluíam-lhe os venenos da serpente.

Ah! que agonia tenebrosa e ardente!
que convulsões, que lúbricos anseios,
quanta volúpia e quantos bamboleios,
que brusco e horrível sensualismo quente.

O ventre, em pinchos, empinava todo
como réptil abjeto, sobre o lodo,
espolinhando e retorcido em fúria.

Era a dança macabra e multiforme
de um verme estranho, colossal, enorme,
do demônio sangrento da luxúria!"

Essa é a Vênus venérea e funérea, colocada não sobre um pedestal de mármore, mas "sobre o lodo", em que executa como uma mulher/verme os acenos do amor que podem conduzir o homem à morte. Os movimentos do corpo, especialmente do ventre, como espaço do sexo, puxam mais para Tanatos do que para Eros. A serpente devoradora é aí ilustrada, assim como em outros poemas, como esse outro de Cruz e Sousa em "Serpente de cabelos", no qual se atualiza o *mito de Medusa*.

"A tua trança negra e desmanchada
por sobre o corpo nu, torso inteiriço,
claro, radiante de esplendor e viço,
ah! lembra a noite de astros apagada.

Luxúria deslumbrante e aveludada
através desse mármore maciço
da carne, o meu olhar nela espreguiço
felinamente, nessa trança ondeada.

E fico absorto, num torpor de coma
na sensação narcótica do aroma,
Dentre a vertigem túrbida dos zelos.

És origem do Mal, és a nervosa
serpente tentadora e tenebrosa,
tenebrosa serpente de cabelos!..."

O poema é exemplar como amostra do que estamos dizendo. E, mais, presentifica um mito subjacente em muitos textos dessa época – o *mito da Medusa*, com todos os significados psicanalíticos que Freud já havia apontado. Se, na mitologia, Medusa paralisava e transformava em pedra aqueles a quem feria com seu olhar mortal e voluptuoso, aqui ocorre uma modificação na imagem, mas que confirma o sentido original. Se nos parnasianos a mulher era petrificada pelos homens, convertendo-se em estátua de carne e mármore, aqui a mulher-Medusa petrifica os homens com seu olhar maligno. Ela é a "origem do Mal", a "nervosa serpente tentadora e tenebrosa/tenebrosa serpente de cabelos!...".

O texto de Freud, "A cabeça da Medusa", assinala diretamente a relação entre esse símbolo e o sentimento de castração: "Decapitação é igual a castração. O terror da Medusa é o terror da castração, ligada a uma coisa vista. Conhecemos essa situação em diversas análises. Ela se apresenta quando um menino, que até então não queria acreditar na ameaça, descobre o sexo feminino. Provavelmente o sexo da mulher adulta, cercado de pelos, que é o da própria mãe. Nas reproduções artísticas, os cabelos da cabeça da Medusa são muitas vezes representados sob formas de serpente, e isso provém igualmente do complexo de castração, mas por mais aterradoras que sejam servem, no entanto, para atenuar o pânico, pois representam o pênis, o qual terrifica justamente por sua ausência."[18]

Com efeito, a Medusa, de acordo com a mitologia, é apenas uma de um grupo de três irmãs. Além dela existem: Euríale, que seria a perversão

O CANIBALISMO AMOROSO 141

sexual, e Steno, a perversão social. Pertencem à família das Erínias, nome grego para as Fúrias, aparentadas também às Harpias. "São os instrumentos da vingança divina, diante de faltas cometidas pelos homens, os quais elas perseguem semeando o terror no coração. Na Antiguidade, já eram identificadas com a consciência. Interiorizadas, elas simbolizam o remorso, o sentimento de culpa, a autodestruição daquele que se entrega ao sentimento de uma falta considerada sem expiação."[19] A ideia da castração, a que se referia Freud, certamente se refere ao trecho do mito da Medusa, em que ela é decapitada por Perseu. A ambiguidade desse sentimento está, estruturalmente, tanto na morte de que ela é vítima quanto na morte que ela provoca.

Por outro lado, a Medusa que surge no Simbolismo tem vinculações com esse mesmo tema nas artes plásticas e na literatura românticas. Shelley teria escrito sobre esse símbolo a partir da visão de uma tela na Galeria degli Uffizi, em Florença, que durante muito tempo foi atribuída a Leonardo da Vinci, mas que depois se soube pertencer a um desconhecido pintor flamengo que a executou em torno de 1819. Mario Praz, que a isso alude em seu livro *La carne, la morte e il diavolo nella litteratura romantica*, se aproxima desse tema e se refere a um conceito de "belezza medusea", que atravessa a poesia romântica e simbolista e que vai de Shelley a D'Annunzio. Este poeta decadentista italiano, por exemplo, no seu poema "Gorgon" (1885), não só trata do assunto, mas se volta para o quadro que tanto fascinou Shelley. Mas, dessa vez, o poeta italiano vai aproximar a Medusa da própria Gioconda, que como já anotamos a respeito de Bilac, na poesia parnasiana, entra no rol das mulheres fatais, que vão de Eva a Salomé.

Há, ainda, outra aproximação possível em torno da imagem da mulher/serpente, que por sua vez é uma variação da mulher/verme/bailarina. Refiro-me ao fato de que o elemento fálico da imagem da bailarina mortal, às vezes, transfere-se dos *cabelos* para os *braços*. Com efeito, os braços/serpentes, os braços/verminosos, os braços da viva/morta, são um tema presente na literatura dessa época. A metonímia do desejo agora encontra outro significante no corpo feminino, mas a invariante é a mesma. Entre outros exemplos, tome-se "Braços", de Cruz e Sousa. Aí são entrevistos braços cheios de "latências", mas também "nervosos", como "tentadoras serpes", que puxam o amado para o sepulcro. Eles são a

"pompa de carnes tépidas e flóreas
braços de estranhas correções marmóreas
abertos para o Amor e para a Morte!"

Os mesmos braços serpentinos que, em "Noiva da agonia", atraem o amado:

"Mas, ah! és da Agonia a Noite Triste
que os longos braços lívidos abriste
para abraçar-me para a Vida eterna!"

Enfim, os braços que serpenteiam são uma continuação do corpo ondulante da bailarina, cuja representação erotizante continuará mesmo sobre o cadáver da mulher, em que os vermes executam a dança devoradora, que dramatiza a violência e o canibalismo erótico e inconsciente do poeta.

O sapo, a escada e a Lua no paradoxo ascensional

Falar do sapo é dar prosseguimento às imagens do subterrâneo do desejo. É circunscrever as imagens catamórficas e ctônicas em sua vocação para o escuro, o charco e a cova.

Na verdade, muitas são as imagens que circunscrevem a experiência escura e angustiosa do simbolista, mas a imagem do sapo aí sobressai. Sobressai mais do que aquelas outras imagens empregadas por Augusto dos Anjos, como "a mucosa carnívora dos *lobos*", "a *mosca* alegre da putrefação" ou até mesmo "os *porcos* espojando-se nas poças/da virgindade reduzida à lama!". Esses sapos que aparecem na literatura são, aliás, prolongamento do mesmo símbolo explorado pela *art nouveau*, que nos pequenos objetos de adorno feminino e de decoração, nessa mesma época, privilegiou também insetos, ofídios, batráquios, ostentando como broches, pulseiras e outros berloques imagens de lagartixas, escaravelhos, cobras, mariposas e sapos. Há, portanto, uma semiologia mais ampla, que alcança outros domínios que não os especificamente literários.

A imagem do *sapo*, da *escada* e da *Lua* engendra um sistema de representações com característica ascensional. Há, sem dúvida, um movimento ascensional na poesia simbolista, que corresponde à dialética do desejo. Digo dialética, mas poderia também dizer paradoxo, já interpretando ideologicamente a questão. Sim, porque existe um movimento ao mesmo tempo *ascensional* e *descensional*, que se complementam. Em outros termos, é possível falar de uma verticalidade simbólica ou de um *simbolismo* da *verticalidade*. Verticalidade que tem numa ponta inferior essas imagens teriomórficas, ctônicas, catamórficas, e no outro extremo sempre o brilho inalcançável de uma *estrela* e a luminosidade fria e castradora da *Lua*. E entre o que há de mais desprezivelmente humano e a maior aspiração celestial levanta-se uma *escada*. Escada que pode ser representada também pelas *torres* de uma *igreja* ou *castelo*. Poder-se-ia, em suma, dizer que o sentido ascensional está ligado ao sentimento de sublimação, enquanto o sentido descensional está vinculado às imagens de castração e morte. A fantasia do poeta percorre essas duas distâncias. Nos poetas mais mórbidos e sem escapatória mística e religiosa, o movimento é descendente e, em caso contrário, uma elevação para o sublime *sub specie* religiosa.

O sapo, nesse contexto, funciona como um *alter ego* do amante impuro, desprezível e impotente. Em "Equatorial", de Maranhão Sobrinho (1879-1915), aparece a descrição de um pântano entre gosmas e lodos, com evidente conotação anímica. A palavra luxúria surge aparentemente por acaso, mas é ela que organiza o sentido geral do poema, exibindo exatamente o asco do poeta por tudo o que é erótico, pois o erótico é pintado derrisoriamente. Assim é que no aludido poema o desejo irrealizado se projeta no batráquio:

"Babando entre os juncos, disformes
de luxúria, a coaxar, pulam, glabros, os sapos.
E na lama que a lesma azul meandra de rugas
rojam-se, em espirais de gelatina, enormes
arrastam-se, pulando, as moles sanguessugas..."

Como se vê, estamos em plena continuação da estética do horror e do macabro, que já se havia exibido na necrofilia das amadas. E, num poema, Euclides Bandeira (1887-1948) faz uma longa e pormenorizada descrição de como é o sapo.

Na verdade, sua descrição traça uma curva interpretativa. A princípio é "o rei da água estagnada", o "asqueroso", o "repugnante". Mas ao meio da composição as imagens tomam outra direção e começam a recuperar o degradado batráquio, pois que "parece andar perdido/sempre em profundas e sérias cogitações". E é a partir dessa metamorfose que a figura é positivamente recuperada. Então o poeta/sapo não é mais descrito apenas pejorativamente, mas como aquele que, vivendo no "tremedal" e no "atascal de misérias", consegue ainda se fixar na "lua nova", que divaga nas alturas, enquanto "coaxa uma nênia sentida/erguendo para os céus os olhos de topázio".

É nessa mesma linha que insiste Gonzaga Duque, num poema em prosa, descrevendo como os batráquios vivem aos pulos num universo grotesco: "Ai dele!... porque ninguém o quer, ninguém o ama." A seguir, assumindo também o elogio desse símbolo, começa a mostrar como o sapo é bom, inofensivo e antiguerreiro. Diante de outros seres que vivem numa festa de "topázios flamejantes", sua postura, "pojado nas patas", é de "embevecimento e resignação". E assim vai, até dizer mais precisamente: "Ah, triste vivente, asqueroso batráquio, horrendo sapo! que doce alma de poeta possuis!" Essa antropomorfização, ou, melhor ainda, essa aproximação direta com o poeta, como ser sensível, que no fundo seria o avesso da própria imagem repelente do sapo, clarifica o universo de articulações metafóricas e ideológicas. Significativamente, os poetas simbolistas chegaram a editar uma revista chamada *Sapo* (Curitiba, 1898). Já no título, a síntese de uma postura metaforizada de sua ideologia.

Esse tema não escaparia a Cruz e Sousa, que em "Sapo humano" se dispõe a retratar essa figura, de corpo e alma, no que, segundo ele, ela tem de nojenta exteriormente, ao mesmo tempo que, interiormente, é um duplo do ser humano: melancólico e degradado. Assim, depois de ressaltar que aquele não é o sapo "triste e hediondo, não o vil, o torpe, o irracional", nem o "sapo histrião de imundas esterqueiras", "o sombrio Caim", "o *clown* gargalhador", começa a registrar todos os atributos humanos e positivos de identificação, até terminar na glorificação comum da imagem: "Eis por que, num viver de pântanos e gemidos/cantam dentro de ti aves e estrelas, sapo."

Na verdade, a imagem do sapo se insere no sistema de representações da *queda* e da aspiração ascensional. Por isso, como dissemos, a natureza anfíbia desse ser corresponde à estrutura dupla entre o alto e o baixo, o puro e o impuro. E o estudo de seu significado só se completa quando se configuram as imagens complementares que redimem ou exorcizam o que há de desprezível no sapo. Ora, sintomaticamente, Alphonsus de Guimaraens, no soneto XIV de "Cavaleiro ferido", faz essa aproximação entre o alto e o baixo, e ao falar do sapo e da imundície termina completando com a imagem das *asas*, referindo-se à "águia real":

"Para vós, como para os *sapos*, tudo é lama:
Quem chora, quem soluça, a alma que sofre ou que ama,
É uma *águia real* olhando os poentes que se vão..."

Vai ocorrendo, então, essa metamorfose de símbolos, e a imagem das asas, que os românticos tanto usaram significando liberdade, inspiração e idealismo, aqui também vai ter sentido místico: a elevação sobre a terra, a aspiração à luz e à espiritualidade. Por isso, na simbologia cristã, os anjos têm asas, e o Espírito Santo surge em forma de uma pomba. E é nesse sentido que se pode entender aquelas análises, tipo Bachelard, que insistem no complexo de Albatroz e Ícaro. A ascensão e queda, o pântano e a luz, o espírito e a carne estão aí representando o dualismo de nossa cultura. A "Psicologia da verticalidade", de Bachelard, a "Psicologia ascensional", de Robert Desvilles, ou a "Simbologia da verticalidade", de Chevalier e Gheerbrant, explicam isto. E na confluência do pensamento mítico com o religioso, Mircea Eliade, em *Mitos, sonhos e mistérios*, estuda "o voo mágico" e os sonhos místicos de ascensão aos céus. Esse antropólogo, por exemplo, lembra que o voo sempre deu ao imaginário a sensação de poder e glória. Por isso, entre os chineses antigos, havia histórias de imperadores que voavam, como certo Chouen, nos anos 2258-2208 antes de nossa era. E enquanto na tradição chinesa Huang-ti, o Soberano Amarelo, foi levado aos céus num dragão de barbas, com todas as suas mulheres, conselheiros e 70 pessoas, a Bíblia também registra profetas sendo arrebatados em carros de fogo. A própria tradição católica, atualizando esse mito, estabeleceu, em 1950, o Dogma da Assunção da Virgem Maria aos céus.

Por isso, além de *asas* e *voos*, a poesia simbolista fala de *escadas*, *montanhas*, *árvores*, *torres*, que são os elementos mediadores entre o alto e o baixo, e os configuradores da liberação do desejo imaginário através dos impulsos sublimadores. A temática da escada, por exemplo, é comum nesse período. Como Alphonsus de Guimaraens, menciona-se muito a "escada de Jacó". Num desses poemas, "Caminho do céu", ele diz: "Suba o Poeta escolhido a ebúrnea escada e diante/dela os anjos iriais hão de cair de rastros." De novo no soneto LII: "Por uma estrada de astros vou subindo." E assim se vai utilizando esse símbolo até seu paroxismo, como em Maurício Jubim (1875-1923), em que a escada descola do chão, como se fosse um ser alado, e fica pairando nas alturas. Também João Ribeiro se refere a uma "escada de ouro":

"E chegarás ao ideal e à vida, o pomo
áureo atirando à estrela, como
lá chega a luz por uma *escada de ouro*."

A escada celeste entre estrelas, as montanhas de onde se quer descortinar a eternidade, as árvores que em sua verticalidade guardam a mesma simbologia das torres medievais dos castelos e igrejas, tudo isso, enfim, aponta para um símbolo fundamental, que é a *Lua*. A Lua que é o elemento oposto e complementar do charco onde está o poeta, como um sapo imundo a contemplar a pureza mística da virgem. Com efeito, estabelece-se um movimento circular nessas imagens. Por isso, o poema de Wenceslau Queirós (1865-1890) "Nostalgia do céu", ao falar do impulso ascensional, considera, no outro extremo, a figura oposta do sapo, que se assemelha ao "Arcanjo Negro" ou "Diabo". Existe uma relação estreita entre a figura inicial do batráquio e a Lua. Relação que extrapola os poetas simbolistas e se insere na mitologia de diversos povos. Os chineses, por exemplo, na Antiguidade, viam nas manchas da Lua a representação de um sapo. Em outras culturas, o sapo devora a Lua, levando-a ao eclipse. O *Dicionário Littré* registra uma expressão francesa antiga que mostra essas relações: *"Ki crapaud aime, lunette (petite lune) li semble"* (Quem o sapo ama, pequena Lua lhe parece).

Cruz e Sousa, em "Lua", descreve-a de maneira reveladora do aspecto triste, melancólico, mórbido. Aí se realiza o "flórido noivado das alturas". Ela é "fria, fluente, frouxa", uma "geleia sideral" que guarda a "tristeza mórbida dos círios". E, identificando a Lua ao amor infeliz e interditado, termina:

"Quando ressurges, quando brilhas e amas,
Quando de luzes a amplidão constelas,
Com os fulgores glaciais que tu derramas
Dás febre e frio, dás nevrose, gelas...

A tua dor cristalizou-se out'ora
Na dor profunda mais dilacerada
E das dores estranhas, ó Astro, agora,
És a suprema Dor cristalizada!..."

Em "Sombras da Lua", Tavares Bastos considera as manchas do astro, como se estivesse junguianamente fazendo uma projeção de seu próprio inconsciente. A Lua é o desconhecido, o inacessível, o outro lado da alma. Por sua vez, Alphonsus de Guimaraens explora, em "Pulcra ut Luna", o aspecto essencialmente místico da imagem, comparando-a à "hóstia sagrada". Mais do que isso, insere mesmo um significado positivo, fazendo com que "Dona Celeste" seja ao mesmo tempo a síntese solar e lunar da graça mística: "Porque és sol, porque és luar, sendo celeste." E mesmo no poema "Lua nova", apesar de em grande parte se ocupar da lua que morre como "uma menina sem vida" que vai perdendo os "vestidos de luar" "dentro das nuvens" que são sua cova, ao final descreve a lua cheia, símbolo da mulher adulta e realizada: "Menina lua, dias passados/serás a senhora lua cheia."

É curioso, no entanto, que esse aspecto positivo e fecundador da Lua não seja uma constante na poesia simbolista. O sentido erótico e carnal da Lua é explorado sistematicamente em outro tipo de literatura totalmente oposta, que é a literatura carnavalizada em seu culto dionisíaco do amor. Certamente, voltaremos a esse tema mais adiante, quando considerarmos a poesia de Vinicius de Moraes e Manuel Bandeira, que atualizam esse tema simbolista e romântico. No momento, interessa-nos pontuar não só o aspecto cíclico dessa imagem em relação às imagens do baixo astral, mas insistir na ambiguidade da Lua enquanto símbolo da fatalidade amorosa e mística. Esse soneto de Antônio Godói (1873-1905) é antológico a esse respeito:

"Místico

Lua, noiva do azul, Verônica sombria,
Sobe à igreja do Céu para o eterno noivado...
Amplo e curvo cintila o espaço iluminado
Como um pálio de luz em funeral ao dia.

> Tem volúpias o luar que roça à noite a fria
> Face... Profano ser, feito para o Pecado
> Eu não posso beijar o teu rosto sagrado,
> Santo, como, talvez o rosto de Maria...
>
> Deus as pálpebras fecha e fica a noite escura;
> Sombras descem à terra e a noite doce e calma
> Enche o peito de amor e põe sossego n'alma.
>
> Ah! se deres um beijo em minha boca impura,
> Por glória contarei os beijos que me deres,
> Bela Nossa Senhora entre as outras mulheres..."

O poema dramatiza a dualidade entre o misticismo e a carnalidade, entre a Lua virgem e a pecadora, o beijo místico e o sensual. E, nisso, superpõem-se dois sentimentos: pedir que Nossa Senhora/Lua beije sua boca impura, o que a transformaria misticamente na Mulher entre outras mulheres.

Ofélia e o cisne no espelho líquido da morte

Nem sempre, na poesia simbolista, a amada está no fundo de uma cova corroída de vermes libidinosos; nem sempre o poeta é aquele sapo asqueroso aspirando à luz. Outras representações surgem no imaginário. É assim que, além do *espaço terrestre* (no qual se inscreve o subsolo das caveiras) e além do *espaço aereoetéreo* (em que o desejo paira com a Virgem na Lua), se abre outro espaço, que é o *espaço aquático*. Aqui vai predominar uma imagem de mulher identificada como *Ofélia*, como um *cisne* solitário ou uma *garça* triste.

Em todos esses espaços, transparecem aquelas três invariantes que havíamos anotado também no parnasianismo: a mulher está longe, distante e fria. O espaço da interdição continua nitidamente marcado, mesmo com as reverberações místicas da alma piedosa do poeta.

Há uma diferença inicial entre a imagem de Ofélia e a das outras amadas mortas. Aqui existe a integridade física, o amor intocado. Ela desliza nas águas como a Lua desliza nos céus: fria e morta. O aspecto macabro das outras amadas em decomposição na cova não existe mais. A água é o espelho da morte. A água é o caixão da morta ou a moldura do cisne. Ressalte-se, contudo, que a água que aí surge não é nunca aquela água eroticamente representada pelo parnasianismo e romantismo. É, antes, a água quase sem movimento, a água morta. O sentido de fecundação, plasma, vida, fonte e origem não é destacado. A água é metonímia do desejo também morto.

Sobretudo é necessário ter em mente que a frequência da imagem de Ofélia (e suas variantes) leva-nos a constatar que no simbolismo ela é tão importante quanto as imagens de Salomé e Cleópatra o foram para a análise do parnasianismo. Em sua vertente europeia, ela aparece não só em Shakespeare, mas em Paul Fort e Jules Laforgue. Na música, em composições de Franz Liszt e Berlioz, e nas artes plásticas foi tema de vários pintores. Na poesia desse período, no Brasil, ela está, por exemplo, nos versos de Jean Itiberê (1870-?), que, aliás, escrevia em francês: *"Oh! Blanche Ophélia, la reveuse Epouse/Qu'attend toujours Hamlet dans la troideur des marbres..."* De novo reaparece em "Madrigal louco", de Da Costa e Silva (1885-1950), poema em forma de um losango, em que um crítico imaginoso poderia ver a reprodução de um caixão e que começa assim: "Lua/camélia/que flutuas/no azul. Ofélia/serena e dolente..."

Em "Madrigal", de Lúcio Bueno (1886-1928), Ofélia não é exatamente a mulher morta nas águas, mas a amada abandonada pelo amante, com a "tristeza dos lírios" e a "inconstança das águas" e que se afoga em lágrimas. De novo o tema surge em Maurício Jubim, quando considera: "Sonho Ofélia, que morta vai boiando", e assim vai fazendo uma paráfrase da cena de *Hamlet*, numa linha parecida com a que também fez Raimundo Correia em "Ofélia". Enfim, tal imagem boia sobre os textos de grandes e pequenos poetas. Está tanto em Cruz e Sousa: "Boca de Ofélia morta sobre o lago" ("Boca"), quanto em Tristão da Cunha (1878-1942): "A pobre Ofélia deu-lhe os tristes olhos mansos/onde boia um luar de sonhos afogados" ("Virgem primitiva").

Esse tema não poderia escapar a Bachelard, no seu estudo sobre a água e os sonhos. Aí ele vincula a imagem da água ao suicídio feminino. Dissertando longamente sobre essas relações, lembra que "a água é a pátria das ninfas vivas e também a pátria das ninfas mortas. Ela é a verdadeira matéria da morte e tipicamente feminina".[20] Como consequência, a "água é o elemento da morte jovem e bela, da morte florida, e, nos dramas da vida e da literatura, a água é o elemento da morte sem orgulho ou vingança, do suicídio masoquista. A água é o símbolo profundo, orgânico da mulher que chora suas penas com os olhos facilmente 'afogados de lágrimas'".[21]

As sugestões de Bachelard são férteis, mas não esgotam a especificidade da imagem. É verdade que os poetas simbolistas se referem a Ofélia. É verdade que há aí uma lembrança de suicídio. Mas mais do que suicídio, a esses poetas interessa também o fato de que ali estão uma virgem e uma noiva mortas. Essa Ofélia dramatiza a amada que morre na vertente líquida do imaginário do amante. De alguma maneira, ele a afoga dentro de si, encharcando-a de lágrimas, retoricamente. Nessa morte metafórica, o poeta destrói a vida da amada para ressaltar a pureza das suas virtudes numa sublimação erótica.

Além de todos aqueles poemas mencionados, há um que, apesar de uma variante do tema, cristaliza uma série de coisas até agora anotadas. Trata-se de "Ismália", de Alphonsus de Guimaraens:

"Quando Ismália enlouqueceu,
Pôs-se na torre a sonhar...
Viu uma lua no céu,
Viu outra lua no mar.

No sonho em que se perdeu,
Banhou-se toda em luar...
Queria subir ao céu,
Queria descer ao mar...

E, no desvario seu,
Na torre pôs-se a cantar...
Estava perto do céu,
Estava longe do mar...

E como um anjo pendeu
As asas para voar...
Queria a lua do céu,
Queria a lua do mar...

As asas que Deus lhe deu
Ruflaram de par em par...
Sua alma subiu ao céu,
Seu corpo desceu ao mar..."

Alphonsus concentra aí uma série de signos presentes nos textos simbolistas. A partir de uma ambiguidade, descreve o movimento de Ismália entre as águas e o céu. Ela está numa torre, elemento mediador entre os extremos. A duplicidade é formalmente construída também no paralelismo dos versos, opondo os elementos céu/mar, alto/baixo, vida eterna/morte corporal. Na verdade, Ismália pertence à categoria dos seres com asas (imaginárias), que se completam nos cisnes e garças. Mas a ambiguidade persiste até na indagação: mulher-pássaro ou mulher-peixe? Terrestre ou celeste? Na verdade, ela abarca os contrários, pois confirmando observação de Bachelard: "Como todos os grandes complexos poetizantes, o complexo de Ofélia atinge um nível cósmico. Simboliza, então, a união da Lua e das ondas."[22] O que nos permite também ponderar: realiza-se aqui a vocação ascensional e descensional da poesia simbolista, onde a temática da torre, da asa e do voo se encontra com a da mulher morta nas águas e arrebatada para o céu.

Na vocação mística do simbolismo, Alphonsus retoma essa imagem de Ofélia, mas em vez de novamente falar da mulher morta, refere-se à ascensão da alma para Deus. No poema escrito na véspera de sua morte, "últimos versos", retoma as imagens de sua Ismália, agora falando de si mesmo. Também ele olha a "tristeza do céu", a "tristeza do mar" e a "lua a cintilar". Sua alma é essa lua vagando tranquilamente, e o céu é "um país repleto de castelos". A seguir, misticamente, passa a associar a imagem da Virgem Maria à Lua, terminando por aludir à pureza de Santa Teresa de Jesus.

Ocorre, então, que a figura de Ofélia se vai metamorfoseando. Deslizando sobre as águas, em breve ela se confunde também com a imagem do *cisne* e da *garça*. É um ser alado, uma *mulher-anjo*. O sentido agora é não mais descensional e catamórfico, mas ascensional e místico. Além disso, contudo, é importante ressaltar uma diferença entre a mulher tal como aparece no parnasianismo e como transparece no simbolismo. Embora a água seja elemento comum envolvendo o mito feminino, embora exista mesmo um caráter ambíguo, quase anfíbio, dessa imagem humana e aquática, há, contudo, uma diferença. Pois a *mulher-peixe* (na sequência das sereias) não é muito frequente no simbolismo. Há, ao contrário, uma tendência para a *mulher-pássaro*, angelicalmente constituída. Mulher de penas, que se identifica com o cisne, com as pombas e garças, ela é, enfim, essa mulher-anjo. Isso, contudo, só vem reforçar a invariante do mito da esfinge: ser alado, ambíguo, que vivia sobre a terra e se atirou ao mar quando Édipo lhe decifrou o enigma.

Consideremos, no entanto, mais de perto a simbologia do cisne nessa poesia. Figura pertencente à mitologia de várias culturas, em algumas vamos encontrar uma aproximação significativa entre o cisne e a mulher, a ponto de se imaginar que o cisne, como a mulher, também tem suas regras mensais. Já na Grécia, o cisne é "o companheiro inseparável de Apolo", e no mistério de Elêusis "simboliza a força do poeta e da poesia".[23] Com efeito, é exatamente esse o sentido retomado pelo poeta simbolista Guerra Duval (1872-1947): o cisne como sinal da poesia e do amor. No poema "Castelos no ar", refere-se à "legenda sutil de Leda e do Cisne Divino" e adiante diz: "Quando o olhar de teus olhos me veste de luar,/Dentro de minh'alma há um cisne a cantar."

É significativo que a história de Leda e o Cisne tenha sido tão explorada nesse período literário (e evidentemente nas artes plásticas). Recordando a lenda, lembre-se de que Leda é a "filha de Téstio, rei da Etólia, e mulher de Tíndaro, rei de Esparta. Sob um céu banhado de luz prateada da lua, e salpicado de estrelas rutilantes, dormia Leda na poética solidão de um bosque, quando foi despertada pelo ruflar das asas e sacudir das penas de um cisne de nívea brancura e de plumagem brilhante como a aurora. Era Júpiter que assim se lhe apresenta e que, retomando então sua forma natural, lhe diz: 'Eu sou o Deus da luz e ordeno que sejas mãe de dois gêmeos, que se chamarão Castor e Pólux.' Nove meses depois, na sombra fresca de um carvalho, Leda concebia um ovo mágico, do qual saíam as duas robustas crianças. Foi também mãe de Helena e Clitemnestra".[24]

Há quem veja no episódio de Júpiter (ou Zeus) e Leda uma manifestação de hermafroditismo. Bachelard, por exemplo, considera que "a imagem do cisne é hermafrodita. O cisne é feminino na contemplação das águas luminosas, mas é masculino na ação".[25] E indo mais longe ainda, Durand assinalou o arrebatamento típico de Jung nessa matéria, pois este, "aproximando o radical *sven* do sânscrito *svan*, que significa ruído, chega a concluir que cisne (*Schwan*), pássaro solar, é uma manifestação mítica do isomorfismo etimológico da luz e da palavra".[26] Bachelard havia dito que "o cisne, em literatura, é um *ersatz* da mulher nua. É a nudez permitida, é a brancura imaculada e, no entanto, ostensiva. Os cisnes, pelo menos, se deixam ver! Quem adora o cisne deseja a mulher que se banha".[27] No entanto, é diferente o sentido que surge na maioria de nossos simbolistas. Alphonsus, por exemplo, identifica o cisne à "Castidade", e esse é o título de um poema em que considera os casais castos, que vivem numa exclusividade de corpo e alma, como dois cisnes puros. Nesse poema, aliás, a imagem do cisne é dessexualizada. Tanto quanto na série "Caminho do céu", descrevendo a mulher mística, a Virgem, na qual vê

"um cisne erguendo o colo ebúrneo, esbelto e porte
virginal, exaltando os céus, canta uma prece".

Edgar da Mata Machado (1878-1907), em "A garça", apresenta a ave transmudada em sinônimo da própria alma: "Na grande paz da noite a Garça branca cisma/entre os velhos juncais do paludoso lago." E Júlio César da Silva, em "Asas brancas", vê os significados "altos e puros" nas asas e penas desse pássaro.

Os poemas desses simbolistas parecem confirmar, por outro lado, a frase de Bachelard: "O cisne é ao mesmo tempo o símbolo da luz sobre águas e o hino à morte. Ele é na verdade o mito do sol morrendo. A palavra alemã *Schwan* vem do radical *Sween*, da mesma maneira que *sono.*"[28] Por isso se celebra tanto a morte do cisne. E essa poesia simbolista é um verdadeiro canto do cisne. Sempre vinculada ao canto de despedida da vida, sempre um iniciar-se na morte. É a voz do desejo moribundo. "A imagem do cisne (...) é sempre um desejo. É como tal que o desejo canta. Ora, não existe senão um desejo que canta morrendo, que morre cantando, é o desejo sexual."[29] É nessa linha que se pode entender o poema "Cisnes", de Julio Salusse, considerando o casal de cisnes, onde a morte de um deve ser também a morte do outro que fica:

"Que o cisne vivo cheio de saudade
nunca mais cante, nem sozinho nade
nem nade nunca ao lado de outro cisne."

O cisne é um símbolo que interessaria, sobretudo, a uma psicanálise de linha junguiana. Existe toda uma família de *mulheres-cisnes*, que incluiriam as ondinas, as fadas, as ninfas, as sereias, Lorelei etc. Uma mitologia que está nos contos de fadas ocidentais e mesmo nas narrativas orientais, como na história de Pururavas e Urvasi, narrada no *Rigveda*.[30] Também nas lendas irlandesas, como "O sonho de Oenghus", está a mulher que se metamorfoseia em cisne de cinco em cinco dias, obrigando seu amado a ir encontrá-la junto a um lago. Há quem explore até a relação que poderia haver entre a bruma, a neblina sobre o lago e o mundo fantástico da mulher-cisne, atmosfera que propiciaria a fantasia amorosa e mística. E nessa linha de relações, Emma Jung anota que o próprio mito das Valquírias (mito presente na poesia simbolista) narra as mulheres-cisnes, seres femininos que incitavam ao combate. Nesse caso, a mulher é a figura incitadora e inspiradora. Inspiradora não do amor, mas da própria morte.

Importa nisso tudo ressaltar, no entanto, duas coisas. Primeiramente, o fato de esse tópico da mulher-cisne vincular-se a um tema bem amplo, que existe em várias mitologias e que, de maneira mais particular, reforça as relações entre mulher/água/desejo, havendo aí um tratamento diverso daquele fornecido pela poesia parnasiana. Em segundo lugar, anotar que aqui a água está mais na vertente da morte, quando não está representando, misticamente, o desejo.

O *"lyrio"* e o cenário vegetal da morte

Cisne ou *falus* abatido, sol no poente, dessexualizado, pendente, moribundo, morto e mesmo apodrecendo na cova dos sonhos e desejos, o poeta simbolista vai configurando o espaço de Tanatos, recalcando Eros. É nesse sistema que se insere a *imagem vegetal,* porém igualmente desvitalizada, esvaziada de pulsação e vida. Exatamente. A imagem vegetal, nessa poesia, reproduz os sintomas das imagens orgânicas e animais. A mulher, por exemplo, deixa de ser aquela rosa rubra dos poetas renascentistas, que encarnava sempre o desejo, para ser "rosa branca entre os espinhos", uma "flor tão fria, flor vencida, flor sem seiva/que mais parecia uma virgem morta". Como consequência, surgem "flores noturnas" e ouve-se o gemer sepulcral de flébeis casuarinas". São essas as "flores de longas solidões sem frutos". Flores pálidas que, aliás, já recobriam o corpo gélido de Ofélia, deslizando sua morte no espelho imaginário.

Ao contrário da poesia renascentista, em que o poeta convidava a amada a desfolharem juntos o corpo, o tempo e a vida, aqui, mais perto da tradição barroca e do romantismo, não só há soluços e lágrimas, mas, como diz Alphonsus de Guimaraens, "hão de chorar por elas os cinamomos/murchando as flores ao tombar do dia". E assim se vai referindo às "rosas que já fostes desfolhadas", enquanto outros, funebremente, falam de "grinaldas de roxas margaridas" e de "lua de magnólia e lírios". Exemplo dos mais completos é o soneto de Cruz e Sousa "Lírio lutuoso", que já no título demonstra o aspecto lunar, fatal, muito mais próximo de Ofélia do que da transfiguração mística da Virgem:

> "Essência das essências delicadas,
> meu perfumoso e tenebroso lírio,
> oh! dá-me a glória de celeste Empíreo
> da tu'alma nas sombras encantadas.
>
> Subindo ledo escadas por escadas,
> nas espirais nervosas do Martírio,
> das Ânsias, da Vertigem, do Delírio,
> vou em busca de mágicas estradas.
>
> Acompanha-me sempre o teu perfume,
> lírio da Dor, que o Mal e o Bem resume,
> estrela negra, tenebroso fruto.
>
> Oh! dá-me a glória do teu ser nevoento
> para que eu possa haurir o sentimento
> das lágrimas acerbas do teu luto!"

Esse lírio também brotaria na poesia de Mallarmé, quando na "Herodiade" fala sobre *"les pâles lys qui sont en moi"* e quando assinala o aspecto lunar e mortal dessa flor:

> *"Et tu fis la blancheur sanglotante des lis
> Qui roulant sur des mers de soupirs qu'elle effleure*

> *À travers l'encens bleu des horizons pâlis*
> *Monte rêveusement vers la lune qui pleure!*"

De resto, é importante assinalar que esse simbolismo floral descreve uma curva na extremidade da qual vamos encontrar não mais o "lírio astral" ao qual se referia Cruz e Sousa, mas outra flor, o "cróton selvagem", que ele decanta em "Lésbia", em que a *flor do mal* assumiu seu parentesco total com a serpente e Eva. Do mesmo modo, é possível falar de um "lírio negro", como no poema de Castro Meneses. Lírio negro que está no mesmo paradigma do cisne negro descrito em outros poetas.

De qualquer forma, é relevante ainda assinalar que o *lyrio* (como grafavam os simbolistas) chega a ser também o símbolo da própria arte decadentista, como no poema "Símbolo d'arte", de Félix Pacheco (1879-1935):

> "Se o meu verso não fora o agonizar de um lírio
> E o suave funeral de um crisântemo roxo
> Diluindo, murchando, à vaga luz de um círio
> Entre o planger de um sino, e o gargalhar de um mocho."

E assim vai ele falando dessa e de outras *flores do mal*, na tradição de Baudelaire, preferindo o martírio, o aspecto lunar, ocultando o sol do desejo e buscando o "deserto, a cabala, o claustro, a esfinge, o outono", para enfatizar, enfim, que o "símbolo d'arte" que o seduz "é a tristeza a florir a graça feminina/como um farol pressago a iluminar o norte!".

O lírio agonizante e o cisne morrente completam-se em outra imagem: as *mãos brancas* da amada: "Mãos de finada, aquelas mãos de neve/ de tons marfíneos, de ossatura rica", a que se refere Alphonsus. Todas elas imagens fálicas, mas de alguma maneira dessexualizadas, como aquela torre também branca ("as torres brancas, terminando em setas") de que fala o poeta de Mariana e em que os guerreiros são descritos ao revés do que são, como "sombrios ascetas".

Curioso observar, enfim, que o lírio é apenas o representante de uma sequência grande de vegetais, todos vinculados à morte e, nos poetas simbolistas brasileiros, representados também por *camélias, cinamomos, salgueiros, ciprestes, crisântemos*, constituindo aquilo que Michel Ragon, em "L'espace de la mort", chama de "cenário vegetal da morte". Cenário que explica, na França, a existência de uma verdadeira "arte floral", desenvolvida na celebração dos grandes mortos, e que, do ponto de vista plástico, contamina até os ornamentos dos cemitérios e sepulturas, procurando-se assim vegetalizar o mármore trabalhado em florões decorativos.

Há um poema de Castro Meneses (1883-1920), sobre o qual tenho de me deter, não só devido à sua qualidade estética, mas ao seu caráter sintomal, que sintetiza uma série de coisas que viemos dizendo até agora. Consideremos primeiro o próprio texto, numa leitura inicial:

"Lírio negro

> Amo-te assim, mulher!
> (Epígrafe de Luís Delfino.)

De que dantescos círculos do Inferno,
De que fontes de dor, fontes de sangue,
Trazes no corpo, elástico, alvo e langue,
A volúpia febril de um gozo eterno?

Alma de monja em corpo de bacante,
Bonança e temporal, sonho e desejo,
Enquanto a Carne em fúria exige um beijo,
A Alma se volta para o céu distante.

Vens, acaso, do seio das origens
Do paganismo sensual e forte
Para que eu busque a vida e encontre a morte
De teus abraços nas fatais vertigens?

Por que em tua boca em flor – rubra açucena –
Ferva do beijo o vinho capitoso,
Onde sorveste o filtro venenoso
Mais traiçoeiro e sutil que o de Brangena?

Dormes lembrando Ofélia, inanimada,
À tona d'água, quieta e lisa, à lua,
Mas acordas a rir, Faetusa nua,
Ébria, sedenta, em fogo, desvairada.

> Dormes. Sonhas talvez. Nesse sorriso
> Que a tua boca pequenina enflora
> Foge-te a alma de santa e em plena aurora
> Chegas, serena e pura, ao Paraíso.
>
> Acordas. Tudo em torno se transmuda.
> Tornam-se os céus num Venusberg lendário.
> Lembro Tannhäuser, deixo o mundo vário
> E vibras contra mim, alva e desnuda!
>
> Ah! sentir-me embriagar pelo falerno!
> Que num sagrado Cálix fosse haurindo...
> Possuir-te é o mesmo que tanger sorrindo
> Na lira de Davi valsas do Inferno!...
>
> Flor da Ilusão, Cardo do Desengano,
> Madona em prece, Vênus que palpita,
> Amo-te assim, seráfica e maldita,
> – Meu branco Ideal e meu Desejo humano!"

Este é um poema exemplar. Aqui, praticamente, estão todos os grandes temas da poesia simbolista: Ofélia, Tannhäuser na cidade de Venusberg, a Madona, Vênus, o Cálix – que lembra a lenda do Santo Graal –, o filtro amoroso – que remete à lenda de Tristão e Isolda. Isso tudo, digamos, centrado na dicotomia básica que, psicanaliticamente, registramos na oposição entre o desejo e a sua interdição.

Numa análise mais exaustiva, seria interessante decompor as estrofes para visualizar as oposições. Consideremos apenas as oposições fortes, que estão nas estrofes 2, 5, 8 e 9:

	(aspecto negativo)	(aspecto positivo)
Estrofe 2	corpo de bacante	alma de monja
	temporal	bonança
	desejo	sonho
	carne em fúria, beijo	alma, céu distante
Estrofe 5	acordas a rir	dormes
	Faetusa nua	Ofélia inanimada

Estrofe 8	ébria, sedenta, em fogo desvairada sentir-me embriagar, falerno possuir-te valsas do Inferno	tona d'água quieta e lisa à lua Sagrado Cálix Haurir, tanger lira de Davi
Estrofe 9	Cardo do Desengano Vênus que palpita maldita Desejo humano	Flor da Ilusão Madona em prece seráfica branco Ideal

Essas duas colunas nos servem para visualizar as oposições internas do poema: de um lado, a mulher virtuosa; de outro, a mulher pecadora; de um lado, o desejo carnal do poeta; de outro, suas aspirações religiosas. Aí a monja *versus* a bacante, Vênus em oposição a Madona. Faetusa (filha do Sol) em oposição a Ofélia (e seu aspecto lunar). As oposições passam por diversos níveis, e poder-se-ia até aplicar a técnica de leitura do *código dos sentidos*: opõe-se o quente ao frio, o claro ao escuro, o alto ao baixo, o estático ao dinâmico. Contudo, há uma diferença significativa em relação à maioria de poemas desse período, pois enquanto nos outros as oposições revelam um impasse, aqui as oposições indicam que o poeta está procurando uma síntese, uma superação da esquizofrenia. Por isso, ao final, confessa que ama a mulher assim, "seráfica e maldita", pois ele aceita que ela é seu "branco *Ideal*" e seu "*Desejo* humano". Dessa maneira, a epígrafe "Amo-te assim, mulher!" – ganha seu significado unificador, e o título que apenas parecia antitético, "Lírio negro", revela um esforço de síntese superadora.

Uma maneira muito proveitosa também de ler esse poema é sublinhar aí os seus diversos *suportes míticos*. Com efeito, há um suporte mítico pagão (Venusberg, Faetusa, Vênus, Tannhäuser) e um suporte mítico cristão (Davi, Madona). Ao lado disso, há um suporte mítico literário: referência à Ofélia, de Shakespeare, ao *Paraíso*, de Dante, e mesmo o mito de Tannhäuser pode ser entendido na sua vertente literária e musical, como foi divulgado por Richard Wagner, que tanto influenciou os simbolistas.

O mito de Tannhäuser, por exemplo, refere-se a um poeta nascido na Baviera em 1205, que participou de uma cruzada e depois se tornou um cantor que perambulava como os *Minnesänger*. Conta a lenda, formada sobre sua biografia, que, depois de gozar todos os prazeres na cidade de Venusberg, foi ao papa Urbano II pedir perdão, mas este lhe disse que só seria perdoado quando o bastão que o poeta trazia florescesse. Desesperançado, Tannhäuser volta ao monte de Vênus e aí pensa no pecado o resto de sua vida.

Haveria muito o que analisar nesse poema, pois aí o poeta não apenas é esse Tannhäuser, mas é um Davi (outro poeta) se embriagando nas valsas do inferno. Aí também a mistura do vinho em sangue através do cálice, que remete para a lenda do Santo Graal. E aí, ainda, o significado líquido erótico e fatal da água, referindo-se ora a Vênus ora a Ofélia. Uma nua, em movimento, saindo das águas, a outra vestida, paralisada e morta. Mas, sobretudo, destaquemos aqui a imagem vegetal do lírio. Como símbolo, o lírio significa tanto aspiração à pureza como tentação da carne e poder. Na mitologia grega, Perséfone, ao colher lírios, foi conduzida aos infernos por um buraco no solo. Já a nobreza francesa utilizou a *"fleur de lys"* como símbolo fálico do poder e da prosperidade. E um poeta simbolista e decadente francês, como Huysmans, via na flor-de-lis o perfume afrodisíaco. Mas o lírio também está como flor sagrada na Bíblia não só nas metáforas amorosas do Cântico dos Cânticos, quanto na palavra de Cristo: "Olhai os lírios do mundo..." significando aqueles que se entregam nas mãos de Deus.[31]

Mas o lírio desse poema de Castro Meneses é um "lírio negro". É como ele o diz: flor e espinho. É a junção de contrários. É como a própria imagem de uma monja, em suas roupas claras e escuras, pelejando entre a carne e o espírito.

Sobretudo, é um símbolo estruturante da ideologia, pois, através da imagem do lírio, o "simbolismo das águas se ajunta ao da lua e dos sonhos, para fazer do lírio a flor do amor, um amor intenso, mas que na sua ambiguidade pode ser irrealizado, recalcado ou sublimado".[32]

A Bela Adormecida e o conflito de Psique e Alma

Na representação horizontalizante do desejo, além da mulher na cova e da mulher morta no espelho das águas como uma Ofélia, emerge outra figura: a da *Bela Adormecida* em seu *castelo*. Esse é um arquétipo com variados matizes. E para compreendê-lo é necessário agenciar alguns mitos, como o de Psique e Alma, o de Tanatos e Hipnos, além de considerar algumas variantes dessa adormecida, como a *crisálida*, o *feto* e a insólita imagem da *múmia*.

Bruno Bettelheim tem uma interessante análise do mito da Bela Adormecida, segundo a qual essa história dramatiza o período de latência da alma adolescente. A princesa adormecida enfatizaria a calma concentração do ser que vai desabrochar um dia. Nesse sentido, a lenda ajudaria o adolescente a elaborar a espera até entrar na vida adulta. Esse período de sono entre a infância e a maturidade seria a fase da espera e amadurecimento orgânico e psíquico. Assim considerado o mito, portanto, não teria aquele significado freudiano de recalque e interdição. É, ao contrário, o reconhecimento de que as coisas seguem seu ritmo certo e não se deve precipitar a passagem de um estádio para outro. Aliás, esse também é o pensamento de Charles Perrault (1628-1703) nos seus famosos contos. Apenas com a diferença que Perrault, apesar de dizer "não se perde nada por esperar", termina a moral de sua narrativa dizendo que, na verdade, é meio difícil esperar e suportar as exigências do sexo:

> "*La Fable semble encor vouloir nous faire entendre,*
> *Que souvent de l'Hymen les agréables noeuds,*
> *Pour être différés, n'en sont pas moins heureux,*
>   *Et qu'on ne perd rien pour attendre;*
>   *Mais le sexe avec tant d'ardeur,*
>   *Aspire à la foi conjugale,*
> *Que je n'ai pas la force ni le coeur,*
> *De lui prêcher cette morale.*"³³*

Certamente, um estudo mais aprofundado desse mito teria de levar em conta não apenas a versão de Perrault, mas a dos irmãos Grimm, como faz Bettelheim. A nós nos interessa não o mito em si, mas a sua interseção com a poesia simbolista. Sem dúvida, existe certa relação entre a leitura junguiana e o tema tal como aparece em alguns poetas,

---

* "A fábula parece ainda nos querer ensinar/que os agradáveis laços do Himeneu, por serem adiados,/ não são menos venturosos/e que não se perde nada por esperar./Mas o sexo aspira com tanto ardor à fé conjugal,/que eu não tenho nem a força nem a intenção/de lhe pregar essa moral."

sobretudo Alphonsus de Guimaraens. Em "Responsorium", mais do que uma simples noiva, a mulher é sinônimo da alma que sonha com o noivo esperado. Aí se fala do "Corpo aguardando que o Noivo Esperado chegasse", O noivo-Cristo vai ressuscitar a amada aparentemente morta, que apenas dorme o sono dos justos. A poesia simbolista, na sua vertente mística, celebra o amor dos amantes não através da realização sexual, mas pela *sublimação*, numa *hierogamia* celestial. Nesse sentido, dramatiza a ideologia cristã, segundo a qual as almas dos justos despertarão um dia para o grande himeneu místico com Cristo.

Mas é interessante desdobrar, nesse discurso místico, exatamente aquilo que é recalcado. Pois ao adiar o *encontro* com o amante para outro tempo-espaço, a alma está assinalando um *desencontro* concreto e atual. Percebem-se a falha, a ranhura, a diferença que caracteriza a condição finita do homem, que transporta para o imaginário a sua realização. A rigor, a amada adormecida está em estado de *ausência* diante de um homem *presente*. A mulher que assim dorme alienada do amante é uma variante da noiva morta, que mostra a mulher como um ser em hibernação. É como se dessa morta, dessa múmia, dessa larva fosse sair algo em metamorfose angelical. Aí a morte é o lugar da utopia, o não lugar onde o desejo também hiberna. Hiberna, mas não se ausenta.

Dentro de uma tradição que vem do romantismo, o sono também seria o espaço da castidade e do amor ideal. É a isso que se refere M. Gama quando, em "Noite de insônia", diz:

"Dorme serenamente a minha amiga
a que comigo sonha e que comigo sofre
a que do coração fez o pesado cofre
das minhas aflições. Dorme também sorrindo
essa cujo sorriso anestesia o infinito
amargo de minha alma. E beijo-a, ó maravilha!
O meu favo de mel! Doçura! Ó minha filha!"

Já em "Cavaleiro ao luar", Gustavo Sampaio parece inverter a situação. Imagina-se um personagem medieval, um cavaleiro que sonha em seu castelo. E é graças a esse expediente do sonho que ele, imaginariamente, sai mundo afora à cata de sua quimera, numa peregrinação fantástica. Tudo se realiza no plano onírico. Mas o poeta reconhece que esse sono dentro da própria vida acabou por lhe tirar a possibilidade da própria vida, pois envelhece com sua fantasia, perdendo a oportunidade de realizar, no plano real, aquilo que finge, como morto imaginário, conseguir. Curiosamente, esse poema contradiz Bettelheim, pois ele diz que "a Bela Adormecida encoraja a criança a não ter medo da passividade",[34] sugerindo que não é só através da aventura que se conseguem as coisas.

Verdade é que "Floripes", de Cruz e Sousa, remete para esse elogio da dormência ou adormecimento dos sentidos, quando ao descrever uma princesa em seu castelo fala das "virgens florescências do sono". Mas, por outro lado, Maranhão Sobrinho vê no sono as sombras da eroticidade violenta. Por isso, num poema significativamente intitulado "Satã", imagina "nas margens de cristal do Danúbio do sonho/o imenso solar sonolento e medonho" que guarda as "princesas espúrias" e as "malditas luxúrias".

Essa mulher que dorme (ou esse homem que, imaginariamente, dorme no sono da mulher) é o retrato do adiamento da sexualidade. É uma hibernação. Como no mito de Ceres, ou Deméter, é o período em que a fertilidade está em repouso invernal, aguardando o verão e a primavera. A Bela Adormecida é o avesso de Corê, identificada com um feixe de trigo nas mãos. Inscreve-se na relação dos mitos lunares passivos. Ela está muito mais no paradigma de dois outros mitos: *Hipnos* e *Tanatos*. Aliás, como assinala Michel Ragon, "na mitologia grega, Hipnos, deus do sono, é o irmão gêmeo de Tanatos, deus da morte. E todos dois são filhos da noite. A palavra 'cemitério' vem do grego *koimetérion* (lugar onde se dorme). Homero e depois dele Virgílio designam a morte como 'profundo repouso', um 'sono mortal'. Hipnos é imberbe, enquanto Tanatos é selvagem, o corpo coberto de pelos. Os dois irmãos são muitas vezes representados como voadores ou coveiros. O apóstolo São Paulo, tão influenciado pela civilização grega, dá também à morte a imagem do sono. Para ele, o cemitério é um 'imenso dormitório' onde os mortos repousam esperando a ressurreição".[35]

Assim, em certos poetas, como Alphonsus, a força da formação cristã faria situar a figura da amada morta no espaço de Hipnos, enquanto outros, menos místicos, mais realistas (ou pessimistas), a colocariam definitivamente sob a égide de Tanatos. No soneto XIV, aquele poeta pondera sobre "estas princesas a dormir nas estalagens/exiladas visões, são santas que eu bem vi". E em "Cavaleiro ferido" exclama: "Ai dos que vivem se não fora o sono!" E daí passa a dizer como seria duro se só o sol ou só a primavera existisse, ele que ama o outono, a Lua, a escuridão. Por isso conclui: "Mas ai da vida se não fora a morte." Tal aspiração, longe de valorizar a vida, como fazem os filósofos existencialistas do século XX, assinala a preponderância do elemento sombrio e lunar. Ao contrário, a morte como tema, na literatura existencialista moderna, significa um elemento incrementador da própria vida. É o fato de ter de morrer um dia que dá destino e sentido às ações do herói, que procura desdobrar seu tempo existencial para fecundar a própria morte.

Um paralelo pode ser feito entre o simbolismo e o parnasianismo, para se ir caracterizando melhor as diferenças e identidade entre um e outro momento estético. Refiro-me ao fato de os parnasianos (assim como os românticos) insistirem na imagem do *ninho* e do *berço*, enquanto nos simbolistas isso é trocado pela *cova*.

De um ponto de vista antropológico, é possível encontrar várias tribos indígenas no Brasil onde os mortos são colocados na terra em posição fetal, como a significar o fechamento de um ciclo, o retorno da vida ao seu princípio no útero da terra. Talvez já existisse uma confluência de outro sentido levantado por Durand e Bachelard, quando entendem que certos rituais de sepultamento implicam a crença de que o corpo está apenas provisoriamente no ventre da terra, e que daí sairá como uma *crisálida* para a ressurreição. Deve haver, portanto, uma relação não apenas visual, mas semântica e ideológica entre o feto, a crisálida e outra imagem comum no simbolismo: a *múmia*. Sim, a múmia parece inserir-se numa série de representações que falam da morte preservada ou da vida contida. Não é sem significado o fato de os egípcios antigos deixarem alguns alimentos ao lado das múmias ou de algumas tribos brasileiras ritualizarem a preservação da alma do morto, levando-lhe alimentos à sepultura. No caso da poesia simbolista, embora pudesse existir essa latente ideia de ressurreição, de acordo com a ideologia cristã, no entanto, sobressai outro sentido. A múmia é a metonímia do desejo apagado, do corpo ressequido e sem estremecimento de pecado. A múmia, essa espécie de morto-vivo, chega a ser quase um parâmetro para o imaginário do poeta. Por isso, Alphonsus diz que as "múmias dormem o sono esquecido dos pobres" e assinala que

"os duendes, trasgos, bruxas e vampiros
vinham, num longo e tenebroso bando
os meus passos de múmia acompanhando
por entre litanias e suspiros".

Verdade seja dita que o simbolismo é uma estética mumificadora das amadas. Existe um fetichismo sintomático nesse culto da amada imaginária, transportando para o futuro a possibilidade de união, da mesma maneira que existe aquele prazer mórbido do amante diante dos ossos da extinta. Aliás, essa imagem da múmia é apenas uma a mais numa sequência de símbolos dessexualizadores. Pois o poeta que abomina a carne e o sexo preferia levar a vida de um *monge anacoreta,* e por isso se define como um *nefelibata,* que ao cantar o anticorpo, a antimatéria acaba também por fazer o elogio sistemático da *velhice.* Velhice, já se vê, não apenas como o estádio da sabedoria, mas como o período em que o corpo estaria esvaziado de desejos, e as carnes estariam secas como as de uma múmia. A poesia, aí, joga inclusive com um estereótipo: de que os velhos não têm desejos sexuais e fantasias, questão fácil de se esclarecer estudando-se melhor o assunto. Na verdade, aos idosos e velhos também é imposta uma interdição. É-lhes cobrada uma atitude padronizada por uma moral que, na juventude, retarda o mais possível a emergência do sexo e apressa a sua extinção imaginária, já que seria de todo impossível negá-lo todo o tempo.

Não estranha, portanto, que Alphonsus diga: "Segues para a velhice tão contente/como se caminhasses para um trono." Ou, então, que comece o soneto IV, de "Pulvis", assim: "Quando eu for bem velhinho, bem velhinho", acrescentando que, após ir "galgando lentamente/a impiedosa ladeira do Calvário", chegará ao fim da vida como um "anjo doente". E é com um prazer sadomasoquista e quase irônico que traveste seu misticismo, e no soneto XLVII começa: "Eu irei para a cova tão sequinho", para adiante se assemelhar ainda ao "mendigo, ancião, pobrinho que apareça".

É nessa sequência que surge, também, a imagem do *faquir,* na verdade um aparentado da múmia e do velho, vivo-morto e canibal às avessas:

"De mãos postas em cruz, olhando a terra
a morte esperarei como um faquir."

Assim, fazendo o elogio da descarnada velhice, o simbolismo se opõe ao romantismo em sua apologia da infância. Para os românticos, a infância não é apenas um espaço utópico, mas a lembrança da felicidade a ser carregada vida afora. O romântico, de alguma maneira, quer se ater a esse espaço infantil. O simbolista quer penetrar no espaço da velhice. E como não podia deixar de ser, o tópico da velhice está correlacionado com o do *poente*. Até mesmo num simbolista tardio, como Manuel Bandeira (*Cinza das horas*), isso é exaustivo: quase todos os poemas começam falando do crepúsculo, do anoitecer, do ocaso em tons tristes. Esses poetas "crepuscularistas" e "decadentes" fazem jus ao nome que receberam. Opõem-se aos românticos, como Casimiro: "Oh! que saudades que eu tenho/da aurora da minha vida,/da minha infância querida/que os anos não trazem mais."

Voltemos, no entanto, à imagem da múmia. Evidentemente, ela teria duas representações, uma masculina (o próprio poeta se descrevendo como velho-descarnado-faquir-no sol poente) e outra feminina. Em Cruz e Sousa, surge essa figura. E o que o poeta ama nesse espectro é exatamente a ausência de vida, a morte da eroticidade. Mas a múmia ainda guarda alguns vestígios da "carne" e isso tumultua o olhar daquele que ali queria ver, ainda, toda e qualquer chama de desejo. E na sua exigência de "pureza" e "transfiguração" não consegue desvincular aquele corpo de uma recordação venusina e pecaminosa. É verdade, o corpo agora está em putrefação, num misto de "sangue e terra e treva", mas apresenta ainda uma "podridão feita de granito". Herdeira de Eva, com traços de voracidade erótica, lembrando os uivos e contorções do corpo em espasmo, essa é a mulher fálica enfaixada, na qual os risos são "punhais frígidos" e os beijos produzem "congélidos espasmos", pois o seu é "beijo de pedra horrendo e frio".

"Múmia

Múmia de sangue e lama e terra e treva,
podridão feita deusa de granito,
que surges dos mistérios do Infinito
amamentada na lascívia de Eva.

Tua boca voraz se farta e ceva
na carne e espalhas o terror maldito,
o grito humano, o doloroso grito
que um vento estranho para os limbos leva.

Báratros, criptas, dédalos atrozes
escancaram-se aos tétricos, ferozes
uivos tremendos com luxúria e cio...

Ris a punhais de frígidos sarcasmos
e deve dar congélidos espasmos
o teu beijo de pedra horrendo e frio!..."

    Muito diferente essa mulher morta daquela plácida Ofélia coberta de castas flores. Essa múmia também não é a Bela Adormecida aguardando o beijo do casto noivo ou os clarins do Juízo Final. Na linha de Salomé, é uma Pandora que só traz ao mundo o mal. É uma Medusa, uma deusa Kali dançando sobre a imundície voraz de seu canibalismo subterrâneo. E posto que amor e morte não param de vir correlacionados nessa poesia, forçoso é retomar a etimologia da palavra "cemitério". Se para Ragon, como anteriormente assinalamos, é "o lugar onde se dorme", Jung, partindo do mesmo vocábulo grego *koitmetérion*, assinala: "câmara nupcial". Isso nos autoriza a efetivar algumas aproximações que, aliás, estavam expressas no significado anterior, e no interior de algumas metáforas já trabalhadas. Refiro-me ao tópico da *noiva do sepulcro*, encontrável nas narrativas medievais e românticas, e retomado nos simbolistas com uma constância sintomática. Se a morte, portanto, mais do que um "sono" é a antecâmara de algo que vai ocorrer, então a noiva virgem que falece no imaginário do poeta está apenas aguardando o momento de renascer triunfalmente, seja no pensamento místico, seja no espaço do imaginário poético, possibilitando assim, fantasmaticamente, a realização de um desejo interditado no palco da realidade.

    Para Cruz e Sousa, em "Visão da morte", a mulher é expressamente a "Noiva do Sepulcro, solitária,/branca e sinistra no clarão dos círios". Num poema intitulado "Noiva da agonia", ele ainda insiste sobre esse ponto, ao fantasiar que a noiva o está chamando de sua sepultura. Parece-lhe até que ela se levanta, ergue "os longos braços lívidos" na sua direção, para atraí-lo num abraço onde amor e morte se confundem com as núpcias eternas. Não estranha que em outro poema, "Metempsicose", ele complemente essa ideia de amor/morte/ressurreição. E após notar que o corpo de argila da amada apodrece, ele aguarda que ela ressurja de outra forma, como a "Bela das Belas, na Beleza/do transcendentalismo da Pureza/nas brancas imortais ressurreições". E aí, ao renascer, limpa desse corpo pecaminoso, ela será a "Regina Coeli" mística que, aliás, seria tema na moderna poesia de Jorge de Lima e que mereceria ser estudada comparativamente. Rainha dos céus imaginários, "Regina Coeli" é a "Virgem branca, Estrela dos Altares, rosa pulcra dos Rosais polares/Branca, do alvor de âmbulas sagrada/e das níveas camélias regeladas".

Em outros termos, temos dois extremos da imagem feminina na exposição do imaginário simbolista do fim do século: a mulher/caveira e a mulher/ressuscitada. Entre uma e outra, alguns matizes já assinalados, mas sobretudo as oposições do alto e baixo, puro e impuro, claro e escuro, o humano e o divino, o fechado e o aberto. E unindo esses extremos que não se excluem, antes se completam, está o desejo interditado, alijando o real em favor de uma alucinação. O amor à mulher morta é mais "realizável" que o amor à mulher viva. Diante do cadáver, dos ossos ou da memória mumificada da mulher, e diante do ressurgimento numa transparência mística, o sujeito se ilude num jogo neurótico de espelhos.

Mas não poderíamos terminar esse tópico da Bela Adormecida sem estabelecer uma última e significativa conotação. Refiro-me ao mito de *Eros e Psiquê*. Esse mito é uma variante da "Bela Adormecida" e tem a virtude de nos mostrar mais claramente a esquizofrenia que se estabelece entre o amor e a sua realização plena. Para melhor saborear o mito, é bom lê-lo na linguagem de um de seus anotadores. Psiquê é também chamada de Alma e era comparada à própria Vênus em sua beleza: "Essa deusa, sentindo-se ofendida ao ver a sua formosura posta em paralelo com a de uma simples mortal, pediu a seu filho, Eros, que vingasse tamanha afronta, fazendo com que a sua rival se apaixonasse, perdidamente, pelo mais horrendo dos mortais. Eros prometeu atender ao pedido materno e, para executá-lo, deixou o Olimpo e veio à Terra; mas, ao deparar com Psiquê, estatelou-se eletrizado diante de seu deslumbramento; fez então com que Zéfiro a transportasse a um lugar de delícias, palácio encantado oculto no meio de uma dormente floresta, onde, invisivelmente, vinha contemplá-la todos os dias, prometendo-lhe eterna felicidade, sob a única condição de ela nunca procurar ver o seu rosto. Mas as irmãs da encantadora jovem, invejando-lhe a sorte, convenceram-na, maldosamente, de que o seu amante era um monstro disforme e hediondo. Apavorada, ela aguardou, então, que Eros se entregasse a um sono profundo, acendeu uma lamparina e, cautelosamente, foi surpreendê-lo. Mas, com grande pasmo, passou a contemplar um lindo e encantador mancebo de dourada cabeleira, formas esculturais e cores alabastrinas, de cuja boca exalava um delicioso perfume de ambrosia. Maravilhada e sem se conter, ela, transbordante de paixão, se inclinou para beijá-lo e, por fatalidade, deixou cair, sobre o divino rosto, uma gota do azeite quente da lamparina. Eros despertou então e fugiu, para não mais voltar, deixando Psiquê imersa na mais profunda das dores. Desolada, ela não cessava de visitar os templos, onde ardentemente suplicava aos deuses que lhe restituíssem o esposo; por fim, já cansada, foi implorar à própria Vênus, mas esta, em vez de se compadecer da sua dor, lhe rasgou o vestido, sacudiu-a pelos cabelos e fê-la sua escrava. Enquanto isso se passava, Eros intercedia, secretamente, a Zeus, que acabou por atendê-lo. Vênus, então, perdoa e liberta Psiquê, enquanto Mercúrio a introduz no Olimpo e lhe dá a saborear o néctar e a ambrosia, para torná-la imortal. Em seguida, todos os deuses, reunidos, festejaram ruidosamente a nova deusa, que, daí para a frente, se uniu a Eros, de quem teve uma filha, que se chamou Volúpia. Esse mito está a aconselhar que se não perscrute a felicidade muito de perto, sob pena de ela se dissolver como a neve."[36]

Muito bem. Há várias lições a extrair dessa narrativa. Em primeiro lugar, existe aí a marca de algumas interdições. A história de Eros e Psiquê lembra a de Orfeu e Eurídice. No primeiro caso, é a mulher que não pode contemplar a face do amado; no segundo, ao contrário, ao poeta era interditada essa visão. Mas se sobrevém uma penalidade pela transgressão da promessa, inusitadamente sobrevém também um final feliz, que diferencia o mito de Eros e Psiquê de tantos outros. E esse final, importante para entender o papel do amor na cultura grega, tão diferente da judaico-cristã, indica que da união de Eros e Psiquê nasceu a Volúpia. Essa mesma *volúpia* que em nossa cultura é adjetivada pejorativa e culposamente é aqui um dado natural. Não estranha que o poeta simbolista abomine a volúpia (a que inconscientemente aspira). Se pegarmos um simbolista tardio, como Manuel Bandeira, vamos constatar o conflito que existe entre volúpia e amor, volúpia e ternura. A palavra "volúpia" aparece no primeiro poema de seu primeiro livro e continua marcando as pulsões eróticas, delimitadas sempre pela pulsão de morte. Em nossa cultura, o Amor está apartado da Alma, do que temos de mais essencial. Vivemos numa cultura esquizofrênica que dissocia o masculino e o feminino e que tem pânico dos impulsos de fusão e integração de nossas forças subterrâneas. Sintomaticamente, o que o narrador do mito acrescenta ao final: "esse mito está a aconselhar que se não perscrute a felicidade muito de perto, sob pena de ela se dissolver como a neve", não é a verdade total do mito. É, no máximo, uma interpretação ocidental, pois se o mito termina com um final feliz, o que está indicando é que tudo vale a pena, toda forma de transgressão, porque o final será recompensador. A preservar-se essa moral expressa anteriormente, jamais os amantes chegariam à volúpia, que é o resultado de uma união completa daqueles que se imortalizaram dobrando os zelos dos deuses.

Finalmente, numa outra versão do mito,[37] Psiquê, nos seus momentos de desespero por ter perdido Eros, tenta o suicídio jogando-se nas águas. Mas as águas a devolvem sempre à praia, negando-lhe o direito de morrer. Nessa versão, ocorre algo significativo, pois a água, que em outros mitos é a morte, aqui é o retorno às margens da vida. Por isso, pode-se dizer que Psiquê é a anti-Ofélia. É aquela que supera as provações e vai habitar amorosamente no Olimpo.

Evidentemente, essa segunda versão do mito não é exatamente aquela que a poesia simbolista privilegia. Mas, seja como for, o mito de Eros e Psiquê retoma vários tópicos importantes para a compreensão da metáfora amorosa nessa época. Aí está a temática do sono e do encantamento de um amante diante do outro que dorme. Nos textos mais místicos, o reencontro do casal pode se dar na vida eterna, mas nos poemas mais pessimistas só restam ao amante a melancolia e o luto diante da amada que dorme mortalmente.

O amor sonâmbulo no castelo do desejo

As imagens da princesa encastelada e do cavaleiro peregrino ocupam espaço significativo na poesia simbolista. Historicamente, sabemos, há uma continuidade do espírito medieval, que passa pela estética romântica e chega ao simbolismo. Contudo, os castelos e os cavaleiros simbolistas produzem significados explicitadores do sistema de representações eróticas que nos ajudam a entender melhor esse momento estético e histórico. E, de alguma maneira, esse tópico é uma extensão da temática da Bela Adormecida. Só que agora há uma diferença: a mulher está desperta e não mais posta em sua passiva horizontalidade. No entanto, isso não chega a constituir uma diferenciação estrutural, senão apenas aspectual. A imagem feminina continua prisioneira de um espaço que a cerca. De alguma maneira, dentro da tradição mariana medieval, ela continua a ser o *hortus conclusus, soror mea sposa* de que falavam os Cânticos dos Cânticos. "Horto fechado" ou "fonte selada" (*fons signatus*), é sempre sinônimo de *virginitas*, como queria Santo Ambrósio.[38]

A representação do *castelo* e da *torre* tem significado místico e erótico nessa poesia. Jung, estudando o culto da alma e da mulher, pondera que o atributo "ebúrnea" da torre é de indiscutível natureza erótica, quando se refere à cor e lisura da pele ("Seu corpo é como puro marfim"). Mas também a própria torre nos é apresentada num inequívoco contexto erótico, como na seguinte passagem do Cântico dos Cânticos (8:10): "Sou uma muralha e meus seios são como torres." Dessa maneira, faz-se alusão aos seios eretos e à sua túrgida consistência, tal como acontece em relação às pernas (5:15): "Suas pernas são como colunas de mármore." O mesmo sentido se vê em 7:5: "Teu colo é como ebúrnea torre e teu nariz é como a torre do Líbano."[39] Sintomaticamente, como que a provar ideológica e semanticamente o que dizemos, em nossa poesia simbolista não só se fala muito de torre e castelos, mas houve no Paraná uma revista intitulada *Turris Eburnea*, assim apresentada por Silveira Neto, em 1900: "Turris Eburnea é a cruzada de todos os cavalheiros do Sonho em nossa geração; mineiros do Espírito, sedentos e infatigados, a perlustrarem caminhos diversos, sob o clarão da fé, sob a fé da mesma estesia, eles vêm de um tirocínio já respeitável de esforços e de criações, bosquejando, há tempo, a época mais notável da mentalidade paranaense, implantando no meio restrito em que agimos as correntes mais novas e mais elevadas da estesia universal, como também acrescendo à intérmina galeria das criações da Arte o aspecto que lhe é próprio, aspecto virgem, profundo pela emocional sinceridade que o alenta, magnífico pelo enlace em que se arroja às grandes interpretações do coração e do espírito."[40]

É evidente a superposição de significados, mesclando o ideal de vida com a poesia e a mulher ideais. E é na raiz de metáforas como *castelo*, *príncipe* e *princesa* que vamos encontrar o desdobramento de uma arte poética e de uma prática existencial. Como bem assinalam Chevalier e Gheerbrant, "nos fatos, como nos contos de fadas e nos sonhos, o castelo é geralmente situado nas alturas ou numa clareira ao meio da floresta. É uma habitação sólida e de difícil acesso. Dá a impressão de segurança, como a casa em geral, mas é a segurança somada a um quotidiano elevado. Ele é o símbolo da *proteção*. Mas a sua própria situação o isola no meio dos campos, das florestas e das colinas. O que ele guarda está separado do resto do mundo, toma um aspecto longínquo, tanto inacessível quanto desejável. Por isso figura entre os símbolos da *transcendência*: a Jerusalém celeste toma a forma, nas obras de arte, de um castelo forte eriçado de torres e flechas, no cume de uma montanha".[41]

Sem dúvida, essa vocação ascensional existe nos textos de Alphonsus de Guimaraens. Mas existe algo mais na apropriação que o simbolismo faz dessa imagem. Os castelos aí figurados são em geral tristes, lúgubres e lunares. Não existem os festins de Salomé e o alvoroço erótico das sultanas. Por isso, assemelham-se mais a *templos funerários*. Com efeito, "os templos funerários, que os faraós construíram em cima ou ao lado de suas tumbas, são chamados de *castelos de milhões de anos* e destinam-se, como tumbas reais, a associar o destino supra-humano dos grandes deste mundo ao destino dos deuses".[42] Nessa mesma linha, mostrando a pluralidade desse signo, poder-se-ia anotar o confronto entre os castelos celestiais de inspiração mística e os castelos mal-assombrados, povoados não de fadas e princesas, mas de bruxas, vampiros e almas penadas. Seja como for, quer tenhamos um "castelo branco" ou um "castelo negro", o significado do castelo está vinculado à ideia da realização ou da interdição do desejo, caso se ligue ao amor e à reprodução de novas vidas, caso seja o espaço do terror e da morte. Aí príncipes e princesas passeiam imaginariamente ou esperam despertar para viver em núpcias eternas.

Cruz e Sousa, em "Castelã", descreve a cena em que uma princesa retoma aqueles atributos apontados anteriormente, ora assemelhada a uma magnólia em seu vaso triste, ora a um arcanjo no seu nicho. Ela é como "um mito da Alemanha vivendo em montanha alpestre", ardendo em silêncio o seu desejo, enquanto outro personagem, o príncipe, "cismando, trágico e grave", sonha ao luar que sua amada desfere "voos de ave", como se ela fosse uma "garça errante". Por sua vez, no seu "nevoento castelo/junto de um lago tristonho", ele vive "como se vive num sonho". Já outro poeta, Astério Campos, em "Dona Branca", descreve um velho castelo em ruínas onde a alma de dona Branca perambula. Ela parece feita de luar e de marfim num ambiente de sílfides mortas, de úsnea e musgo nas velhas portas. O noivo há muito morreu demente ao luar. Em "O cavaleiro e o luar", Gustavo Sampaio imagina um personagem que adormeceu em seu castelo, quando aparece-lhe um anjo ou lua que o faz sair imaginariamente pelo mundo a ver as desgraças e mortes. O castelo, portanto, longe de ser apenas o lugar do encontro erótico, é sinal do *exílio* e da *impossibilidade*. E é relevante anotar que se vai operando uma modificação no âmbito dessa metáfora. E a mulher, às vezes, não é posta apenas como a Bela Adormecida aguardando, no seu sono de morte, um príncipe. A mulher pode também estar desperta andando sonâmbula pelos castelos do desejo. Esse movimento, no entanto, é ilusório, pois apesar de não estar no seu leito de morte e/ou sono, ela continua impossibilitada de encontrar-se com o amado. Assim, mesmo numa psicologia de fundo junguiano, que visse na história do príncipe e da princesa uma dramatização do encontro da *anima* com *animus*, seria de anotar que no simbolismo se representa o desencontro e a interdição. E, no mais das vezes, os amantes não apenas estão separados pelas cavalgadas e torneios donairosos, mas pela guerra que arrebata o amante para a morte.

Por exemplo, Tristão da Cunha, em "Soneto das almas sós", descreve uma senhora pálida e fria no alto de uma torre esdentada, contemplando seu pajem que parte para a guerra. E em "Soneto romântico", Luís Guimarães Jr. pinta a solidão da princesa desamada:

"No entanto a castelã, triste e isolada,
à sombra dos frondosos arvoredos
pálida, loira, casta e enamorada

passeia ouvindo uns matinais segredos
e como a Margarida da balada
desfolha um malmequer entre os seus dedos."

A mulher, segundo esse mesmo poeta, em "Idade Média", simboliza "no seu terraço a pálida rainha", sonhando um dia poder sair voando como andorinha, longe da prisão do rei. Esse tema da evasão perpassa os personagens femininos e masculinos. Nesse caso, o castelo tornou-se prisão, e o imaginário busca alhures a realização erótica. Silveira Neto (1872-1945), por exemplo, em "Castelo de luar", sonha com um menestrel que ainda não conseguiu encontrar sua dama ideal: "E a castelã? a flor-de-lis desses latíbulos/Idealizei-a, mas... corporalizá-la como?" Diante disso, o amante se dispõe a sair numa cavalgada celeste, buscando num voo alucinado chegar à sua eleita, dizendo que por ela se bateria como se disputasse o Santo Graal. Esse símbolo da mitologia cristã, aliás, tem significado muito rico nesse jogo imaginário. Efetiva-se uma substituição do objeto do desejo, pelo qual o amante se afasta de sua amada para realizar metonimicamente seu amor mitificado. Ir em busca do cálice com o sangue de Cristo é dramatizar o rito da busca e das peripécias do herói. O vinho e o sangue se misturam numa simbiose amorosa, através de uma sublimação erótica do desejo não realizado.

É importante assinalar, dentro desse espaço de castelos e princesas, uma questão que diz respeito à circulação das metáforas culturais. Ou seja: refiro-me ao fato de ocorrer aí um deslocamento do imaginário, de importância não apenas psicanalítica, mas histórica e sociológica. Refiro-me ao fato de que castelos e princesas, dentro de um ambiente medieval, são signos estranhos à cultura brasileira. Evidentemente, tivemos aqui impérios e reinados, desde que dom João aportou no Rio em 1808, até a proclamação da República, em 1889. Mas os textos simbolistas brasileiros não se referem a esse tipo de realidade encontradiça em nossa história. Referem-se a uma paisagem europeia não apenas localizada na Idade Média, mas realizam um imaginário literário de segundo grau. Na verdade, esses textos são paráfrases de textos equivalentes da literatura de além-mar. O imaginário dos poetas do período estava a serviço de um imaginário estrangeiro, importando-lhe os modelos.

Evidentemente, de acordo com uma exegese junguiana, pode-se dizer que os símbolos veiculados por esses poetas tropicais são cósmicos e estão armazenados no inconsciente coletivo. É, sem dúvida, uma resposta. Uma resposta junguianamente válida, mas sociológica e historicamente insuficiente.

Desse modo, é bem diferente a observação que a esse propósito podemos fazer sobre nossa literatura, em comparação com a que Raymond Jean fez em relação a Gerard Nerval na literatura francesa, no seu livro *La poétique du désir*. Assim, ao considerar *Sylvie*, de Nerval, e o castelo de Mortefontaine aí descrito, Raymond Jean observa, nesse símbolo, tanto "um castelo intemporal, uma imagem-arquetípica que corresponde a uma das solicitações mais secretas de sua imaginação"[43] quanto o lugar histórico onde o poeta viveu sua infância. Assim, se Nerval ao descrever tantos castelos falava de um passado histórico de seu país e de uma paisagem natal, tentando recuperar no presente certos valores arcaicos, já em relação ao espaço brasileiro o que ocorre é uma contaminação ideológica não verossímil em relação ao real. Assim, poderíamos dizer que em Nerval existiria a relação entre o castelo real que ele viveu e o castelo imaginário que recria. E, linguisticamente, uma relação direta entre o significado e o significante. No entanto, quando se apropria do castelo europeu, o poeta tropical está partindo não do castelo enquanto referente real, mas do castelo enquanto texto de um outro, construindo um imaginário de segundo grau. De algum modo, essa equação é inversamente verdadeira, se considerarmos que no romantismo francês os escritores descreviam índios que apenas conheciam imaginariamente, ao passo que dentro da realidade sul-americana, por exemplo, para um escritor brasileiro, tais índios eram bem concretos. No entanto, não deixa de haver aí um intricado e paradoxal problema, pois, no romantismo, foi o texto imaginário europeu que nos fez aproximar-nos de nosso real. Aliás, isso explica, de certo modo, a ambiguidade do romantismo, cultivando um índio ao mesmo tempo civilizado e primitivo, real e fantasmático.

Dentro do espaço brasileiro despovoado de castelos, Alphonsus de Guimaraens é praticamente o único que, ao mesmo tempo que reveste a imagem de misticismo, procura vislumbrar aí uma história particular própria e uma história geral que resgate a distância entre Portugal e Brasil. Busca uma certa historicidade que ligue tempos e espaços míticos e místicos. Em "Cavaleiro ferido", vários poemas tratam dessa questão. Ele se imagina de "joelheiras de ferro, estarcão e acha d'armas/verde escudo em sinople". Define-se como "o cavaleiro afeito às gritas e aos alarmas" e diz-se poeta-cavaleiro pronto para defender a poesia-mulher. Por isso, observa: "Mas, Senhora, por ti fiquei cheio de chagas." E assim procurando seu lastro medieval noutro soneto dessa série, considera o passado como o presente, apontando "os bons tempos da loriga e da cota de malha", quando seus antepassados batiam os sarracenos infiéis e os cavaleiros viviam se despedindo das mulheres, constantemente abandonadas nos castelos:

> "As loiras castelãs, cheirando a rosmaninho,
> diziam-vos: Que Deus, na peleja, vos valha!
> E o saio d'armas era a querida mortalha
> Que vos ia cingindo o amplo torso de pinho."

De novo, em "Brasão", alude aos antepassados que teriam castelos na região de Vimarães (donde seu sobrenome Guimaraens): "De solar em solar, menestrel dos mais pobres,/ai como suspirei pelas filhas dos nobres."

Finalmente, cumpre assinalar que em sua análise dos castelos em Nerval, Raymond Jean deixa de observar um dado importantíssimo, e que é o centro de nossa análise. Nos simbolistas, esses castelos se inserem sistemicamente no jogo de interdições do desejo. Mais do que essa "fascinação da memória, "essa" forma feérica da imaginação" e um "complexo de habitação e claustro", há aí a simbolização de um desencontro erótico. O castelo é uma metáfora tão importante quanto a cela do convento, que estudaremos a seguir. E o espaço ascensional, a busca da verticalidade, um desejo de fugir do pântano da existência, e que, por estar em geral descrito dentro de um regime noturno e lunar, fala do que foi recalcado.

Monjas e santas: o sequestro místico do desejo

Durante o período simbolista, entra em circulação outra imagem tratada exaustivamente pelos poetas. Trata-se da *monja*, da *freira*, da *santa*, retratada ora tristonha no claustro, ora rezando angustiadamente diante de um crucifixo, pois sua alma está cheia de desejos e fantasias não realizados. Em vários outros casos, descreve-se também a monja morta em sua cela, numa evidente variante da noiva morta de que já falamos. Agora, no entanto, trata-se da noiva de Cristo. Uma variante daquela amada que antes era expressionisticamente pintada em sua sepultura, uma variante de Ofélia e das princesas abandonadas nos castelos. Sua figura surge em vestes negras (é o "lírio negro" dos conventos), e na escuridão do claustro frio vê escoar nas paredes a eternidade de suas alucinações. A mulher, enfim, foi sequestrada pela mística religiosa.

Mas é necessário alertar de novo: sequestrada pelo imaginário masculino, porque são os poetas que em grande maioria se dedicam a descrever o sequestro místico do desejo. Estão falando da mulher e pela mulher, projetando nela o desejo masculino insatisfeito. Isso não elimina, por outro lado, a verossimilhança das monjas com as monjas reais. Mas é conveniente registrar o caráter ambíguo desses textos que falam geminadamente do real e do imaginário, projetando o masculino no feminino. Se fôssemos tomar os textos ao pé da letra, teríamos de acreditar que nesse período de nossa história houve um movimento religioso impressionante, que levou aos conventos centenas e centenas de noivas e mulheres desiludidas. Teria havido algum movimento religioso especial, algum recrudescimento da fé católica como decorrência do marianismo? Essas são questões que a história poderá responder quando um dia tivermos a história dos fragmentos que compõem o todo social. Mas antes que se espere por essa ajuda interdisciplinar, do ponto de vista literário já se pode adiantar que duas questões têm de ser levadas em conta: a primeira diz respeito ao emissor masculino que registra suas fantasias no texto; a segunda, ao fenômeno da circulação de metáforas, que não só chegam a configurar os estilos de época, mas também mostram que o desejo é uma energia sempre em movimento que, em cada época, geração ou período, encontra uma linguagem e uma representação sistêmica para se concretizar. Nesse sentido pode-se dizer que não apenas essas imagens falam o desejo dos poetas, mas que eles, os poetas, são falados por uma linguagem que os envolve, seduz e ultrapassa.

Estranhamente, embora a poesia simbolista tanto fale de monjas, freiras, santas e da vida conventual, praticamente é só Alphonsus de Guimaraens que desenvolve um pensamento sistemático próximo da mística católica. Claro, um ou outro poeta tem um poema de louvor à Virgem, ou algo semelhante, mas Alphonsus se interessa mais profundamente pelo tema. Transcreve os mistérios bíblicos, faz paráfrases de textos sacros e se identifica com os temas tratados. É ele quem mais próximo se situa de uma linguagem na qual a *sublimação* assume um espaço significativo. É evidente que no subsolo de seu texto está o desejo exposto, mas já nos títulos de seus livros se observa sua proposta, muito mais católica do que a da maioria de seus contemporâneos poetas: *Setenário das dores de Nossa*

Senhora, Câmara-Ardente (1899), *Dona Mística* (1899), *Kiriale* (1902), *Pastoral dos crentes do amor e da morte* (1923). Há nele um reinvestimento da libido sublimada. Nos seus textos, em suma, o que seria *posse* erótica converte-se em *união* das almas.

Digo isso já encaminhando uma das formas mais adequadas de se ler esse poeta e místicos semelhantes. E para ilustrar isso, basta retomar a trilha de Norman O'Brown, no capítulo IV de *Vida contra morte*, em que estuda especialmente os mecanismos de sublimação. Na sublimação, "o objeto erótico não é a posse, mas a união com o objeto".[44] A rigor, isso também poderia ser dito não só para a sublimação, mas para o amor em geral. Pois há uma diferença entre posse e união. De maneira formal, o casamento deveria ser o estádio da união, quando a posse episódica já não mais basta. A rigor, a própria linguagem mística se apropria desse discurso, quando se fala da união da Igreja com Deus nos céus, como um matrimônio eterno. Por isso, vamos encontrar na linguagem bíblica, e também no testemunho dos santos, algumas versões dessa união e posse. Santa Teresa, por exemplo, aproxima-se desse assunto, mas prefere outras palavras. Refere-se a *união* e *êxtase*. A união seria um degrau do gozo místico. E se se pudesse estabelecer um paralelo entre misticismo e eroticidade, poder-se-ia dizer que a *união* está para o *êxtase* assim como a relação sexual está para o orgasmo. Um é a possibilidade e o princípio do outro.

Veja-se, a propósito, como Santa Teresa descreve suas sensações: "A diferença entre a união e o êxtase é que este dura mais tempo e é mais visível exteriormente, pois a respiração diminui gradualmente ao ponto que se torna impossível falar ou abrir os olhos. E embora isso aconteça quando a alma está em estado de união, há mais violência no êxtase, pois o calor desaparece, não sei como, quando o êxtase é profundo."[45] Estudando o texto de Santa Teresa, Marie Bonaparte considera: "Não se pode deixar de ver nos êxtases místicos uma equivalência com o orgasmo. Não é à toa que Teresa nos fala, em sua *Vida*, de 'certas terminações' e da alta qualidade de seus êxtases, quando o Querubim radioso que lhe apareceu um dia a transpassou com um dardo de fogo de delícias tão violentas que se tornaram até dolorosas."[46]

E, falando em Santa Teresa, é impossível não citar o famoso texto em que ela descreve o êxtase místico a partir de metáforas francamente erotizantes: "Eu vi na sua mão uma longa lança de ouro e a sua ponta me pareceu ser de fogo. Parecia afundar-se várias vezes no meu coração e varar até as entranhas. Quando ele a tirou, me parecia que ele também a tirava e me deixava no fogo do grande amor de Deus. A dor era tão grande que me fazia gemer. E, no entanto, a doçura dessa dor excessiva era tal que eu não queria me livrar dela. A alma depois disso não se satisfaz senão com Deus. A dor não é corporal, mas espiritual, se bem que o corpo tenha aí a sua parte e mesmo uma grande parte. É uma carícia de amor tão doce que ocorre entre a alma e Deus que peço a Deus, na Sua bondade, de fazê-la experimentar a quem achar que eu minto."[47]

Esse tipo de linguagem, comum nas declarações dos grandes místicos, está também presente nas paráfrases poéticas de Alphonsus de Guimaraens. Seria então o caso de se julgar que o amor místico teria enfim resolvido o problema da interdição e da carência? No entanto, isso não ocorre. É da natureza humana a descontinuidade. E mesmo o místico mais devoto não conhece o gozo contínuo, que seria o gozo eterno, sem interrupções. Na verdade, mesmo o gozo místico se dá no espaço da carne, que é contingencialmente descontínuo e terreno. Por isso, é curioso paralelizar o texto de Santa Teresa com outro de São João da Cruz, pois este nos relata também o avesso do estado gozoso. São João da Cruz considera, por exemplo, o que chama de "noite dos sentidos" e "noite dos espíritos". Em tal caso, "a alma está consciente de um profundo vazio e de uma destituição de três espécies de bens, naturais, temporais e espirituais, os quais foram criados para sua consolação. Ela se vê no meio de males opostos, de imperfeições miseráveis e da aridez, do vazio do entendimento e do abandono do espírito nas Trevas".[48] E é reconhecendo o descontínuo do êxtase celeste que Marie Bonaparte aplica a esse fenômeno a famosa expressão latina *post coitun anima triste* (após o coito a alma se entristece), mas a transforma em: após o coito, com a alma de Deus, a alma se entristece (*post coitum cum Deo animis anima tristis*).

Isso posto, comecemos agora a considerar alguns textos que falam de santas, freiras e monjas (e alguns monges). E a primeira observação é essa: sobressaem dessas cenas uma melancolia e uma tristeza que se confundem com o próprio sentimento decadentista e crepuscular do fim do século. Muito poucos são os poemas de louvor à fé católica ou de louvação à vida reclusa das santas. Ao contrário, muitos retratam o suplício entre lírios e flores roxas, dramatizando a esquizofrenia humana entre o espiritual e o carnal.

Poemas como "Tentações medievais", de Alphonsus de Guimaraens, de elogio à dedicação das monjas, são raros. Outros poetas, como Venceslau de Queirós, em "A uma noviça", protestam contra esse sequestro místico da mulher. De alguma maneira, ele não se conforma que ali dentro da cela esteja uma mulher fechada nos muros da renúncia, enquanto seu "corpo viúvo do amoroso beijo" grita a luxúria e se estertora e se cilicia, embora nem uma só palavra saia dos amados "lábios frios do Cristo morto".

Em geral, não há o louvor do misticismo. O que há é censura e o lamento pelo desperdício da libido sexual. É uma visão masculina do problema. Aliás, mesmo a lírica moderna de tendência religiosa registra isso. Simone de Beauvoir analisa muito bem o machismo de Paul Claudel quando ele faz a santa falar: "Quem sou eu, pobre mulher, para me comparar ao macho de minha raça?" Aí a mulher é toda renúncia de si mesma. Não passa de um ectoplasma masculino. Por isso, estudando a mulher mística, Simone assevera: "O amor foi apontado à mulher como sua suprema vocação e, quando o dedica a um homem, nele ela procura Deus: se as circunstâncias lhe proíbem o amor humano, se é desiludida ou exigente, é em Deus mesmo que ela escolherá adorar a divindade. Por certo, houve também homens que se queimaram na mesma chama, mas são raros e seu fervor assumia uma forma intelectual muito depurada. Ao passo que são muitas as mulheres que se abandonam às delícias das núpcias celestiais; e elas as vivem de uma maneira estranhamente afetiva. A mulher está acostumada a viver de joelhos; espera normalmente que sua salvação desça do céu onde reinam os homens, eles também estão envoltos em nuvens; é para além dos véus de sua presença carnal que sua majestade se revela. O Amado está sempre mais ou menos ausente; comunica-se com sua adorada mediante sinais ambíguos; ela só lhe conhece o coração por um ato de fé; e quanto mais ele se lhe apresenta como superior, mais as condutas dele se lhe afiguram impenetráveis."[49]

Se a mulher, na sua prática religiosa, tende a seguir o discurso social machista, implícito nos textos literários, mais patente se torna a voz masculina. A maioria dos poetas simbolistas faz como Castro Meneses, no seu exemplar "Monjas", imaginando a patética solidão dessas que escolheram Cristo como noivo. Aí estão os sofrimentos eróticos das "que outrora foram belas" e hoje "dilaceram negros pensamentos". Assim, o rosto delas é encovado e macilento, parecem violáceas velas, e seus seios são ciliciados por toda sorte de dilacerações. Daí que surja uma autoagressividade das freiras. Há certa perversidade da parte do poeta, certo prazer em conferir que a virgem que escolheu aquele espaço, para se furtar ao desejo do mundo, está sofrendo agudamente em sua castidade. Imaginariamente, ele a maltrata, a suplicia e a fere com seus versos. Castro Meneses, por exemplo, naquele mesmo poema, falicamente, vê essas mulheres submetidas a "dores apunhaladoras", que "rasgam o corpo dessas pecadoras" diaceradas por "negros pensamentos" irrealizados.

Lucilo Bueno, em "No convento", imagina a monja passeando friamente pelas horas mortas, fechada entre os paredões, com a alma soluçante. Lá fora, o desejo, o sol, a vida. Mas "nada penetra a Solidão, e quando/vem o Sol o horizonte arroxeando,/choram, em coro, as ilusões desfeitas". A mulher é, então, essa "Sóror Mágoa" de Pereira da Silva, e "seu lábio sem cor era como uma flor tão fria/que parecia mais o de uma virgem morta".

Raros são os versos nos quais, como em Amadeu Amaral (1875-1929), é o poeta que está no convento, sonhando com a Virgem ("Sonetos"). Esse tema aparece em Severiano Resende (1871-1931), no poema "Os monges", em que há um hino de louvor a essas que passam sua vida atrás das "hirtas muralhas de altos conventos". Em geral, é como em Antônio Godói ("Romaria VI"): a figura da mulher, da "Sóror Teresa", que é a "imaculada ovelha", "noiva, talvez", e que fenece sonambulando sob as arcarias do convento. Santa Teresa, aliás, é o alvo preferido desses poetas e vai aparecer até numa poetisa, como Francisca Júlia (1874-1920) ("De joelhos"). Está também em Maurício Jubim, "Revivescência", em que a freira "lembra, entre incensos, morta, numa cela, de lívido perfil, Santa Teresa". De novo Maranhão Sobrinho, em cena semelhante, imagina "Sóror Teresa" em sua cela, com os lábios frios colados sobre os frios lábios do Crucificado. Morte descrita à luz de uma vela, que derrama seu óleo, numa simbolização do último espasmo místico da monja.

A respeito daquele sadismo a que nos referimos há pouco, poder-se-ia contra-argumentar: não é a freira real, concreta, que é masoquista. O poeta apenas narra os fatos prováveis. Que seja. Mas é relevante acentuar com Marie Bonaparte que "é sobretudo no macho que o sadismo assume suas formas mais acentuadas".[50] Pertinentemente, a analista se refere, na poesia de Baudelaire, a essa relação que existe entre a penetração e a ferida e a um sadomasoquismo inerente à própria arte, exemplificada nas tragédias de Sófocles e Shakespeare, e que o público continua a curtir séculos afora.

Essa poesia simbolista oferece, portanto, algumas questões bastante provocadoras. Em primeiro lugar, os poetas preferem imaginar freiras nos mosteiros e conventos em vez de se imaginarem eles mesmos, como homens, lá dentro, sequestrados do mundo. Em segundo lugar, a descrição sadomasoquista dos sofrimentos dessas mulheres imaginárias. E, em terceiro lugar, uma questão não menos perturbadora: por que esses poetas não se interessaram em descrever a sensualidade das mulheres que estavam cá fora dos conventos, soltas nas ruas, nos salões e nas fazendas? Essa última questão leva-nos a fazer um confronto entre o dito (as monjas) e o não dito (as mulheres reais). Seguramente, a fantasia erótica doentia dos poetas preferiu um investimento da libido naquilo que lhes parecia mais distante, apartado, difícil. Eles que já se haviam interessado pela noiva morta, pela princesa adormecida no castelo, agora descobrem outro impossível: a monja, que pertence a outro "noivo", e vive em outro mundo.

Na verdade, esses poetas, ao optam pela "ausente", identificam-se plenamente com essas santas que também optaram pelo ausente. Elas são uma projeção deles, também ciliciados na cela de seus corpos sem a garantia do gozo místico. O poeta cala em si a sua voz, em direção a outras mulheres mais concretas e existentes no dia a dia. Apaga o real que implica, por exemplo, o corpo de sua esposa, de sua vizinha, de sua parenta, e a sensualidade solta pelas ruas da cidade. Essas mulheres concretas que existiam e com as quais o poeta privava, a essas ele não faz menção. Ele as recalca para abrir espaço à ausente, aquela que largou tudo para ir viver seu amor místico ante o corpo seminu e puro de Cristo.

Da monja enclausurada ao poeta emparedado

Em Cruz e Sousa, aparece a cristalização da imagem da monja, mas sob uma forma mais complexa. Ele vai realizar a fusão entre a "Monja e a Lua". Ao escolher a imagem da *Lua*, ele estaria se situando naquela vertente ascensional que busca a pureza e a claridade em oposição à pulsão descensional vocacionada para o charco e o pecado. Contudo, o remorso cristão do poeta, o desajuste diante do sexo, faz com que tenha, naturalmente, uma visão da Lua totalmente diversa daquela representada nos cultos agrários primitivos, de que a antropologia nos dá notícia. Ou seja: a Lua, nesses poetas, não é a propiciadora do desejo, tem uma simbologia diversa daquela dos mitos primitivos em que está relacionada com a fecundação, com a colheita e com as marés. A Lua simbolista é castradora, fria, assexuada. No referido poema, Cruz e Sousa vai descrevendo "a Lua triste, amargurada,/fantasma de brancura vaporosa" que pelo céu desliza como uma monja em sua "cela constelada". A relação entre o poeta e ela é uma relação torturadamente mística e erótica. Essa Lua/mulher é uma monja que lhe abre os braços "fria, de joelhos, trêmula, rezando...". Nessa linha, o poeta pede que a Lua, "monja soluçante", leve "para bem longe este Desejo errante". Espécie de Vênus letal, mortal, fatal, essa Lua expressa bem o regime noturno da libido do poeta. Aí o amor se realiza na morte. Por isso, como mostramos anteriormente, ele se interessa tanto pelos "noivados da Morte". Isso explica a "Monja triste", também a "grande Soberana" ser apresentada como a "Hóstia negra" que propicia não o himeneu venusino dos vivos, mas a "comunhão dos mortos".

A isso volta Cruz e Sousa em "A freira morta". E, de novo, em "Enclausurada". Esse poema, contudo, abre conexão com um fluxo de imagens que merece comentário especial. Ao descrever a monja "enclausurada" nos muros do desejo, o poeta vai concretizando uma metáfora recorrente. Ou seja: o cerceamento, o fechamento, a castração da própria vida. Mas ele não apenas se refere a ela, mas em vários outros textos define a si mesmo como o *emparedado*. É patente a contaminação dos significados. Se o poeta não chegou a se imaginar como um monge, se preferiu fantasiar a freira em sua cela, por outro lado, na figura do emparedado, ele integraliza o sentido de seu sequestro existencial. O emparedado é o complemento masculino dessa monja *enclausurada*.

Poderíamos discorrer sobre isso longamente, mas o leitor mesmo pode fazer a conversão dos significados das imagens já expostas, para evitar que eu tenha de repetir certos pensamentos. Por exemplo, num longo texto em prosa poética, chamado exatamente "O emparedado", Cruz e Sousa descreve a sua múltipla situação de encarcerado racial (por ser preto), encarcerado metafísico (por não atingir a essência e o sentido da vida) e de encarcerado do desejo, que sofre por não "deflorar as púberes e cobardes inteligências com o órgão másculo poderoso da Síntese". E, ao final, num crescendo de sufoco e abafamento, reconhece angustiosamente que está totalmente cercado e impotente. À frente, à esquerda, à direita, atrás de si e, finalmente, até em cima de sua cabeça, acumulam-se pedras negras de toda ordem, que terminarão por constituir uma pirâmide de paredes "longas, negras, terríficas", que "hão de subir, subir, subir mudas, silenciosas, até as Estrelas, deixando-te para sempre e perdidamente alucinado e emparedado dentro de teu Sonho...".

Essa metáfora do *emparedado* é uma variante da metáfora do *sepulcro* e, por conseguinte, variante da *cela*, onde a monja resta como uma morta-viva. Assim, sobrepõem-se vários significados semiologicamente correspondentes: o *corpo* aprisiona a alma, assim como o *caixão* aprisiona o corpo, assim como a *terra* aprisiona o corpo e o caixão. A poesia simbolista é, nesse caso, uma mórbida e tétrica caixa chinesa, um círculo de aprisionamentos. Aprisionamento físico, metafísico, místico e, sem dúvida, psicológico. Por isso, no soneto considerado uma de suas obras-primas, "O cárcere das almas", Cruz e Sousa vai redizendo uma série de coisas que aqui assinalamos:

"Ah, toda alma num cárcere anda presa,
Soluçando nas trevas, entre as grades
Do calabouço olhando imensidades,
Mares, estrelas, tardes, natureza.

Tudo se veste de igual grandeza
Quando a alma entre grilhões as liberdades
Sonha e sonhando, as imortalidades
Rasga no etéreo Espaço da Pureza.

Ó almas presas, mudas e fechadas
Nas prisões colossais e abandonadas,
Da dor do calabouço, atroz, funéreo!

Nesses silêncios solitários, graves,
Que chaveiro do Céu possui as chaves
Para abrir-vos as portas do Mistério?!"

Nesse quadro, a morte é sempre uma hipótese de libertação da alma em relação ao corpo, uma superação dos mistérios. Mais do que isso, a morte bem pode ser o cessar de todo sofrimento. E é o problema do sofrimento existencial e erótico que se põe para o poeta simbolista. De maneira geral, todos eles diluíram o pensamento de Schopenhauer, conforme expresso no seu então divulgadíssimo *O mundo como vontade e como representação* (1788). Aliás, Schopenhauer esteve em grande voga nesse momento. Sua ideia de que o mundo é mau, que a criação é já a encarnação da decadência, encontra livre curso na literatura da época. Desejar é sinônimo de sofrer. Por isso, o artista tem de se esforçar por construir sua vida como um desesperado, mas, sobretudo, como um santo. Um santo que sabe que o corpo, o tempo atual, o próprio amor são prisões, cadeias e encarceramentos provisórios.

Sintomaticamente, é curioso lembrar que, além dessa filosofia do pessimismo, o esoterismo, em voga no fim do século XIX, divulgou, uma vez mais, a ideia do Nirvana, como o objetivo supremo do ser místico. Esse Nirvana, no plano psicanalítico, é a aspiração ao espaço da não contradição entre o claro e o escuro, a morte e a vida, o alto e o baixo, o desejo e a solidão. O Nirvana é bem o sinal de uma sublimação perseguida, na qual haveria a extinção total da dor, porque o próprio desejo seria extinto.

Seguindo à risca esse manual de ideias da época, Augusto dos Anjos faz o soneto "O meu Nirvana", em que retoma primeiro a metáfora do "encarceramento". Mas ele diz que seguindo a "manumissão schopenhauriana", aspira ao Nirvana, no qual pretende chegar depois de desencarcerar sua alma, trocando, enfim, os prazeres da carne pelos gozos do espírito. E, assim,

"Gozo o prazer, que os anjos não carcomem
De haver trocado a minha forma de homem
Pela imortalidade das Ideias!"

Enfim, fechando esse ciclo de metáforas, é forçoso anotar a similitude entre a noiva no caixão, a princesa encastelada, a Bela Adormecida, Ofélia e a monja em sua cela. Elas compõem um sistema de representação onde a invariante é o fechamento do indivíduo num espaço aprisionador do desejo. Tanatos é o carcereiro de Eros, que definha em sua cela, olhando o mundo de dentro de seu escuro exílio.

Lúcifer: o poeta assume o luminoso mal

Sintomaticamente, o Simbolismo abre espaço para a figura do *Diabo*, do *Demônio*, de *Satã*, de *Belzebu*, de *Lúcifer* ou *Lusbel*. Evidentemente, isso não é uma invenção simbolista. A literatura de todos os tempos trata do tema, sendo ele encontrável, sobretudo, em movimentos como o barroco, o romantismo e o simbolismo, impregnados mais dramaticamente da ideologia cristã. A variedade de nomes dados a essa figura maligna revela os matizes ideológicos que influenciam sua constituição. De Satã, sinônimo de adversário, a Belzebu, deus das moscas, passando por Diabo, o difamador, Demônio, o que divide, chega-se a Lúcifer e Lusbel, o luminoso. Existe, portanto, uma variação, não só cromática, entre as trevas de Satã e a luz de Lúcifer, mas também um significado que varia com a capacidade de sedução do maligno. Na Bíblia, por sinal, no Livro de Lucas, 10:18, está este versículo, testemunhando a relação entre a queda e a luminosidade diabólica: "Eu vi Satã cair como um relâmpago do céu." E Dante, no *Inferno* (XXXIV, 34), ao dizer sobre o demônio: *"S'ei fu si bello com'elle è or brutto"*, está assinalando que essa criatura foi tão bela e luminosa como hoje é feia e decadente.

Na literatura do fim do século XIX, Baudelaire trabalhou sistematicamente com as imagens demoníacas. Como um "poeta maldito", que se confessava filho do Demônio, podia exclamar: *"O mon cher Belzébuth, je t'adore"*, revelando intimidade com seu duplo. Na literatura brasileira, são fartos os exemplos na mesma linha. Todos os poetas do período apropriaram-se do tema. Ernani Rosas, em "Lúcifer", constrói uma atmosfera de luz e espelhos, reafirmando o significado etimológico do personagem. Maranhão Sobrinho, em "Poetas malditos", faz uma homenagem a vários poetas, imaginando uma viagem aos infernos, onde encontra Dante, Voltaire, Corbière, Mallarmé, Rimbaud, Villiers de L'Isle-Adam, enquanto um coro, ao final do poema, repete várias vezes o nome de Satã. E como exemplo curioso da particularidade do tema na poesia brasileira, Carlos Fernandes (1875-1942) dedica a Cruz e Sousa um poema, onde o poeta negro é comparado a Lusbel, um símbolo do anjo caído:

"Era um anjo Lusbel em ônix modelado
tendo no coração toda a amarga tristeza,
toda a desolação desse anjo rebelado
chorando o exílio atroz da divina realeza."

E dizendo que Cruz e Sousa "tinha como Lusbel o orgulho grave e mudo", não só lembra as causas mitológicas da queda do demônio (orgulho, impaciência e inveja), mas fornece alguns elementos para se entender, já no plano biográfico, o conflito do poeta negro, socialmente amaldiçoado e estigmatizado numa sociedade de brancos. É nesse sentido que Carlos Fernandes explora o contraste entre a luminosidade de Lusbel e a escuridão da pele do poeta.

É importante insistir no fato de que o simbolismo matizou o problema do bem e do mal ao utilizar-se da metáfora do Demônio. Nem sempre nesses textos se trata de oposição entre o bem e o mal, o claro e o escuro, a virtude e o pecado. Há até a inversão de espaços e papéis. Existe uma metamorfose de Satã, que tem parentesco com algumas figuras do Romantismo. Refiro-me ao aspecto sedutor como a figura é apresentada, diferenciando-se de sua versão medieval, em que era um horrendo dragão ou serpente, ou então, como se via nas fachadas das igrejas, algo assemelhando a um bode, a um camelo, com os pés em garras, chifres e pelos. Assim é que há no simbolismo a permanência de um tipo conhecido como herói byroniano: o demônio sedutor que usa a beleza como forma de perversão. O herói como amante maligno, que se compraz na conquista e destruição da amada. Ou então o herói que lembra o "bandido generoso", o "sublime delinquente", como diz Mario Praz, que é o tipo que aparece em Schiller sob o nome de Karl Moor como um autêntico "bandido angelical".

No caso da poesia simbolista, isto é exemplificado no dândi, uma atualização daquele herói romântico. O dândi expõe seu vício resplandecente pelos salões, clubes e ruas. É insinuante e aliciador. É um arlequim perverso, um personagem ambíguo bissexual, que faz da androginia sua marca de sedução. Aliás, Alves de Faria, no texto "Satã", uma espécie de crônica e poema em prosa, fala que o Rebelado da História encarnou-se nele durante um pôr do sol, surgindo "num colete feminil, de um aroma hermafrodita". Essa androginia, da qual nos dão notícia autores como Oscar Wilde, na literatura inglesa, e João do Rio, na literatura brasileira, está representada metaforicamente em outros poetas. Em Durval de Morais ("A esperança"), Satã já não é nitidamente uma entidade masculina, solar, rubra e emanando odores malignos. Agora o poeta o compara a uma entidade feminina, lunar, escura e fria. Superpõe-se à imagem da Lua, enquanto símbolo da mulher fatal e castradora, encontrada em muitos textos de Cruz e Sousa; o mal, enfim, descrito de forma hermafrodita: "Satã de olhos de lua,/Meu amado Satã."

Portanto, a máscara sedutora de Lúcifer só pode ser analisada, nesse período, considerando-se a relação estrutural que tem com o dandismo e o hermafroditismo, o que explica, por outro lado, um universo de perversões, que, por exemplo, Carmem Lúcia Secco analisou em *Morte e prazer em João do Rio*. Usando as palavras de Pierre Emmanuel em seu estudo sobre *Baudelaire, a mulher e Deus*, "o dandismo é outra forma de consciência do mal, sua sublimação em heroísmo e santidade *para si próprio*".[51] Daí a correlação entre esse sedutor e a figura de Dom Juan, pois, movido pelo mesmo narcisismo, Dom Juan é uma forma de Lúcifer e Lusbel, que aparentemente se situa no espaço do amor, mas em verdade está emparedado num labirinto de espelhos e morte. O dândi é um dom-juan. Um Lúcifer social pelos bares, teatros, confeitarias. É a mundanização do belo e a teologização do pecado.

Para se estabelecer as nuanças entre o anjo e o demônio, é necessário lembrar que mesmo em alguns textos clássicos, como o *Fausto*, de Goethe, as relações entre Deus e o Diabo são marcadas por certa cordialidade. Aliás, já na Bíblia, o diálogo entre Deus e o Diabo, a respeito de Jó, pressupõe um convívio e um contato permanente entre os extremos. Mircea Eliade sempre se espantou com a indulgência e a simpatia que Deus tem por Mefistófeles, no *Fausto*, de Goethe. E isso pode ser comprovado já no prefácio da peça no tom tranquilo e cordial da conversa entre ambos. Mircea acha que Goethe era um leitor de Jacob Boehme e, naturalmente, do sueco Swedenborg, que influenciou o pensamento ocidental muito mais do que se imagina.

Jacob Boehme, considerado um dos maiores místicos do Renascimento, tentava conciliar o princípio do bem e do mal com o fato de que Deus, que é todo bondade, tenha sido o criador disso tudo: "O mal estava em Deus, o mal foi a queda fora de Deus. Em Deus estava a fonte obscura do mal, e Deus, por outro lado, não era responsável pelo mal."[52] Essa é a forma mais límpida de se eliminar racional e misticamente o conflito

O CANIBALISMO AMOROSO 189

esquizofrênico entre Deus e o Diabo. Assim se realiza aquilo que em psicologia social se chama de "redução da dissonância cognitiva". Uma maneira de expulsar a diferença, a fratura e a ansiedade através de uma hiper-racionalização sublimadora. É significativo ver como o pensamento místico resolve o problema que o cinismo romântico de Byron também havia colocado. Como lembra Giovanni Papini em *Il Diavolo*, Byron ainda menino equacionava assim a questão: se Deus fez Satã e Satã fez o pecado, então Deus é o avô do pecado.

Haveria, do ponto de vista místico, no entanto, uma concepção geminada de Deus-Diabo, uma espécie de *coincidentia oppositorum*, que atingiria, num nível mais depurado de análise, o aspecto da androginia e do hermafroditismo. Com efeito, Nicola de Cusa via nessa fusão de opostos "a definição menos imperfeita de Deus",[53] ou seja, a melhor forma de abolir dialeticamente as contradições. Aliás, pertinentemente, lembra Eliade que já em Heráclito havia essa definição dupla, ambígua e geminada: "Deus é dia-noite, inverno-verão, guerra-paz, saciedade-fome, enfim, todos os opostos."[54] Entre os ebionitas, haveria uma fraternidade entre Cristo e Satã, fraternidade também sustentada pelos gnósticos do princípio do cristianismo.

Significativamente, a estética decadentista cultivou os mitos da androginia, como mostram Mario Praz e Mircea Eliade. Androginia que, sem dúvida, numa análise mais extensa, nos levaria a retomar o problema do dândi e seu narcisismo homossexual no espelho da sociedade *fin de siècle*. Evidentemente, o problema da androginia, misticamente falando, implica a noção de integração, unidade e consumação da *coincidentia oppositorum*, confirmando as palavras do próprio Cristo na Epístola aos Gálatas (3:28): "Não há mais judeus nem gregos, nem escravo nem homem livre, nem macho nem fêmea, pois vós não sois senão um em Jesus Cristo."

A estética decadentista, dentro desse esforço de *fusão* dos contrários, deixa ver, no entanto, o oposto: uma *cisão*, que revela a ferida moral e religiosa ocidental-cristã. O hermafroditismo moral e sexual, metaforicamente praticado por tantos escritores do período, mostra a ambiguidade e a fratura por trás de uma postura que se quer indivisível e radical. Na verdade, a *fusão* e a *cisão* se complementam, fazem parte do contraditório e da contraditoriedade metafísica. Perfazem um sistema onde os opostos são ora representados pelo bem e pelo mal, ora pelo masculino e feminino, havendo uma substituição entre esses elementos conforme o imaginário de cada autor.

O que ocorre é que a conceituação do bem e do mal passa pela dialética do Eu e do Outro. E nisso se misturam explicações não só psicológicas, mas sociais. Em certo momento, o mal pode ser o negro, o judeu e o estrangeiro. Dessa forma, os binômios: ariano/judeu, branco/ preto, nacional/estrangeiro, homem/mulher passam a externalizar um conflito social e psicológico. Poder-se-ia, por isso, dizer que essas dicotomias demoníacas nada mais são que a externalização de uma esquizofrenia interna. Aliás, essa luta sobre a internalização e a extemalização do bem e do mal está registrada na própria Bíblia, pois Jeová, no Velho Testamento, é essa soma de ódio e amor, enquanto Deus, no Novo Testamento, é só amor. Se Deus é só amor, então o desamor deve estar em outra parte, no homem pecaminoso. Portanto, a questão central é a do lugar do bem e do mal, lugar que pode estar dentro ou fora do indivíduo e que é sempre dramatizado real e imaginariamente em nossa cultura feita de antíteses.

Não estranha, portanto, que a poesia simbolista verbalizasse esse conflito, elegendo duas maneiras típicas de representação: ora o mal está figurado mesmo na mulher, ora o mal está dentro do homem. Nesse último caso, o simbolista reforça o mito de Lúcifer e Lusbel, assumindo seu luminoso pecado, como os "poetas malditos" na linha de Baudelaire, Wilde e Poe. Exemplo da colocação do mal na figura da mulher aparece no próprio Baudelaire, que em seu *Diário íntimo* identifica mulher e demônio: "A eterna Vênus (capricho, histeria, fantasia) é uma das formas sedutoras do Diabo."[55] É sintomática, aliás, essa passagem do demônio do polo masculino para o feminino, reforçando a tradição bíblica, que transforma Eva numa metonímia e lugar-tenente de Satanás. Essa poesia de anjos caídos, decadentes e malditos fala da mulher também enquanto anjo não apenas venusino, mas venéreo, fonte do mal. E é importante lembrar que Baudelaire, aprofundando essas dicotomias, vivia com Jeanne Duval, a quem atribuía traços de Vênus negra e diabólica, Vênus que o envenena venereamente, enquanto, em outro extremo, consciente e inconscientemente, cultua a imagem da mãe branca e pura, aquele imenso "cisne" inatingível.

Essa ambiguidade está expressa na poesia da época, e, no Brasil, o poema "Regina", de Francisco Mangabeira (1879-1904), nos serve como exemplificação introdutória. O poeta imagina uma deusa-mulher, a quem diz:

"Para de beijos encher o Ardente
Corpo de minha Deusa Pagã,
Eu quereria ser Deus Clemente
E choraria não ser Satã."

Exibe-se, aí, aquele mecanismo de cisão e fusão ante uma mulher que é, ao mesmo tempo, "deusa" e "pagã", e o poeta que é "Deus" e "Satã". Mas o amor que daí decorre, unindo Satã e Deus, vai unir também Eros e Tanatos, dando a vitória a Tanatos. E embora o poema se intitule "Regina", a mulher aí é rainha não da vida, mas da morte. Morte e suplício. Pois a mulher está num "trono descomunal" e nas "mãos formosas/sustentando um rubro, quente punhal", presença do sexo castrado-castrador. Surge até um "Grande Carro Triunfador" – o carro da morte, que vai por sobre crânios, peitos e braços num oceano onde ferve a dor. Carro que ele mesmo chama de "Sombrio e Horrendo" e esmaga os corpos unidos dos dois amantes num êxtase de amor e dor. É uma vitória do Demônio, pois ao dizer "Cantarei sendo Satã – e sendo/Deus, pelas trevas irei chorar" mais do que mostrar a sua ambiguidade, entre as duas potestades, indica que Deus, destronado e vencido, pode, paradoxalmente, ocupar o lugar de Satã, chorando nas trevas.

No entanto, pode-se também entender parte da poesia desse período como uma aproximação maior do homem com suas regiões mais recalcadas. Um esforço de se ver luz onde a metafísica e a mística só viam trevas. Desse modo, a estética simbolista abriria espaço para uma evolução e conhecimento maior do recalcado inferno do desejo humano. É nessa linha que se pode ler uma série de poemas de elogio ao Diabo, enquanto, digamos, o "retorno do reprimido" – para usar uma linguagem de Freud e Marcuse. Quer dizer: há qualquer coisa nessa poesia além do remorso cristão de Baudelaire. Uma intimidade com o mal, que não é necessariamente maldição, senão um conhecimento inconsciente maior de si mesmo. Por isso, alguns poetas vão se referir à figura de Lúcifer não só com intimidade, mas até com veneração, como se ele fosse uma nova e mais factível versão de Deus. Sendo um demônio, um deus decadente, ele é, por isso mesmo, uma figura mais próxima do homem. Passa a ser uma criatura com quem se pode fazer pactos. É é isso que Emiliano Perneta, em "Canção do Diabo", faz, seduzido pela luz diabólica, aceitando como um Fausto moderno, sem nenhum remorso, uma vida dionisíaca que o tentador lhe oferece, exclamando enquanto "brilhava-lhe na fronte/a estrela d'oiro da manhã/como num límpido horizonte: – Eu serei teu irmão, Satan!". É isso também que surge em Orlando Teixeira, em "Oração do Diabo", chamando Satã diretamente de Deus: "Grande Deus Satanás, vermelho maldito." E é nessa adoração voltada não para o que está inacessivelmente superior, mas para o que está ao nível mundano do homem, que a alma "branca de misticismo, à tua alma se eleva e reza esta oração". A seguir, menciona também o tema de Fausto e Mefistófeles e se oferece ao Demônio em troca da felicidade que esse lhe possa dar:

> "Se tanto for mister para que eu seja amado
> Pela dos risos bons, a dos olhos da noite,
> Grande Deus Satanás, lança-me tua bênção."

Evidentemente, existe um jogo também inconsciente nesse comércio de seduções. Pois ao vender sua alma ao Diabo, o indivíduo passará a ter todas as virtualidades demoníacas de seu superior. Única maneira, psicologicamente falando, de seduzir a mulher-demônio que o atrai e castiga.

Há, portanto, uma nuança que problematiza ainda mais essa questão do Demônio e do desejo. Se, por um lado, a identificação com Lusbel pode ser entendida como uma desrepressão do que é considerado negativo pela ideologia, tendo, portanto, um significado de liberação do desejo, pode-se dar também que, ao assumir a *facies* do Demônio, o homem esteja se vestindo de uma máscara homóloga àquela da mulher demoníaca. Teria ocorrido, aí, uma metamorfose da problemática: em vez de isolar o mal fora de si, o poeta reduplica na sua aparência o mal que vê estampado na mulher.

Esse jogo se ilustra na poesia de Cruz e Sousa. Ele, que já havia descrito a mulher como um demônio devorador em "Lésbia" e "Afra", lembrando aquela "Satania", de Olavo Bilac, constrói um duplo masculino dessa imagem no poema "Satã". Satã com quem ele, decaído, rejeitado, também se identifica como maneira de sublimar o mal que sente arder em seu corpo-consciência. Esse seu poema, que transcrevemos a seguir, parece recuperar a iconografia medieval, segundo a qual o Diabo é um ser caprino e lúbrico, uma espécie de anjo e Pã, grande morcego exercendo seu vampirismo sobre as almas humanas:

"Satã

Capro e revel com os fabulosos cornos
Na fronte real de rei dos reis vetustos,
Com bizarros e lúbricos contornos
Ei-lo Satã dentre os Satãs augustos.

Por verdes e por báquicos adornos
Vai c'roado de pâmpanos venustos
O deus pagão dos Vinhos acres, mornos,
Deus triunfador dos triunfadores justos.

Arcangélico e audaz, nos sóis radiantes,
A púrpura das glórias flamejantes,
Alarga as asas de relevos bravos...

O sonho agita-lhe a imortal cabeça...
E solta aos sóis e estranha e ondeada e espessa
Canta-lhe a juba dos cabelos flavos!"

É relevante que Cruz e Sousa tenha assumido, através do Diabo, seu lado satânico de rebelado. Por isso, em "Ódio sagrado", revela já no título uma heresia, opta pela antítese do bem e, em vez de falar do amor místico e cristão, assume um sentimento avesso, como se fosse o próprio anjo caído a falar: "Ó meu ódio, meu ódio majestoso, meu ódio santo e puro e benfazejo." E avanço bem grande dentro da ética cristã, esse de aceitar o ódio sempre recalcado pelo evangelho do amor. Avanço, na verdade, mais psicanalítico que religioso, mais humano que divino.

Essas heresias diante da fé ortodoxa dizem muito sobre o desejo humano, buscando desrecalcar-se em vez de simplesmente sublimar-se. Um poema de Artur Sales (1879-1951), "Ironia divina", radicaliza de vez essa posição, e a figura de Cristo não é apenas mostrada como geminada à de Lúcifer ou como uma simples antítese. Não, Cristo ocupa o lugar do Demônio, numa inversão sintomática do sistema. Nesse texto, Cristo não é o grande piedoso, mas um sádico que ri das dores humanas. O poeta se descreve entrando numa atitude piedosa de missionário, com uma "fé robusta" na "silenciosa catedral vetusta". Mas ali, ajoelhado aos pés do Cristo, "macilento e funerário", percebe após sua reza que ele só lhe oferece um riso irônico, como que a escarnecer de sua dor. Cristo ou Satã? Deus da misericórdia ou potestade sádica? As duas coisas se misturam na desalentada alma do crente.

O mais incontido louvor à figura de Lúcifer parece ser encontrado em Venceslau Queirós, que problematizou a questão num livro significativamente intitulado *Rezas do Diabo*, que não esconde a influência de Baudelaire através do poema *"Les litanies de Satan"* (*"O toi, le plus savant et le plus beau des Anges,/Dieu trahi par le sort et privé de louanges/O Satan, prends pitié de ma longue misère"*). Em seu livro, Venceslau tem poemas como "Nostalgia do céu", nos quais imagina o "Arcanjo negro", "O grande mago" e sua "imensa queda no boqueirão da Eterna Sombra". Mas a figura de Lúcifer surgirá mais radiosa e assumida pelo poeta em outro poema, intitulado "Glória a ti, Satã, no eterno paroxismo". Esse poema é importante porque traz epígrafes de Carducci e Baudelaire, algumas das leituras orientadoras dos simbolistas brasileiros:

"*Glória a ti, Satã, no eterno paroxismo*

'*Salute, ó Satana*
O Rebelione'
G. Carducci

'*Gloire et louange à toi,*
Satan!'
Baudelaire

Glória a ti, ó Satã, no eterno paroxismo
Do Érebro Eterno! Glória a ti, Arcanjo exul,
Que sonhas como um Deus, nas ténebras do Abismo,
Nostálgico do Azul!...

Glória a ti, ó Revel, que o monge em misticismo
Tentas no claustro, e, a leste, ao oeste, ao norte, ao sul,
Reinas no Mundo, a rir das rezas do exorcismo,
Sarcasta Arcanjo exul!
Glória a ti, ó soberto Arauto do extermínio
Que insurges contra a Carne o exército flamíneo
Dos sonhos sensuais!
Glória a ti, ó Demônio ultriz, de asas sulfúreas,
Que queimas no braseiro iníquo das Luxúrias
Os corpos virginais!"

Evidentemente, o louvor de Satã é, às vezes, contido. Nem sempre os poetas desse período partem para uma identificação plena com esse duplo. Em Alphonsus de Guimaraens, o poema "Romance de dona Celeste" mostra que é o Diabo que mata a amada do poeta, e quando este lhe pergunta: "Satã, onde a puseste?/Que íncubo a fanou já?", o outro responde: "A pálida Celeste... Ei-la no meu Sabá", ou seja, ei-la já integrada nas cerimônias demoníacas dos bruxos chefiados por Satã. Também Severiano Resende, em "A Lúcifer", segue o pensamento católico tradicional. O Demônio é o antípoda de São Miguel, é o dragão morto por São Jorge. É um príncipe, mas da treva, da queda e do pecado. E é a partir daí que o poeta imagina uma cena em que, no final dos tempos, Satanás se renderia finalmente ao Senhor. Surge, então, como um "gigante nu à face do planeta" diante de um tribunal, onde estarão os justos, os profetas, os santos e todas as figuras históricas da Igreja para ouvir o discurso de perdão de Deus. Ajoelhado e vencido, estará ouvindo uma sentença de misericórdia "enquanto na amplidão reboa a cítara heptacórdia".

Consideremos agora, mais atentamente, as relações entre a imagem do Diabo e a psicanálise. Comecemos com uma anotação de Marie Bonaparte sobre qual seria a função dessa fantasia. Digo fantasia, sabendo incorrer na reprovação de Baudelaire, que acentuava que a maior astúcia do Diabo é nos convencer que não existe. No entanto, estou usando fantasia também em sentido psicanalítico. E o fantasma ou fantasia é tão imaginário quanto real. Mas vejamos o que diz a analista, que conviveu e se tratou com Freud: "Foi necessário todo o masoquismo moral do homem, toda sua crença inveterada em alguma falta obscura e inexplicável, pela qual a dor seria o castigo para fazer a vítima humana aceitar seu sofrimento e absorver o divino carrasco. O masoquismo moral humano chega a ponto de absolver Deus de ter criado esse mal supremo, o pecado, e de ter permitido ao homem perpetrar crimes inexplicáveis, os quais Deus poderia impedir. Assim, foi preciso inventar o Diabo. O Diabo tem por missão explicar a origem e a perpetuação do Mal. Ele assume, assim, sua função de desviar de Deus o ódio que, sem o Diabo, lhe seria dirigido. Que o Diabo tenha, na origem, sido igual a Deus é o que se constata do fato de que nas religiões nascentes, que recalcam as decadentes, os demônios, os espíritos do Mal, apresentam traços de deuses do credo vencido. Satã não é um grande anjo decaído, Lúcifer, o portador da luz convertido, por causa de sua queda, no príncipe das trevas?"[56]

Essas palavras, de Marie Bonaparte, são quase *ipsis literis* às de Freud, no texto "Uma neurose demoníaca no século XVII" (1923), no qual estuda o caso do pintor Cristóvão Haitzmann, que fez um pacto com o demônio para que lhe fosse restituída a possibilidade de pintar. Como se vê, essa história do pacto, que antecede a *Trágica história do dr. Fausto* (1952), de Christopher Marlowe, continuaria depois em *Grande sertão: veredas* (1956), de Guimarães Rosa. Só que, com Freud, temos a análise de um caso concreto. E Freud vai estudar de que maneira a morte do pai do pintor faz com que ele tome imaginariamente o Demônio como seu genitor e, ainda, de que maneira não apenas o Diabo, mas também Deus, é um substituto do pai. A análise de Freud é complexa e não pode ser resumida aqui, havendo tópicos realmente intrigantes, como o da bissexualidade do Demônio na representação que lhe deu o pintor e que certamente poderia ser explorado no conjunto dos problemas ligados ao hermafroditismo a que já aludimos anteriormente. Mas não deixa de ser curiosa uma certa coincidência entre essa observação e a referência que Baudelaire faz em suas "Litanias de Satã", quando diz que o Diabo é *"Père adoptif/de ceux qu'en sa noire colère/Du paradis terrestre a chassé Dieu le Père"*. Faz sentido a ideia do Diabo como "pai adotivo", comprovada nas alucinações de Haitzmann.

Contudo, há outro aspecto psicanalítico que nos interessa e que é articulado mais claramente não por Freud, mas por Norman O'Brown ao estudar a relação entre o Diabo, o dinheiro, a imundície e a ética protestante. E é assim que, depois de considerar Deus e o Diabo como sucedâneos do pai, afirma que nessa questão edípica "não se deu ênfase bastante ao *caráter persistentemente anal do Diabo*".[57] Essa é uma afirmação estimulante para se rever a poesia simbolista que estudamos e suas relações com a analidade, a partir da temática do demonismo. E diz Brown, sugestivamente: "A cor por excelência associada ao Diabo e à Missa Negra é o preto – não devido a seu lugar de morada (explicação circular), mas devido à associação de preto e imundo. Os pintores representam o Diabo preto e imundo, diz Lutero. Igualmente persistente é a associação do Diabo com cheiro sulfuroso ou qualquer mau cheiro, origem do que é patentemente revelado no artigo *De crepitu Diaboli*, num compêndio folclórico do século XVIII. O clímax do ritual do Sabá das Bruxas era beijar os traseiros do Diabo ou uma máscara facial atada aos traseiros do Diabo. Na cerimônia principal da Missa Negra, enquanto a Rainha do Sabá ficava encurvada, 'a sagrada hóstia era preparada amassando em suas nádegas uma mistura do mais repulsivo material: fezes, sangue menstrual, urina e restos de várias espécies'. Daí ter Dante feito do ânus de Satã o eixo oco do mundo que gira, através do qual sobe ao Purgatório; daí ter Bosch, no painel em que pinta o mundo como o Inferno, entronizado Satã numa privada, da qual as almas que saíram de seu ânus caem no fosso negro."[58]

Brown, a seguir, faz uma fascinante análise das relações entre a ética protestante e a analidade, ressaltando a estrutura sadicoanal que Lutero via na história da civilização. Nessa análise, não poderia faltar a relação entre o protestantismo e o dinheiro referenciada já por Max Weber, ao ver o surgimento do capitalismo como algo vinculado à ética protestante de acúmulo de riqueza para agradar a Deus. Mas há algo nessas observações de Brown e Freud que interessa à compreensão da poesia simbolista e suas relações com o diabolismo, embora a maioria dos poetas referidos aqui seja católica. O fato é que Lutero dramatizou certos sentimentos universais e intemporais e que pertencem até ao folclore de várias culturas. Freud já havia assinalado, em "O caráter e o erotismo anal" (1908), as relações entre as fezes e o dinheiro, sendo o interesse do adulto, por este, um substituto daquelas. Lembra ainda que no folclore "o ouro que o diabo dá a seus protegidos se transforma logo em esterco. O diabo não é senão a personificação da vida instintiva reprimida inconsciente. A superstição que relaciona o descobrimento de tesouros ocultos com a defecação e a figura folclórica do 'caga-moedas' é geralmente conhecida. Já nas velhas lendas babilônicas o ouro é o esterco do inferno".[59] A relação estrutural que a psicanálise estabelece com esses dados é ver a conversão do imundo e escuro em algo limpo e luminoso. É também a transformação, através de um mecanismo de sublimação, do "negativo" em "positivo" e do que era baixo em algo elevado e digno. E a biografia e os textos de Lutero exemplificam, fartamente, de que maneira a esterqueira onde vive o Diabo deve ser transformada no espaço radioso da salvação. Lutero, como se sabe, teve várias visões do Diabo, como registrou em *Conversações à mesa*. Foi na privada que teve várias revelações e experiências importantes para sua vida religiosa. E os encontros dele com o Diabo envolvem sempre analidade. Ora é o Diabo que mostra o traseiro, ora é Lutero a dizer que faria o Demônio "lamber (ou beijar) meus traseiros" ou "defecar em suas calças e pendurá-las em volta do pescoço" e ameaça "defecar em sua cara" ou "jogá-lo dentro do meu ânus, que é o seu lugar".[60] Fora isso, a todo instante Lutero está a se referir que o Diabo faz do "excremento da vaca a sua coroa", que o fim do mundo será uma "chuva de imundície" e que, por outro lado, a função da graça é limpar os homens de tanto pecado.

Como se vê, o assunto é instigante e vasto. E daqui se poderia partir para algumas hipóteses de trabalho, hipóteses que não desenvolvemos mais detalhadamente aqui, mas deixamos como provocação e estímulo a quem se interessar por continuar nessa linha de pesquisas. Seria então o caso de se indagar se não haveria uma significativa coincidência no fato de a poesia simbolista abordar estes dois temas: o da sujeira e o demonismo. Com efeito, a podridão, a lama, o esterco, o lodo, o pântano, onde o poeta-batráquio baba suas misérias e sua aspiração à luz, à Lua e à pureza mística, parecem ter significado sistêmico ao lado de outras características aqui apontadas. Para usar uma expressão de Jankélévitch, em *O puro e o impuro*, não haveria uma relação entre o "angelismo" e o "cinismo" demoníaco? E ainda mais: não se poderia, enfim, entender o advento desse mal luminescente, desse Lúcifer e Lusbel sedutor, como a conversão dialética da treva em luz, do imundo e decaído numa forma anbiguamente sublimadora e liberadora dos desejos inconcientes?

Essas questões talvez possam ser respondidas e ampliadas, se for tomado um *corpus* maior de autores e obras para análise. E no dia em que o estudo da biografia dos autores, através da psicanálise, estiver mais desenvolvido, talvez se tenha muita informação sobre os símbolos das fezes e do ouro, do amor e da morte, do desejo e sua sublimação. De qualquer forma, o simbolismo como instante estético problematiza essas questões e parece ser um lugar de evolução de nossas contradições. Até mesmo o surgimento de Lúcifer pode significar um desrecalque histórico do desejo e a afirmação do simbolismo como uma estética-limite que fornece, ao século XX, ingrediente para entrar nisso que chamamos de modernidade, onde certas antíteses crônicas deveriam estar mais resolvidas.

Manuel Bandeira: do amor místico e perverso pela santa e a prostituta à família mítica permissiva e incestuosa

INTRODUÇÃO	203
PROPOSIÇÕES	203
DESENVOLVIMENTO	204
A santa e a prostituta nas margens do desejo	204
A hierogamia e a prostituta sagrada	208
A vulgívaga e o súcubo contagiando de morte a alma dos santos	213
Do Pã violador ao Arlequim sedutor	216
A androginia perversa e mística	219
Dom Juan e a espada fálica entre a carne e o espírito	223
Pasárgada: a família permissiva no reino do prazer	227
O jogo ambíguo do menino com a sereia-prostituta	238
A prostituta e sua metamorfose em estrela e flor	244
O poeta sórdido: tuberculose e prostituição, a cicatriz do verso e a morte	248

INTRODUÇÃO

A obra de Manuel Bandeira é bem o lugar de passagem do século XIX para o século XX. Isso tanto no que diz respeito à estética quanto às metáforas do desejo. Se o leitor começar a lê-lo desprovido de mais informações, vai sentir-se subitamente lançado no século passado. Livros como *Cinza das horas* (1917) e *Carnaval* (1919) dramatizam conflitos morais e sexuais que hoje parecem arcaicos para as gerações mais recentes. Por exemplo: o conflito entre a santa e a prostituta. A rigor, esses livros estão cheios de imagens de um parnasianismo e simbolismo tardios. Transparecem o decadentismo europeu sempre com crepúsculos, estrelas, luas, melancolias, sapos, faunos, súcubos, Dom Juan, Pã, arlequins, colombinas, pierrôs. Continuam o discurso de Bilac e seus pares.

Mas como obra de passagem para o século XX, na luta entre a tradição e a modernidade, ele tipifica um dos tópicos mais dramáticos de nossa cultura: o conflito entre o amor erótico e o misticismo. Sua musa principal é a prostituta. E a dualidade faz com que ele se polarize ora em manifestações de "volúpia", ora em demonstrações de "ternura". Essa obra, que inicialmente mistura crepuscularismo e festa perversa, parte para uma exposição dos conflitos eróticos, onde a permissividade aumenta já nos títulos dos livros: *Ritmo dissoluto* (1924) e *Libertinagem* (1930). Na travessia de sua obra, inscreve-se o poeta tuberculoso, um personagem que dramatiza uma série de questões éticas e estéticas. Compreender a psicologia desse personagem é compreender melhor a ideologia desse período.

PROPOSIÇÕES

Nesta parte de nosso estudo, desenvolveremos os seguintes pontos básicos:

1. A herança decadentista em Manuel Bandeira. *A festa perversa* que é o *carnaval* místico e carnal em que se misturam *Pã* e *Cristo*. As figuras do Arlequim, da Colombina e do Pierrô na *commedia dell'arte* e a história de um (des)amor a três. O pacto sadomasoquista, a figura do *dândi* e a *androginia* mística e carnal. *Dom Juan* e a espada fálica do amor e morte.

2. A passagem da *vulgívaga* à *prostituta sagrada*. Santa Maria Egipcíaca como lugar da travessia entre a santa e a prostituta. A *hierogamia* e a vida na dissolução. A lenda da Egipcíaca e do barqueiro e a versão do mito da ninfa e do fauno.

3. A constituição de uma *família permissiva* na Pasárgada, terra "sem lei nem rei". *Iemanjá*, *Iara* e as *sereias* como metamorfoses da prostituta e da mãe boa na família incestuosa. As sereias como continuidade da imagem ideológica da *esfinge* castradora. O menino poeta no colo das santas e prostitutas no *Mangue* e na *Lapa*.

4. A *poética do sujo*: o poeta sórdido, a sujeira, a tuberculose e a prostituição. A poesia como orvalho purificador ou lama contagiosa. A prostituta e a santa representadas na *estrela* e na *rosa*. A *morte* como a grande prostituta redentora. A poesia como cicatriz.

DESENVOLVIMENTO

A santa e a prostituta nas margens do desejo

O poema "Balada de Santa Maria Egipcíaca" pode funcionar como o fio condutor da leitura da obra de Manuel Bandeira. Aí se narra como a santa entregou ao "barqueiro a santidade de sua nudez". É um episódio insólito. Ela ia em peregrinação à Terra Santa. O dia terminava. Nos lábios da tarde entreabria-se um crepúsculo que "era como um triste sorriso de mártir". Nessa atmosfera indecisa de fim do dia, entre a margem do dia e a margem da noite, está a santa. Um rio corta seu caminho. É um obstáculo líquido e incerto. Seu desejo margeia o rio. Mas por acaso significativo, também nessa margem do desejo está um homem. Um barqueiro. Ele tem o olhar duro. Não está indo a lugar algum. Sua vida, seu dia a dia, inscreve-se entre as duas margens. A santa roga ao desconhecido que a leve para o outro lado. Mas o outro lado do homem é mais imediato. Não é tão longe. Então ele a fita duramente, sem dó. Vê nela a outra margem de seu desejo. A travessia da santa só se realizará se ele primeiro ancorar seu corpo sobre o corpo dela: "Dá- me o teu corpo, e vou levar-te." A santa sorri e, envolta numa graça divina, desarma o gesto duro do barqueiro. Começa a despir-se. E assim se despindo entrega ao barqueiro "a santidade de sua nudez".

O que vamos extrair desse texto para nossa análise? O que tem isso a ver com muita coisa que dissemos anteriormente nos outros capítulos sobre a violência erótica? Qual a interação entre a *volúpia* – palavra tão comum em Bandeira – e o *misticismo*? De que maneira, esse texto pode ser a porta de entrada na obra de Bandeira?

Respondo. As observações que faço e farei estão perpassadas dessa afirmativa: assim como Flaubert dizia *"Madame Bovary c'est moi"*, Manuel Bandeira poderia parafrasear: Santa Maria Egipcíaca sou eu. E mais ainda: entender como o imaginário do poeta e do escritor se reflete não só na imagem de Bovary ou da Egipcíaca, mas como necessitam também, fantasmaticamente, das imagens masculinas que com ela interagem. Por isso, admitindo que Bovary é apenas um dos lados da fantasia de Flaubert e que ela se complementa nos seus pares masculinos, pode-se corrigir: Bandeira é tanto a Egipcíaca quanto o barqueiro. Ambos dramatizam uma cena em que têm papéis complementares e indissociáveis. A santa e o barqueiro são solidários. Entre eles há um pacto, uma troca simbólica completa. E ainda mais: representam dois espaços constantes da poesia de Bandeira: a santidade e o pecado, o misticismo e a eroticidade. Mas guardam em sua sombra um significado mítico mais amplo. São também a atualização do mito da ninfa e do fauno, que analisamos nos românticos e nos parnasianos. Com efeito, aqui também o sátiro encontra a figura feminina à beira d'água. Aqui também ocorrem uma perversão e uma perversidade. Aqui também constitui-se um casal antagônico, mas complementar. Só não há a fuga da ninfa, como haveria nos textos que vimos em outros capítulos. Estranha ninfa é essa. Seria ela aquela "ninfa bela" e "ninfomaníaca" presente no fim da obra de Bandeira, num poema significativamente intitulado "Fauno"?

Evidentemente que sim. E evidentemente que o barqueiro é não só o outro lado do poeta, mas esse fauno, que se desoculta sempre na floresta dos seus textos. Na verdade, o fauno é uma inscrição revelante na obra desse poeta. Aparece como tema em vários livros, e num deles, *Carnaval*, está semioticamente representado numa vinheta extraída de uma aquarela que o próprio poeta pintou em torno de 1903. Deveria eu começar a explicar, já que o livro *Carnaval* tem não só essa vinheta, mas é, no fundo, um exercício perverso de um fauno travestido de Arlequim? Deveria ir já assinalando que esse duplo do poeta acaba crucificado como Cristo numa Quarta-Feira de Cinzas num Carnaval sem nenhuma alegria? Pois está lá no poema. "A morte de Pan" a superposição da figura de Cristo à de Pã. E aqui interessa ir analisando essa costura, essa sutura, essa duplicidade que está também na figura da Egipcíaca e do barqueiro. Daí falarmos da figura de um fauno-barqueiro entre as duas margens: o misticismo e a eroticidade, a prostituição e a santidade. Não fosse assim, o poema "Fauno" não traria essas marcas contraditórias: descreve o encontro de um velho depravado, um sátiro moderno, que vai ver sua prostituta na região do meretrício, onde, significativamente, viveu o poeta. Mas o fauno celebra esse encontro entoando uma linguagem bíblica. Usando até mesmo o latim, para dar um caráter litúrgico mais nítido à sua devassidão: *"O Novelletum quod ludis/In solitudine cordis!/*Ó desejada que ainda/não sabes que és desejada!" E aí se mistura essa espécie de Cântico dos Cânticos entoado na zona do meretrício, com metáforas do Novo Testamento, onde o prazer brota num "jardim das oliveiras", onde caem véus e o corpo fica sem pejo, como a santa que sem pejo e sem véus deixou-se entregar à sanha marginal do barqueiro.

Pois é isso que estou tentando demonstrar: aquele poema sobre Santa Maria Egipcíaca, lá no princípio da obra, tem ligação estrutural com esse outro aqui inserido nas "Duas canções do beco". Aqui, de novo, se fundem o sexual e o espiritual. A rigor, é a figura do fauno que domina o substrato desejante do texto. Assoma o clima de perversão, que no poema de Egipcíaca se diluía numa sedutora santidade. O poeta agora se descreve como um lobisomem "estraçalhado de desejos", vagando como "cães danados" pelos "becos sórdidos". Ou, então, aguarda que no seu "quarto desolado", à sombra dos conventos, portanto, sob o beneplácito místico, possa realizar atos sexuais perversos com sua ninfomaníaca.

Mas comecei falando de Santa Maria Egipcíaca e acabei atalhando necessariamente pela figura do fauno, que é um duplo do barqueiro. Contudo, é necessário conhecer melhor o símbolo dessa santa. Talvez haja nele algo que forneça mais elementos para desentranharmos da poética de Bandeira os seus paradoxos ou o seu esforço de vencer o paradoxal. Nesse sentido, se tomarmos a biografia dessa santa como elemento contextual à obra de Bandeira, vamos encontrar uma insidiosa conexão com aspectos mais profundos da obra do poeta.

Por que teria o poeta escolhido aquela santa e sobre ela faria um poema inserido num livro que tem o sintomático nome de *Ritmo dissoluto*? O que tem isso a ver com uma vida dissoluta? O que tem a ver com a *Libertinagem*, que dá nome a outro livro seu? O que tem a ver com seu precedente *Carnaval*? Dizia George Bataille que "a passagem do estado normal do desejo erótico supõe, em nós, a dissolução relativa do ser constituído na ordem do descontínuo. Esse termo, *dissolução*, responde à expressão familiar de vida *dissoluta*, ligada à atividade erótica ... que é um jogo, e no erotismo é sempre uma dissolução das formas constituídas".[1]

Se tomarmos a biografia de Santa Maria Egipcíaca, vamos encontrar uma reveladora mixagem de *dissolução* e *santidade*. Ora, pela leitura desprevenida do texto de Bandeira poder-se-ia pensar num episódio assim: uma santa virgem vai em peregrinação à terra do Senhor. No meio do caminho, encontra um pecaminoso barqueiro que lhe cobra a virgindade para que a conduza à outra margem do rio. A santa lhe teria dado o corpo, num desprendimento das coisas terrenas e materiais, e seguiu com sua alma mais pura (por causa do martírio) para seu destino.

No entanto, os fatos históricos têm outras informações a nos dar e que explicam melhor o sentido psicológico desse texto no conjunto da obra de Bandeira. Em outros termos, uma biografia da santa relata que "aos 12 anos fugiu de casa e foi à cidade de Alexandria para prostituir-se. Viveu 16 anos como 'pedra de escândalo'. Em 383, por capricho, quis assistir às festas da exaltação da Santa Cruz, quis entrar no templo para ver o Santo Madeiro. Viu-se impedida por força interior. Levantou os olhos e, vendo a imagem da Virgem, caiu em lágrimas de arrependimento. Entrou no templo e sentiu a inspiração de ir ao deserto, do outro lado do rio Jordão. Confessou seus pecados e seguiu no mosteiro dedicado a São João Batista. Viveu 47 anos no deserto contra todos os antigos hábitos, e sozinha. Até que São Zósimo a chamou e lhe levou a sagrada comunhão".[2]

Daí, então, se observa: Egipcíaca já era prostituta na famosa Alexandria, cidade que com Cartago e Corinto constituíam os grandes centros de devassidão da Antiguidade. Ela se prostituiu na mesma cidade onde viviam aquelas prostitutas históricas que povoam os textos dos realistas europeus e brasileiros, descritas, por exemplo, por Bilac: Laís, Frineia e Aspásia. Por aqui já se poderia tirar um filão temático que uniria Bandeira e a poética do século XIX, ele que num tom decadentista falava de colombinas, pierrôs, arlequins, Dom Juan, faunos, ninfas etc. Mas, além disso, aqui existe outro dado complexo: o encontro da prostituta com a Virgem. Vejam: no relato desse encontro, em princípio, tem-se a separação, a cisão entre o pecado e a virtude. De repente, contudo, através da conversão, elas se fundem. A Virgem resgata a prostituta.

Para que isso se comprovasse seria necessário um *rito de passagem*: a ida da antiga prostituta ao outro lado do rio Jordão, o rio sagrado. É nesse instante que se dá a *sutura* entre as duas imagens, o resgate do passado pelo presente, a santificação do corpo à medida que deixa de ser o lugar do prazer, para ser o espaço provisório da busca do gozo místico que o ultrapassa. Assim, a *travessia* para a santidade não se deu só no encontro com a Virgem no templo, mas no encontro com o barqueiro que dela se apodera, para ambiguamente macular seu corpo e purificar sua alma.

A *hierogamia* e a prostituta sagrada

A hierogamia, ou a união de um ser humano inferior com um ser divino superior, é um tópico que povoa a mitologia clássica e a cristã. Afrodite teve desejo de se unir a um mortal, e para tanto se disfarçou de humana para seduzir o jovem Anquises e dele teve um filho. Maria também foi fecundada por Deus sob a forma do Espírito Santo. Em ambos os casos, a relação é desnivelada: ou a deusa se une a um homem ou Deus se une a uma mulher. Há a relação de um superior com um inferior.

Bandeira tem um poema, "A canção de Maria", no qual celebra a alegria ante a posse divina: "Deitei-me triste e sombria/e amanheci como estou." Já no poema da Egipcíaca, a mulher seria superior ao barqueiro. Essa relação entre o divino e o profano resvala em Bandeira para uma dialética do limpo e do sujo, sobre o que falarei no fim deste capítulo. A relação tornar-se-á mais problemática porque a santa, a exemplo dessa Egipcíaca, é também uma prostituta, e a prostituta é santa, da mesma maneira que o poeta tuberculoso é, ambiguamente, puro e impuro em seus anseios místicos e eróticos.

Por isso não se pode estudar essa obra sem se aprofundar mais nesse tópico da prostituta e da santa, e ver aí a simbiose da figura da *prostituta sagrada*. Pois, na verdade, a Egipcíaca é uma atualização desse mito arcaico dentro da concepção cristã de Bandeira. A prostituta sagrada é o agente da hierogamia em muitas religiões. "Para simbolizar o *hieros gamos*, união sagrada puramente simbólica, a sacerdotisa se unia carnalmente a seu companheiro, gesto imitado pelas fiéis em certas ocasiões. O ato sexual fazia parte de muitas cerimônias rituais, visando à comunhão carnal com a deusa. Como decorrência, eram fornecidas substitutas para participar do espetáculo ritual, donde a presença lógica de múltiplas prostitutas no templo. A prostituição sagrada era bem acolhida e perfeitamente admitida pelo povo. A prostituição era de dois tipos: de um lado as mulheres prontas a sacrificar à deusa o que elas possuíam de mais precioso: sua virgindade. Elas se davam então, à sombra do templo, a qualquer fiel desconhecido, feliz da oferenda. O beneficiário deveria ficar anônimo sob o risco de manchar o lado simbólico e categórico do ato, que não desmoralizava de modo algum seu autor, o qual restava acima de toda acusação de mancha moral."[3] W. Lederer, além disso, diz que "a doutrina religiosa de Hamurábi regulamenta a prática da prostituição nos templos com extrema precisão: as criaturas sagradas, às quais o casamento é interdito, deveriam, entre outras obrigações, aleitar os bebês das grandes damas da Babilônia".[4]

Ora, não só na Babilônia, na Índia e na África esse costume é anotado, mas entre algumas tribos brasileiras essa ideia de servir a Deus e servir aos homens esteve misturada. O romance *Maíra*, de Darcy Ribeiro, retrata isso, fundindo antropologia e ficção, quando conta a experiência da personagem Alma que, depois de estudar em colégios de freiras e na PUC, acaba se dirigindo para a floresta, e aí, misturando-se com os índios, assume o papel de uma *mirixorã*, ou seja, a prostituta sagrada dos índios, que para chegar a essa função é escolhida e preparada, tendo uma situação (paradoxal) superior às outras *mairunas* – as mulheres comuns da tribo.

Analisando os submundos da Antiguidade, Catherine Salles diz que "na Lídia, na Armênia, em Tebas do Egito, são as jovens que se consagram virgens à divindade. Como as de Uled-Nail, da Argélia, elas têm de ganhar o próprio dote, prostituindo-se até o casamento".[5] E citando o sábio Estrabão, em sua *Geografia*, narra: "Os armênios veneram particularmente Anaitis (ou Anahita) e lhe construíram numerosos templos, sobretudo em Aquilinese. Eles lhe consagram rapazes e moças escravos. E o que mais surpreende é o fato de que os homens mais eminentes do país consagram suas filhas ainda virgens. A lei determina que elas se entreguem à prostituição durante muito tempo, em benefício da deusa, antes de serem dadas em casamento; e ninguém julga uma indignidade casar com elas depois."[6]

Heródoto, ao comentar esse costume na Babilônia, refere-se às hieródulas (cortesãs sagradas) no culto de Belit-Ishtar, cujo nome ele troca por Milita: "Vejamos agora o costume mais vergonhoso dos babilônios. É preciso que cada mulher do país, uma vez em sua vida, se una a um homem estrangeiro, no templo de Afrodite. Muitas desdenham misturar-se aos outros babilônios e têm orgulho das próprias riquezas: dirigem-se ao santuário em carruagens cobertas e são seguidas por numerosos servidores. Nas cercanias do templo, as mulheres, em grande número, ficam sentadas, com uma coroa de corda em torno da cabeça. Umas chegam, outras se vão. Entre as mulheres, há caminhos em linha reta que vão em todas as direções e permitem aos estrangeiros circular entre elas para fazer sua escolha. Quando uma mulher está sentada ali, tem de esperar para poder voltar a casa – que um estrangeiro lhe tenha jogado dinheiro nos joelhos e se tenha unido a ela no interior do templo. Ao lhe jogar o dinheiro, o homem deve dizer: 'Chamo-te em nome da deusa Milita.' Milita é o nome assírio de Afrodite. Dá-se a soma de dinheiro que se quer e a mulher não tem absolutamente direito de recusar o homem, pois o dinheiro é sagrado e ela deve seguir o primeiro que lhe atire alguma coisa. Quando acaba de se unir ao homem, cumpriu seu dever em face da deusa e pode voltar para casa. As que são belas e têm um belo corpo podem voltar rapidamente para casa, mas as feias são obrigadas a ficar ali por muito tempo sem poder satisfazer a lei. Algumas ficam lá por três ou quatro anos."[7]

Heródoto ironiza os babilônios, mas a história grega relata inúmeros episódios correspondentes a esse. Lá havia as prostitutas laicas e as sagradas, e em Corinto havia mil delas consagradas à deusa do amor, Afrodite. E aquele episódio que Bilac descreveu, da prostituta Frineia sendo salva da condenação, quando seu advogado, o orador Hipérides, lhe arranca o manto e expõe sua beleza inigualável ante a multidão, vai encontrar, na poesia de Bandeira, uma variante, por exemplo, no poema "Alumbramento". Aí a nudez da mulher aparece misticamente valorizada. Ver a mulher nua é conhecer os céus: "Eu vi os céus! Eu vi os céus!/Oh, essa angélica brancura/Sem tristes pejos e sem véus!" Aí está a mulher como objeto erótico e de ascensão mística.

Os gregos chamavam às cortesãs de luxo de hetairas, que também significa companheiras. E quando educadas para cultuarem Afrodite, exerciam essa virtude, hoje considerada cristã, que é a caridade. Por isso, as prostitutas que acompanharam o exército de Péricles doaram o ganho à construção de um templo dedicado a Afrodite.

É a cultura judaica que interrompe de alguma forma esse culto exteriorizado da sensualidade. Está no Livro do Deuteronômio, 23:18-19: "Não haverá cortesã sagrada entre as filhas de Israel. Não haverá prostituto sagrado entre os filhos de Israel. Tu não levarás jamais à casa do senhor teu Deus, para oferenda votiva, o ganho de uma prostituta ou o salário de um *cão*, pois tanto um como o outro são uma abominação para o senhor teu Deus." Esse "cão", explique-se, era o nome do homem que se dedicava à prostituição sagrada, da mesma maneira que *leno* (de onde vem lenocínio) era aquele que explorava as escravas em trabalho erótico.

Esse corte ideológico da cultura judaica, misturado à ideologia cristã, deixaria disseminados o mito antigo e suas revivências na prática mística e erótica de nossa cultura. Na tradição, a prostituta aparece na figura de Madalena. E Madalena aparece, sintomaticamente, no poema "Natal", no qual o poeta se dispõe a falar do amor sagrado. À palavra amor, ele prefere, como em tantos outros poemas, a palavra "ternura", descrita como "insexual".

Não por acaso Madalena é uma figura oposta e complementar à imagem da Virgem. À mãe que gera o Deus, soma-se a amante que o ama sem procriar espiritualmente. Como prostituta arrependida, ela é uma santa. Uma versão da Santa Maria Egipcíaca. O inconsciente cultural precisava dessas referências para articular alguns símbolos imemoriais. A Virgem e Madalena não se excluem, mas se completam, como se completam a Egipcíaca e a Virgem. Apenas que a Egipcíaca é uma condensação, numa só biografia, dos dois opostos, antes dramatizados em Maria e Madalena. Não é sem significado que Maria é o primeiro nome de Madalena e da Egipcíaca, como se o primeiro nome, o da Virgem, resgatasse o segundo. Por isso, W. Lederer lembra que a Virgem é considerada a grande protetora das meretrizes: "Sua grande caridade para com as prostitutas (caridade bem amoral) é sem dúvida uma alusão ao fato de que as servas da Grande Deusa eram prostitutas. Também a Virgem, em todos os países, é a patrona das prostitutas, as quais, sempre que podem, respeitam a trégua dominical...",[8] como, aliás, ilustrou Jules Dassin, no filme *Nunca aos domingos*.

Voltando ao nosso poeta, tomemos sua crônica "O místico". É notável como tal texto complementa aquela biografia de Santa Maria Egipcíaca. Aqui se introduz também um dado biográfico do autor: pois ele morava no Beco, na Lapa, na zona do meretrício do Rio de Janeiro. E, certamente, não por acaso. Esse seu texto explica que o tal beco era "um centro de meretrício todo especial". Penso: será que esse "mito especial" visa retirar a prostituição do espaço comum e leigo e introduzir aí uma aura sagrada? Sim, isso se confirma sacra a profanamente, pois, a seguir, o autor diz que esse era um lugar muito especial, porque ali "viviam as mulatas mais sofisticadas do Rio, e esse meretrício se exerce no ambiente místico irradiado da velha igreja e convento dos franciscanos". O poeta continua a traçar um risco simbólico, conferindo sacralidade a esse espaço erótico, e depois de entronizar essas mulatas sofisticadas, como hetairas e hieródulas, diz: "A igreja não é bela e não tem exteriormente nada que desperte a atenção artística. No entanto, nenhuma outra no Rio terá a sua influência de sugestão religiosa. Uma vez cheguei a entrever o segredo dessa influência no lusco-fusco da nave iluminada: a imagem de N. Sra. do Carmo luzia adorável no cimo do altar-mor."[9]

Curioso. Pego aquele texto da biografia da Egipcíaca e cruzo-o com esse de Bandeira: lá ela teve o seu encontro com a Virgem no interior de uma igreja. Aqui é o poeta que, também no lusco-fusco, na hora do crepúsculo, em que se abre o doce sorriso dos mártires da carne e do espírito, tem uma revelação. Ele diz que chegou a "entrever o segredo" do encanto da Virgem. Com efeito, não é a Egipcíaca apenas que "viu-se impelida por uma força interior" diante da Virgem. Agora é o poeta-barqueiro, o poeta-fauno, o velho sátiro, o Arlequim, o Dom Juan, que tem seu encontro com a pureza. Com a pureza, mas no interior da imundície; com a santidade, mas no interior da prostituição.

Pois é isso que, de novo, ele coloca na "Última canção do beco", em que funde linguagem bíblica e experiência amorosa. Aí, mescla as "sarças de fogo" (onde Jeová se revelou a Moisés) com suas "paixões sem amanhãs". Esse é o espaço da perdição, a "rua de mulheres", como é também o lugar das carmelitas, da igreja e do convento. A Lapa que tanto peca se redime na hora do Ângelus, e Maria e as meretrizes povoam o mesmo espaço da graça. Nossa Senhora do Carmo, lá do altar, protege as meretrizes caídas. O alto e o baixo, o sujo e o puro, o rico e o pobre se confundem. E, ali, um verso que também poderia ser dito a respeito da Egipcíaca: "És como a vida, que é santa,/apesar de todas as quedas."

A vulgívaga e o súcubo contagiando de morte a alma dos santos

Disse anteriormente que a imagem da prostituta povoou o imaginário de Bandeira. Disse, também, que o estudo dessa imagem ajudaria a entender um dilema cultural que marcou a vida de nossos antepassados. Mas é preciso dizer, ainda, que essa imagem em Bandeira se inscreve num contexto literário mais amplo. Para não ir muito longe, no romantismo, a prostituta surge como figura problemática e, digamos, revolucionária. Tanto *A Dama das Camélias*, de Alexandre Dumas, como *Lucíola*, de José de Alencar, na cena antes ocupada por ninfas gregas e etéreas, são uma transformação relevante. De alguma maneira, a Lúcia, de Alencar, é ainda uma cortesã, como cortesã é a Leonie, de Aluísio Azevedo, em *O cortiço*, ou a *Naná*, de Zola. Mas o destino dessas personagens, em geral, é a morte na miséria e pela tuberculose, servindo a doença para purgar um mal metafísico e social. E é sintomática essa relação que se vem estabelecendo entre *prostituição* e *tuberculose*, sobretudo se lembrarmos que Bandeira, que povoa sua obra de vulgívagas, colombinas pervertidas e prostitutas místicas, foi um tuberculoso. Estar-se-ia desenvolvendo nessa relação entre o poeta tuberculoso e a prostituta uma dramatização psicanaliticamente significativa?

O fato é que a poesia de Bandeira continua uma tradição que se ampliou com Baudelaire, que se relacionou abertamente com Jeanne Duval, viveu em meio ao meretrício, imaginando, pelo avesso, a pureza da mulher-mãe-inatingível. A poesia de Bandeira tem alguma coisa a ver, também, com *Bubu de Montparnasse* (1901), de Charles-Louis Philippe, em que se conta a história de Berta, a promíscua, entre o amor de Pierre (que lembra Pierrô) e Bubu (que lembra Arlequim). Tem também sua poesia muito a ver com a devassidão exposta na obra de Apollinaire, cheia de *"femmes-saltimbanques"*, na qual há um *"regret des yeux de la putain"*, e a mulher é a sereia Lorelei. Tem a ver até com essas *"prostituées merveilleuses"* criadas pelos surrealistas. Claro que os surrealistas, a exemplo de Paul Éluard, poeta tuberculoso, companheiro de Bandeira num sanatório na Suíça, ou mesmo Murilo Mendes, também tuberculoso, seguiram uma direção diversa do poeta da Pasárgada. A exemplo de Murilo, essas *"femmes exceptionelles"* se fundem com a imagem fantástica da Virgem e da Igreja. São a grande mãe, o grande colo onde cabem a Gênesis e o Apocalipse. Desenham-se mais pelas tintas do sonho, e seu aspecto imenso e transparente dá-lhes uma leveza onírica.

Em Bandeira, tem-se impressão de que há dois desdobramentos da imagem da meretriz. Não é à toa que ele mesmo usa dois nomes, um mais comum, no princípio da obra, e outro à medida que avança. No princípio fala de *vulgívaga*. Esse nome aparece sobretudo no livro *Carnaval*. Ela é uma figura perversa e pervertida, que busca toda sorte de prazer sadomasoquista, transitando entre a cocaína e a morfina até realizar-se dissolutamente na morte. Está bem próxima das "mulheres-saltimbancos" e, com efeito, faz parte dessa *troupe* de colombinas, pierretes, pierrôs, palhaços e arlequins mórbidos e decadentes. Povoa sobretudo a *festa perversa*. Mais adiante, o nome vulgívaga (que etimologicamente remete para o aspecto deambulatório do tipo) é substituído por *prostituta*, e ela começa a surgir numa aura de ternura e pureza, até se confundir com a santa, a exemplo da Egipcíaca.

Mas, estruturalmente, aparece uma pertinência curiosa, pois essa vulgívaga depravada surge numa ambiência em que o seu oposto masculino se apresenta mais como um Pã ou fauno. E é de faunos, ondinas, gênios caprípedes e broncos, que estupram virgens hamadríades, que está cheio o carnaval de Bandeira. Essa vulgívaga é também uma Pierrete, forma feminina e andrógina do Pierrô; por isso sua alma "decadente e degenerada" exclama: "Vem, meu Pierrot, ó minha sombra/Cocainômana e noctâmbula!..."

Aqui ocorre uma alteração significativa na imagem da mulher pecadora. Aqui se está reforçando só um dos lados da Santa Maria Egipcíaca: o que ela tem de mulher fatal, Vênus venérea identificada com o súcubo e com *mulier adultera*. Aqui ela é como aquela esfinge ogra que aparece nos poetas parnasianos, a esfinge que oprime, que fecha seus anéis de cobra sobre a vítima.

Por isso, faz muito sentido aparecer, no livro *Carnaval*, um poema aparentemente desconexo dos demais: "O súcubo." Bandeira vai retirar esse símbolo do repertório decadentista do parnasianismo e do simbolismo. E que símbolo rico este! Rico sobretudo para entender os ínvios caminhos da fé e do misticismo. Porque, correlacionando o mal com o seu avesso dentro do pensamento católico, encontramos uma larga tradição de referências a súcubos na história da Igreja. Já em 1484, o papa Inocêncio VIII redigia uma bula onde manifestava seu descontentamento com o aparecimento de súcubos nas comunidades crentes: "Soubemos recentemente com tristeza que em certas partes da Alemanha do Norte, nas províncias, vilas, territórios e localidades de Mayence, Colônia, Treves, Salzburgo e Bremen, certo número de pessoas dos dois sexos, esquecidas da salvação e contrariamente à fé católica, se entregaram aos demônios aparecidos sob a forma de íncubos e súcubos. Através de seus encantamentos, seus feitiços, seus crimes e suas ações infames, esses criminosos destroem o fruto das entranhas das mulheres, os rebanhos e diversos animais. Eles dizimam as colheitas, as vinhas, os pastos, as pradarias e as pastagens. Matam o trigo, a aveia e outras plantas e legumes. Eles só trazem aflições e dores, sofrimentos imensos e doenças repugnantes (tanto internas quanto externas) aos homens, mulheres, animais, rebanhos e outras criações. Eles impedem os homens de procriar e as mulheres de conceber. Tornam as mulheres e seus maridos impotentes."[10]

Pois é exatamente essa personagem que aparece em pleno carnaval de Bandeira. Descreve o silêncio da casa adormecida, quando, sub-repticiamente, se infiltra pela escuridão um súcubo, que tem as curvas da serpente e as fosforescências de um gato. Vem com a garganta arfando de luxúria e, "sem paixão, sem pudor, sem escrúpulos", a maligna entidade feminina se deita sobre sua vítima, num exercício de "volúpias estéreis". Falei que se trata de uma entidade feminina, mas é necessário lembrar que em sua forma medieval a palavra latina *succubus* é masculina. Haveria nessa troca de gênero uma ingerência da ideologia masculina, convertendo a mulher em forma diabólica no *outro* fatal e desagregador?

A *Enciclopédia de feitiçaria e demonologia*[11] ilustra com alguns casos o conteúdo ideológico desse termo e reforça aquela dualidade entre o sacro e o profano encontrada no carnaval. Ligado à fantasia neurótica de cada um, reflexo daquilo que Serge Leclaire chamaria de "realidade alucinada", o súcubo está presente em várias narrativas antigas, especialmente na biografia dos santos. Pico della Mirandola conheceu um homem que dormiu com um súcubo 40 anos e preferia a morte a separar-se dele (ou dela). Guazzo descreve um casal que procurava um súcubo para seu filho. Em Coblenz, certa vez, na frente da esposa e amigos, um homem foi forçado a amar um súcubo três vezes até cair exausto. Nos desertos, como observa Girolano Cardano (1550), muitos santos passaram provações. Santo Antônio do Egito (251-356 a.c.) acordou certa noite com um súcubo lançando-lhe pensamentos sujos. Santo Atanásio e seu discípulo Hilário dormiram cercados de (imaginárias) mulheres. Os santos lutavam naturalmente, mas está registrado que um, São Vitorino, sucumbiu. Santo Hipólito atirou um hábito de monge sobre um súcubo, que virou cadáver de mulher, e Gebert Aurillac, que foi o papa Silvestre II (999-1003), teve uma complicada experiência com o súcubo Meridiana.

É sintomático tanto envolvimento de santos com o súcubo. É, por isso mesmo, explicável que esse personagem esteja na cena do carnaval de Bandeira, um carnaval que começa pagão e orgiástico e termina cristão e em tom de missa. Tal símbolo ultrapassa a cultura cristã. Está já na cultura semítica, sob o nome de Lilith, que é a princesa dos súcubos, como adianta Langdon,[12] confunde-se com o mito da *esfinge* opressora, como lembra Marie Delcourt,[13] ou, como diz Santo Agostinho, pode vir representado através de seus contrários, os *íncubos* – entidades perversas masculinas, que pertencem ao mesmo reino dos Silvânios e Pans.[14]

Do Pã violador ao Arlequim sedutor

Nessas alturas, entra em cena, em nosso texto, de novo, a figura de Pã. Entra como o avesso complementar da mulher adúltera. A mulher-súcubo, que se identifica com aquela Dama Branca de que fala o poeta, que dormia com velhos, mulheres e meninos e que é sinônimo da morte, tem na figura do violador, do velho sátiro, por outro lado, o seu complemento. Esse é o Pã que está em "Arlequinada", em que o gênio caprino tenta seduzir uma menina de 13 anos. Um Arlequim senil diante de uma Colombina adolescente, como um sátiro diante da ninfa. Aqui se realiza um ritual perverso, através da formação do casal antagônico, mas, sadomasoquisticamente, complementar. O imaginário neurótico procura o seu avesso, assim como o sátiro procura a ninfa. Com efeito, como diz Jean Clavreul ao estudar psicanaliticamente o "casal perverso", entre os dois indivíduos se estabelece uma união de contrários: "O atleta unido ao anão, o intelectual refinado ao grosseiro inculto, a mulher pesadona ligada ao anjo da feminilidade, o alcoólatra imoral fazendo casal com uma santa, o velho viciado e sedutor com a inocente impúbere."[15] Pois é exatamente esse velho viciado que tenta seduzir a Colombina infante.

Por isso, pode-se definir o carnaval de Bandeira como uma *festa perversa*, em que Pã e Baco se aliam orgiasticamente. Sintomaticamente, Pã, na mitologia clássica, é companheiro de Baco. Mais do que isso: ele faz parte da corte de Baco, ao lado de ninfas, silenos e sátiros. Por isso, o carnaval do sátiro abre-se com uma invocação a Baco, Vênus e Momo. Na verdade, nessa festa não existe o tema do amor. A rigor, o que ocorre é o des/amor a três, através da triangulação de Pierrô-Colombina-Arlequim. Existe aí, em lugar do amor, uma "ligação passional", expressão que evoca mais "o absoluto da psicose que a ligação nuançada do amor".[16]

Ou, ainda, com Clavreul, existe aí, antes, uma "alegação amorosa", pois é uma alegação, um simulacro, um álibi aquilo que se estabelece na comédia de desenganos encenada por Pierrô e sua *troupe*. Há aí um *pacto sadomasoquista*, que passa pelas drogas, pela pancada, pela ferida até chegar ao êxtase mórbido. Não é à toa que a rima para "carícias" será "sevícias". E é significativo que em "A fina, a doce ferida" se fale sedutoramente da "dor do meu gozo", da "doce ferida", do "golpe voluptuoso" e que adagas e espadas penetrem, num texto ou noutro, o corpo dos atores em seu misticismo perverso e orgiástico.

Poder-se-ia dizer que o Pã que se exibe tão acintosamente na mascarada acaba se metamorfoseando ou se convertendo numa figura cristã. Isso é verdade. O poema "A morte de Pã" trata disso. Aquele Pã é ao mesmo tempo Cristo, assim como no "Poema da Quarta-Feira de Cinzas" o Pierrô também se transforma em Cristo. Num poema, ouve-se a exclamação: "O grande Pã é morto", significando isso, talvez, o fim do paganismo e o advento de Cristo, como apontam os mitólogos. Noutro poema, é sobre a túnica de Pierrô/Cristo, "túnica inconsútil/feita de sonho e de desgraça", como a de Cristo, que a sorte é lançada. Mas essa metamorfose do mito pagão em mito cristão não apaga os outros traços míticos e ideológicos do drama.

Pois além do Pã violador, a festa perversa de Bandeira (dentro do espírito decadentista) nos oferece um sucedâneo: o Arlequim. Aqui se passa da *violação* para a *sedução*. Aqui se sai da mitologia greco-romana para a mitologia literária, instaurada com a *commedia dell'arte* em torno de 1550. Essa comédia, que iria influenciar Shakespeare, Ben Jonson, Molière, Goldoni, Lope de Vega e outros. Comédia que iria dramatizar algumas das ambiguidades do inconsciente humano.

A função desse tipo de espetáculo era ampla: servia como instantes de diversão e como fórmula de catarse. Através do riso e da caricatura, o pobre podia rir do rico e da autoridade, numa inversão carnavalizante. A violência social se mistura à violência erótica, dentro da melhor linha da sátira popular. Era importante o exagero da caracterização, chegando-se a usar, como efeito cômico de choque e riso, atores com um fálus enorme simbolicamente representado, visão que divertia uma plateia de escravos e pobres. Essa representação agradava a um público "para quem os únicos prazeres conhecidos da maioria eram o sexo e a bebida, e o bater na mulher como uma segunda alternativa".[17]

Se o Pierrô se confundia com o palhaço, sendo crucificado como um bode expiatório na cena satírica, o Arlequim é o sedutor, o dançarino, o ardiloso, uma espécie de *dândi*. Esse mesmo dândi que se vem configurando na poesia e na prosa, e ao qual nos referimos quando estudamos a figura de Lúcifer na estética simbolista. No entanto, mais do que isso, é necessário assinalar, na figura do Arlequim, um elemento psicologicamente mais complexo. Refiro-me ao aspecto volátil, leviano de sua personalidade, que tem raízes numa certa ambiguidade erótica e sentimental. Há quem veja em sua própria vestimenta, imitando um tabuleiro de damas ou de xadrez, no qual as casas brancas e pretas se sucedem, "uma situação conflitiva do ser que não conseguiu se individualizar, se personificar e se liberar da confusão de desejos, de projetos e das possibilidades".[18]

É esperável, portanto, que o Arlequim seja apresentado, também, como um *travesti*. Nele, Eros anda à solta, razão por que pode trazer a máscara de negroide ou de mouro, como a enfatizar a versão popular (e estereotipada) de que o africano é sexualmente mais ativo. Exibido como dançarino e músico, esse sátiro moderno surge na dança do bergamasque, típica do século XVIII. Poder-se-ia dizer, tentando a formação de um modelo psicológico de interpretação da *commedia*, que o Arlequim realiza a dramatização, numa só figura, do masculino e do feminino, num exercício de androginia. Assim, se Pierrô, de um lado, é o masculino e Colombina, o feminino, Arlequim é a oscilação entre um e outro. Na verdade, esse triângulo amoroso pode ser lido de diversas maneiras e dramatizar uma díade ou uma tríade. É um triângulo fantasmático, uma comédia de enganos, onde a relação do eu com o outro é sempre mediatizada por um personagem insistente, que deriva seu arquétipo da cena familiar freudianamente definida como tal. Por isso, não estranha muito que G. J. Xavery publicasse uma gravura, no século XVII, com o intrigante título: *A maravilhosa enfermidade de Arlequim*, em que o Arlequim é apresentado como mãe e se sugere, através de alguns efeitos, que Pierrô é o pai.

Pois é essa mesma divisão que atravessa a figura de Colombina. Não apenas porque em "Rondó de Colombina" Bandeira afirma: "Ela é de dois?... Pois aceita a metade/que essa metade é talvez todo o amor/de Colombina." Não somente por causa disso, repito, mas porque o próprio nome de Colombina pode vir transmudado numa forma masculina, como Pierrete, no poema de igual nome em Bandeira, como pode vir com o nome de Arlequina, conforme Apollinaire quando diz: *"L'Arlequine s'est mise nue."*

A androginia perversa e mística

Essa ambiguidade do espaço carnavalesco, pontilhado de devassidão e remorso, entre a praça pública e o altar, entre o corpo e a alma, entre Pierrô e Cristo, entre um sátiro violador e um Arlequim sedutor, encaminha uma ambiguidade estrutural, que emerge na figura do andrógino. Andrógino que está no Arlequim/Arlequina, Pierrô/Pierrete ou que aparece mais visível na superfície do texto, quando, em "Rondó do Palace Hotel", se refere a um rei andrógino ou quando o poeta qualifica o "Pierrot Branco" de "andrógino maravilhoso".

Com efeito, a androginia e sua ideia complementar – o hermafroditismo – é um tópico presente na estética decadentista, de onde vem Bandeira. O tema aparece em Swinburne, Baudelaire e em Huysmans. Joseph Péladan havia, aliás, publicado *L'androgyne* (1891), e alguns anos depois volta com *De l'androgyne* (1910). Esse é Péladan, escritor católico, místico, reativador da seita rosa-cruz que como bom simbolista amava Wagner e escreveu a tragédia *Oedipus et la sphinx* – tema que pode ser relacionado com o que já colocamos a respeito desse mito, tanto no parnasianismo e no simbolismo quanto a respeito de Bandeira.

Tomemos o mito do andrógino numa de suas primeiras aparições. Em *O banquete*, Platão refere-se a um período da história mítica em que havia três espécies de homens: homem duplo, mulher dupla e o homem-mulher, ou andrógino. Tinham quatro braços, quatro pernas, dois olhos opostos um ao outro numa mesma cabeça. Como um dia quisessem alcançar os céus, Zeus os partiu em dois como punição e pediu a Apolo que lhes curasse a ferida. As metades começaram então a se procurar e, quando se encontravam, se abraçavam, e assim se deixavam morrer juntas, melancolicamente. Para evitar a extinção da espécie, Zeus colocou, então, na frente deles, os órgãos genitais, para que pudessem procriar e através do amor encontrar a unidade perdida.

Tal mito tem, estruturalmente, ligação com o mito do hermafrodita. Segundo Ovídio, nas *Metamorfoses*, era uma vez um menino nascido de Hermes e Afrodite, que tinha uma beleza irresistível. Uma ninfa da corte de Ártemis, que vivia se penteando à beira do rio, tendo-o visto, sentiu-se de tal modo atraída por sua beleza que se empenhou de todos os modos para seduzi-lo. Usou de gestos e palavras e, por fim, acabou se atirando no lago onde estava o infante, agarrando-o com fúria amorosa. E como ela gritasse aos deuses para que não o deixassem escapar, os deuses concederam-lhe esse favor, e fundiram os dois num só corpo.

Mircea Eliade, em *Méphistophélès et l'androgyne*, historia o tópico da androginia desde Platão e aponta alguns elementos para a compreensão da questão, nesse contexto carnavalesco de Bandeira. Lembra, por exemplo, que o próprio mito de Dionísio – deus propiciador das bacanais – retrata a bissexualidade e o travestismo. É assim que ele surge em Ésquilo e na iconografia grega, mesclando a feminilidade à imagem do homem barbado. Exatamente como encontramos, ainda, no carnaval de hoje. Ora, o travestismo e a androginia são componentes rituais do carnaval. E o carnaval, enquanto festa agrária, lunar e primitiva, falava dessa duplicidade, pois as divindades agrícolas dos estonianos, por exemplo, eram sempre hermafroditas. Hermafrodita como Zervan, deus iraniano, hermafrodita como Tuisto, o primeiro homem da mitologia germânica. Hermafrodita, enfim, como o próprio Adão, tal como concebido pelo pensamento místico de Jacob Boehme. Hermafrodita até como

Cristo, que é assim que Cristo surge para Máximo, o Confessor, e é dessa maneira que os Evangelhos, apócrifos ou não, conduzem o problema da humanidade e divindade de Cristo.

A androginia não é, portanto, um tema apenas pagão, mas cristão, e pode ser localizado tanto nos Evangelhos apócrifos quanto na Bíblia. No Evangelho de São Tomás, estão lá estas palavras de Jesus: "Quando se transformarem os dois seres num só e se converterem o interior no exterior e o exterior no interior, e o alto em baixo, e se transformarem o macho e a fêmea em um só, a fim de que o macho não seja macho e que a fêmea não seja mais fêmea, então entrareis no Reino."[19] Esse texto, evidentemente, pode ser paralelizado com o de São Paulo: "Não há mais judeus nem gregos, nem escravo nem homem livre, nem macho nem fêmea, pois vós não sois senão um só em Cristo Jesus" (Gálatas 3: 28).

Dificilmente se encontrará o tema da androginia, seja na mitologia, seja na literatura, seja na ritualização carnavalesca, que não esteja referenciado pelo erotismo e pelo misticismo. O encontro entre o *eu* e o *outro*, se não está mediado pelo sexo, está por um terceiro elemento, que é a mística. Assim, as relações binárias e ternárias se alternam. Já a literatura romântica tinha nos dado um belo exemplo disso na novela de Balzac *Seraphita* (1835). Seráfita é um personagem duplo e dúbio. É Seráfita (mulher) para seu amado Wilfred, mas é Seráfitus (homem) para sua amada Mina. Esse tipo, segundo o próprio autor, seria um descendente do místico sueco, que realmente existiu, Emmanuel Swedenborg (1688-1772), sempre citado quando se estuda a fundo as relações entre misticismo e eroticidade. Aliás, Bandeira, na crônica "Strip-tease", refere-se a Swedenborg e seu livro *O amor conjugal*. É uma crônica que confirma nossa tese. Na história de Balzac, contudo, existe um triângulo amoroso, onde eroticidade e misticismo se mesclam. Não só Seráfita/ Seráfitus é amado por Mina e Wilfred, mas esses dois já eram noivos antes do surgimento do sedutor divino, o que os enfeixa num triângulo místico-amoroso que, a rigor, pode ser paralelizado com o triângulo, também erótico-religioso, de Pierrô, Colombina e Arlequim, que diluem seu paganismo nas personagens cristãs mencionadas ao fim do livro, pois o folião se converte num penitente, Pã e Pierrô se transformam em Cristo, e Colombina é recalcada pela figura de Santa Teresa.

Não deixa de ser paradoxal o fato de que a mística se contraponha à realidade quando se trata da androginia e o que é às vezes considerado símbolo da perfeição pode também ser entendido como presença da perversão. Assinala Mircea Eliade, a esse respeito, que na Antiguidade se uma criança nascesse com sinais de hermafroditismo era assassinada pelos pais. Aliás, em algumas tribos brasileiras, o simples nascimento de gêmeos já é mau prenúncio e eles são logo assassinados. "Em outros termos, o hermafrodita concreto, anatômico, era considerado como uma aberração da natureza ou um signo da cólera dos deuses e, por conseguinte, suprimido no ato. Somente o andrógino ritual constituía um modelo, pois ele implicava não a fusão dos órgãos anatômicos, mas, simbolicamente, a totalidade dos poderes mágicos religiosos solidários dos dois sexos."[20]

A crítica literária que trata do simbolismo, da Belle Époque e do *dandysme* fala também da androginia, não só como tema literário, mas como fato moral. Já no capítulo sobre a figura de Lúcifer, no simbolismo, tratei das características diabolicamente sedutoras de Lusbel, relacionando-o ao dandismo. E, curiosamente, Bandeira tem uma crônica dedicada a Antônio Nobre, poeta simbolista português que, como ele, esteve tuberculoso e internado no sanatório de Clavadel, na Suíça. Pois é como um dândi que Bandeira se refere a Nobre: "Nobre era como poeta um exagerado; como poeta e como homem, um dandy. Dandy no sentido baudelairiano da palavra. Pois foi ele que disse na 'Balada do caixão':

> 'Ó meus amigos! salvo erro,
> Juro-o pela alma, pelo céu:
> Nenhum de vós, ao meu enterro,
> Irá mais dandy, olhai, do que eu!'"[21]

Dandismo e perversão, androginia e maldição são termos complementares na complexidade simbólica da estética na passagem do século. E para se entender melhor esses termos referenciados pelo erotismo e pelo misticismo, há que estudar outra figura presente na obra de Bandeira e na poesia simbolista, que é o Dom Juan, uma metamorfose de Pã e de Arlequim.

Dom Juan e a espada fálica entre a carne e o espírito

Considero a figura de Dom Juan, neste contexto, não apenas como uma variante do dândi sedutor, uma encarnação de Lúcifer, não apenas como um sátiro moderno, mas sobretudo como o correspondente masculino da vulgívaga. Sim, Dom Juan é o prostituto que mistura amor e morte no mesmo leito de enganos. Que Dom Juan se gabava, exatamente, de ser um enganador, como Arlequim. Não estranha, por isso, que em algumas peças, como *Il pelegrino fido amante*, Arlequim seja apresentado como criado de Dom Juan, atuando como seu duplo. Nem estranha que, saindo agora da ficção pura, para sua mistura com a realidade, o grande sedutor do século XVIII, Jacques Jerônimo Casanova, tenha escrito uma análise interpretativa da figura do símbolo do Arlequim, tal como interpretado por Antonio Sacchi.

A temática de Dom Juan, que aparece em outros simbolistas como Domingos Nascimento ("D. João d'Amor"), aparece também no primeiro livro de Bandeira, *Cinza das horas*. E ao retomar esse mito, o autor expressa a tristeza decadentista oposta, digamos, ao dom-juanismo existencial e solar de Castro Alves ou do alucinado *Don Juan* de Byron. Por isso, diz Bandeira, identificando significativamente a figura do poeta com a de Dom Juan:

"Sua alma era do céu e perdeu-se no inferno
Para os poetas e para os graves pensadores
Da imortal ânsia humana és símbolo eterno."

Portanto, a figura de Dom Juan não é nem simples nem acidental. Ele funciona aí como *alter ego* do poeta, sendo a dramatização de suas buscas carnais e religiosas. Ele é a contraparte da Santa Maria Egipcíaca. No entanto, enquanto essa santa consegue, a despeito da carne, chegar à pureza, o sedutor diabólico dirige-se para o inferno. E, súbito, nessa pista, deparo-me com um estranho significado que se tece no inconsciente da leitura-escritura. Retomo os textos de Bandeira e observo uma insistência sua em falar de um poeta alemão, que ele leu no original, e com o qual tem muito mais parentesco do que até então se supõe. Nikolas Lenau (1802-1850) perambulou entre amores malsucedidos – com aquela Sofia a que Bandeira se refere em "A sereia de Lenau" –, emigrou para o Missouri, Estados Unidos, e regressou para a Europa, onde irá definhando até enlouquecer, depois de várias tentativas de suicídio. Sua loucura e morte, diz-se, decorrência da sífilis.

Pois é a esse poeta que Bandeira se refere em vários textos seus. E, de repente, se explica a presença aparentemente estranha de "A sereia de Lenau" num livro como *Carnaval*. A primeira conexão está na própria referência que faz Manuel Bandeira ao dizer que o poeta alemão, na sua viagem pelo Atlântico, ia "vendo formas de sereias/de braços nus e nádegas redondas". Essas sereias que perseguiam Lenau são as "filhas das mulheres", mulheres-sereias, na obra de Bandeira uma variante das prostitutas. Sobre essas sereias em Bandeira, e não mais em Lenau, falaremos mais adiante neste estudo. Por ora, importa assinalar que é entre essas sereias castradoras (como surgem na estética parnasiana e simbolista) e Sofia (mulher ideal de Lenau) que o poeta se perde doente e louco. No entanto, mais do que isso, ou seja, mais do que pinçar aí a temática da mulher-prostituta-devassa no triste carnaval, é sintomático assinalar que Lenau é autor de um drama inacabado, intitulado *Don Juan* (1844). Drama que trata de problemas muito caros ao próprio Manuel Bandeira, como a dualidade entre a santidade e o pecado e a relação entre o amor e a morte.

A peça de Lenau, entre outras coisas, descreve como Dom Juan toma de assalto um convento e transforma a paz religiosa numa bacanal, convertendo as freiras em ninfas ensandecidas. A festa da carne, festa perversa no espaço religioso, descreve a mesma curva ideológica do *Carnaval* de Bandeira, que começa tonitruante, invocando Baco e Dionísio, e se transforma numa espécie de missa negra, cheia de vícios e perversões, e vai terminar, enfim, ao pé do altar, num fragoroso arrependimento na Quarta-Feira de Cinzas. Com efeito, na peça de Lenau, o personagem Dom Juan, como é de sua tradição, mete-se sempre em duelos. No entanto, como amante e guerreiro, conserva uma incurável melancolia, que termina por empurrá-lo para a morte. Assim se dirige para o duelo com dom Pedro, e se deixa transpassar pela espada do rival, procurando intencionalmente na morte fálica, ao revés, o prazer que a vida não lhe deu. Quem é esse dom Pedro? O que tem a ver com o *Convidado de pedra* (1630), de Tirso de Molina, que fixa o personagem Dom Juan? O que tem a ver esse Pedro/pedra com o Pierrô (Pierre/pedra) de Molière, em *Don Juan ou le festin de Pierre* (1665)?

Como observa Pedraza, amor e morte são duas faces de uma mesma moeda, na figura de Dom Juan. Por isso, o personagem inscreve em duas colunas: de um lado, o número de mulheres que desfrutou, e, de outro, o número de homens que matou. Amor e morte assim se explicam e se correspondem. Mas aí brota, também geminada, a ideia de amor carnal e amor religioso, duas constantes que inquietam a obra de Manuel Bandeira. Aliás, o *Don Juan Tenorio*, de Zorrilla, expõe o sedutor, dizendo que seu grande sonho era arrebatar uma noviça no exato momento em que ela estaria prestes a pronunciar seus votos ao Senhor. Assim, ele arrebataria a noiva de Cristo para si, num sequestro ambiguamente místico e carnal. E, significativamente, a biografia de Casanova registra fatos concorrentes com esses que estamos assinalando. Experimentou em si os extremos: era não só o sedutor diabólico, mas se fez admitir na clerezia, chegando até a trabalhar com o cardeal Aquaviva em Roma, o que lhe permitia, por outro lado, contato com o próprio papa Benedito XIV. Mas sua biografia relata coisas ainda mais sugestivas a respeito dessa atmosfera pervertida retomada pelos dândis e dom-juans decadentistas. Relata não só aventuras com religiosas, mas até com figuras que poderiam ser aparentadas aos hermafroditas, como os tenorinos, que eram castrados na adolescência para que sua voz permanecesse feminina, apesar de eles, em princípio, serem indivíduos masculinos. E também é confluente com esse clima de antíteses a revelação que faz de que eram os velhos sacerdotes os encarregados de examinar os órgãos genitais desses efebos, para verificar se não eram mesmo mulheres e, sim, mancebos afeminados.

Retornemos agora ao nosso Bandeira, ao nosso Lenau e a outras pistas sugestivas da intertextualidade mítica e psicanalítica entre ambos. Eu já havia notado aquela estranheza de um poema como "A sereia de Lenau" pertencer ao livro *Carnaval*. Aliás, é o próprio poeta que confessa, no *Itinerário de Pasárgada*, que não sabe bem explicar por que alguns poemas foram parar naquele livro. Diz ele: "É um livro sem unidade. Sob o pretexto de que no Carnaval todas as fantasias se permitem, admiti na coletânea uns fundos de gaveta três ou quatro sonetos que não passam de pastiches parnasianos (A ceia, Menipo, A morte de Pã, e mesmo Verdes mares, que este até o Pedro Dantas, meu fã número 1, considera imprestável), e isto ao lado de alfinetadas dos Sapos."[22]

Não discordo que esses textos sejam pastiches parnasianos e que "Verdes mares" seja um equívoco. Aliás, os poemas desse livro, e a maioria de *Cinzas das horas*, ficam muito a desejar e mal deixam entrever o poeta futuro. Contudo, é possível discordar do poeta e ver, na inclusão de "A ceia", "Menipo", "A morte de Pã", exatamente a contextualização do carnaval, num sentido não superficial, mas estrutural. Sobre "A morte de Pã" já nos referimos várias vezes, vendo como a figura de Cristo e a do sátiro se fundem. O poema "A ceia" mostra o cruzamento do sacro e do profano, num sentido moderno de carnavalização, pois aí se descreve um carnaval de que participa o próprio papa. Finalmente, aquele Menipo é uma inconsciente e gloriosa intuição do poeta, que em 1907 tratou de uma figura que estaria na raiz da revolucionária teorização de Mikhail Bakhtin sobre o carnaval e a carnavalização, que é Menipo de Gadara. O livro de Bakhtin, *A poética de Dostoiévski*, é de 1928, e ao configurar a sátira menipeia, cujo nome é extraído do nome de Menipo, filósofo cínico do século III d.C., ele estabeleceu também os princípios básicos da carnavalização: a mistura do sacro e do profano pelo rebaixamento e profanação, o uso do grotesco e as antíteses violentas, a paródia, o discurso contraideológico etc. No caso de Bandeira, o tópico da carnavalização é problemático, porque Eros acaba dominado por Tanatos, Dionísio cede lugar a Cristo. Na verdade, o rito orgiástico termina em missa. Isso confirma que nem todo carnaval é carnavalizador, o que ocorrerá também com Vinicius de Moraes em *Orfeu da Conceição*, em que não há carnavalização, mas apenas adaptação parafrásica (e não parodística) do mito grego.

Mas eu estava falando de Lenau e de Bandeira. E não quero insistir nesse tópico de carnavalização, que será objeto de estudo de outro livro meu. Por isso, assinalo, ainda, dentro do livro *Carnaval*, que o poema "Toante" tem um súbito interesse. Se a princípio ele parece estranho, pois se constitui num texto de elogio a Santa Teresa, quando o poeta estava antes se referindo à depravada Colombina, ao andrógino Pierrô, ao sátiro Arlequim e à vulgívaga, de repente, se tomarmos sua epígrafe, ele recobra maior sentido. Pois essa epígrafe, *"Wie ein stilles Nachtgebet"* é uma frase de Lenau, aquele místico atormentado que escreveu sobre Dom Juan. E não é por acaso que o texto do autor desesperado, que se afundou na doença, na morte e na loucura, é usado por Bandeira, um tuberculoso e místico atormentado e rebelde. Configura-se melhor essa teia de relações entre os símbolos. Em Santa Teresa de Jesus não é a espada da morte que aparece, mas a espada mística de Cristo. Dom Juan, de Lenau, deixa-se transpassar pelo inimigo, mas Santa Teresa se deixa penetrar pelo amante celeste:

> "Foi assim que Teresa de Jesus amou...
> Molha em teu pranto de aurora as minhas mãos pálidas,
> O espasmo é como um êxtase religioso...
> E o teu amor tem o sabor de tuas lágrimas..."

Lembre-se daquele texto de Santa Teresa que citei no estudo sobre as monjas simbolistas, em que ela fala da longa lança de ouro que um anjo de luz lhe enviava e que lhe provocava espasmos místicos. Pois esse espasmo, como êxtase religioso, voltará num dos poemas finais do *Carnaval* de Bandeira: "Sonho de uma Terça-Feira Gorda", onde o poeta vai acrescentando mais informações sobre esse duelo místico-carnal. De novo revém aquela espada mística e carnal, agora transpassando os dois amantes que seguem na festa com a multidão. E o poeta confessa que "um lento, um suave júbilo nos penetrava", mas "nos penetrava como uma espada de fogo.../como a espada de fogo que apunhalava as santas extáticas".[23]

Pasárgada: a família permissiva no reino do prazer

Se tomarmos o poema "Vou-me embora pra Pasárgada", veremos que algo diferente se cristaliza dentro da poética de Manuel Bandeira. Algo diferente, esclareço, em relação a isso que vimos até agora. De um texto inicial que, sobretudo nos seus dois primeiros livros, insistia muito sobre o lado perverso, lunar, sadomasoquista e triste do amor, passa-se para uma noção das relações eróticas um pouco mais alegre e lúdica. Claro que no interior de seu pensamento continua a marca contraditória da santidade e do pecado, mas se pode dizer que há um esforço em olhar a festa da vida, o carnaval da carne, de outra maneira.

É aí que se instaura o que chamo de a *família permissiva* na poesia de Bandeira. Uma família na qual a erotícidade será a moeda de troca e o remorso será empurrado para os porões da memória. Que coisa estranha é essa? Como ocorre isso? Como pode o imaginário do poeta armar uma cena familiar onde o pai deixa de ser o pai autoritário e a mãe deixa de ser o corpo interditado? Como se opera esse incesto entre filhos e pais, entre irmãs e irmãos? O que vem a ser exatamente essa família permissiva?

Tomemos o poema "Vou-me embora pra Pasárgada". Vamos ver aí como se desenha o mecanismo do desejo e da interdição, agora, porém, em sua face avessa: o esforço para liberação daquilo que ficou recalcado no sujeito. Ora, a tônica central desse texto é a mesma da maioria dos poemas desse autor: considerações sobre a realização imaginária de sua eroticidade. Se no *Carnaval* prevalecia a ideia da festa perversa e a conversão da bacanal em missa, onde a Colombina se converte em Santa Teresa e o Pierrô-Arlequim metamorfoseia-se em Cristo, esse poema, que começamos a considerar agora e que se insere no livro significativamente chamado *Libertinagem*, traz outra tônica.

Há uma explicação dada pelo poeta sobre a gênese desse poema, que nos interessa para sua interpretação. É que no seu livro de memórias, *Itinerário de Pasárgada*, Bandeira nos conta o seguinte: "Quando eu tinha meus 15 anos e traduzia na classe de grego do Pedro II a Ciropédia, fiquei encantado com esse nome de uma cidadezinha fundada por Ciro, o Antigo, nas montanhas do sul da Pérsia, para lá passar os verões. A minha imaginação de adolescente começou a trabalhar, e vi Pasárgada e vivi durante anos em Pasárgada. Mais de vinte anos depois, num momento de profundo *cafard* e desânimo, saltou-me do subconsciente esse grito de evasão: 'Vou-me embora pra Pasárgada!' Imediatamente senti que era a célula de um poema. Peguei do lápis e do papel, mas o poema não veio. Não pensei mais nisso. Uns cinco anos mais tarde, o mesmo grito de evasão nas mesmas circunstâncias. Dessa vez o poema saiu quase ao correr da pena. Se há belezas em 'Vou-me embora pra Pasárgada', elas não passam de acidentes. Não construí o poema: ele construiu-se em mim nos recessos do subconsciente, utilizando as reminiscências da infância – as histórias que Rosa, a minha ama-seca mulata, me contava, o sonho jamais realizado de uma bicicleta etc. O quase inválido que eu era ainda por volta de 1926 imaginava em Pasárgada o exercício de todas as atividades que a doença me impedia: 'E como farei ginástica... tomarei banhos de mar.' A esse aspecto Pasárgada é 'toda a vida que podia ter sido e que não foi'."[24]

Esse texto explicativo do poeta fornece elementos que poderiam ser discutidos mais longamente, tais como: a) a primeira vez que Pasárgada lhe surgiu ele era um adolescente e esse mito passou a ser o espaço imaginário da realização de seus desejos; b) o mito de Pasárgada se torna mais emergente nele nos momentos de maior defasagem com a realidade; c) o poema organizou-se inconscientemente e cristalizou uma catarse emocional; d) o poeta refere-se à sua "quase invalidez" devida à tuberculose que marcou toda a sua vida. Se estivéssemos fazendo uma psicanálise específica do autor, e não da obra, teríamos aí uma série de elementos a serem considerados. Contudo, não insistiremos nessa direção. Usaremos tão somente aquele texto como epígrafe, e entraremos logo no poema.

A primeira observação diz respeito à construção do próximo espaço mítico, Pasárgada, estreitamente ligado ao exercício imaginário do desejo, expresso na primeira estrofe:

> "Vou-me embora pra Pasárgada
> Lá sou amigo do rei
> Lá tenho a mulher que eu quero
> Na cama que escolherei
> Vou-me embora pra Pasárgada."

Dois espaços aparecem assinalados no texto. O autor fala de um "lá", que seria o elemento marcado e visível na relação, em oposição a um "aqui, não marcado, aparentemente ausente". Assim, inicialmente, o texto fala de uma ausência (Pasárgada), e silencia uma presença (a realidade). Entre o "lá" e o "aqui" surge uma *diferença*, que o poeta tenta preencher pelo exercício imaginário do desejo. Sobre esse tópico do desejo, poder-se-ia discorrer em vários níveis. Do ponto de vista psicanalítico, na linha de Freud e Lacan, a presença desse desejo já é sinal de uma falta. O poeta está exilado da realização do desejo, e a sua obra vai ser a narrativa dessa realidade faltante. Do ponto de vista metafísico, o "lá" e o "aqui" repetem o interminável jogo entre aparência e essência, de onde nasce a angústia humana. E do ponto de vista sociológico, essa diferença entre os dois espaços pode ser estudada na constituição dos mitos sociais utópicos do Éden, Shangrilá, Eldorado e todo reino que, como Pasárgada, promete resgatar as dívidas oníricas comunitárias. Na literatura, há uma série de textos que verbalizam o mesmo conflito, e mesmo a crítica tem lembrado aproximações possíveis com *"L'invitation au voyage"*, de Baudelaire *("Là, tout n'est qu'ordre et beauté/Luxe, calme et volupté")*, ou então com o famoso "lá" da "Canção do exílio", de Gonçalves Dias, que tematiza o exílio físico e metafísico no romantismo.

A fratura entre o "lá" e o "aqui", no poema de Bandeira, vai ser problematizada através de uma série de tentativas de preenchimento do vazio. O poeta, nesse e noutros poemas, vai ensaiar um conjunto de objetos, cenas e pessoas, que imaginariamente poderiam solucionar o seu desejo. Há um deslizamento de imagens e de significantes, que se revezam tentando se completar. E na primeira estrofe, o preenchimento dessa falta é representado através da presença de um *rei permissivo*, que propiciará a seu súdito a realização de suas pulsões.

Ao dizer que vai para Pasárgada porque lá é amigo do rei, a palavra "amigo" passa a ser o elemento atenuador da hierarquia, que será subvertida à medida que a permissividade for sendo mais desenvolvida. O termo "amigo" nivela o poeta e o rei e elimina as diferenças hierárquicas convencionalmente repressoras. Não existe a ideia de um rei no "alto", do lado das coisas da "ordem", agindo como um superego interditor, em oposição a um súdito num lugar mais "baixo" e subordinado. O imaginário do poeta nivela o rei e o súdito dentro do mesmo espaço de liberação. Em vez de um superego repressivo, temos um *id* orgiástico.

A figura permissiva do rei acarreta uma alteração imediata em dois termos correlatos: *poder* e *eroticidade*. Ao entrar para a tal corte imaginária, o poeta se inclui no reino da liberação dos instintos e escapa à interdição. À sombra do poder, a imaginação lhe concede a satisfação, a princípio apenas erótica e, posteriormente, mesclada com o exercício físico da liberdade. O poder do rei é protetor da sexualidade de seu súdito. Ele é o guardião, o propiciador da felicidade. Não estranha, portanto, que diversas vezes, em vários outros poemas que não este, ele caracterize o reino miticamente permissivo, frisando que aí não existe nenhuma lei, entendida como repressão. Em "A dama branca", havia se referido a si mesmo, dizendo: "Na minha vida sem lei nem rei"; em "Cossante", repete: "Olhos verdes sem lei nem rei." Também nos títulos de seus livros está o mesmo impulso de libertação: *Libertinagem* e *Ritmo dissoluto*. Portanto, aquela referência feita ao "amigo", como elemento mediador e propiciador da liberdade erótica, se confirma em vários níveis, caracterizando a singularidade de um reinado de prazeres "sem lei nem rei". Estamos penetrando no reino da permissividade, em que o rei é o avesso do rei e o súdito vive sua utopia. O poema, em vez de reforçar a verticalidade que separa o rei e seu vassalo, insiste na horizontalidade reforçada tanto pelo elemento mediador, "amigo", quanto pela cama que vai ser o espaço no qual rei, súditos e sua corte erótica vão realizar, no mesmo plano, o seu desejo. Esse rei que aí está, apesar de não nomeado explicitamente mítica e psicologicamente, corresponde àquele Baco, àquele Dionísio que estavam inscritos na abertura da primeira tentativa de carnavalização do poeta. Pois aqui reaparece essa figura arquetípica, com algumas alterações. O que era festa perversa e pervertida é agora trocado por uma orgia permissiva, dentro de uma família imaginária.

Mas não posso insistir nisso sem oferecer elementos mais comprovadores do que apenas insinuo introdutoriamente. Por isso é necessário continuar a leitura do texto. Se na primeira estrofe se introduziu a noção de um rei não autoritário, que dividia sua cama e suas mulheres com seus súditos-amigos, na segunda estrofe dois aspectos complementares dessa licenciosidade aparecem: a *loucura* e a *mãe* igualmente *permissiva*. Diz o texto:

> "Vou-me embora pra Pasárgada
> Aqui eu não sou feliz
> Lá a existência é uma aventura
> De tal modo inconsequente
> Que Joana a Louca de Espanha
> Rainha e falsa demente
> Vem a ser contraparente
> Da nora que eu nunca tive."

Há várias coisas aí a anotar. Primeiramente, o fato de que o poeta agora já presentifica mais claramente a oposição entre o "lá" e o "aqui". Ele se refere explicitamente ao seu espaço e o qualifica de infeliz ("Aqui eu não sou feliz"). Mas não é só isso. Aquela "aventura" que existe em Pasárgada é, evidentemente, uma rima ideológica para loucura.

O poema realiza, na sua própria semântica, o jogo da loucura. Pois fala, por um lado, de Joana, a Louca, de Espanha, mas a caracteriza como "falsa demente", insinuando a relatividade do conceito de loucura e rompendo a linha rígida de separação entre esses termos, como já havia rompido a linha que separava o rei do súdito. A temática da loucura, portanto, vem reforçar o caráter excepcional desse reino "sem lei nem rei", em que a rainha também é livre para assumir todas as suas contradições e fantasias. E o tópico da família permissiva vai-se organizando ainda mais, não apenas porque aí já temos o pai (rei) e a mãe (rainha), mas porque os próprios elos de parentesco também são totalmente imaginários. Não esquecer que essa rainha louca "vem a ser contraparente/ da nora que eu nunca tive". Temos, portanto, um rei que é o endosso do desejo e a rainha que é a guardiã da insanidade. Um rei permissivo e uma rainha inconsequente, com uma falsa demência, enganando a razão através de um parentesco inexistente e absurdo. O falso parentesco e a falsa loucura se mesclam. Portanto, estamos diante de uma nobreza de linhagem confusa. Uma nobreza que confunde os limites entre a família e a não família, assim como mistura loucura e sanidade, subvertendo a verticalidade e os limites rígidos do reino. Ora, é evidente que num reino assim carnavalizado não há como diferenciar essências e aparências, máscaras e realidades.

Os estudiosos da loucura em nossa cultura são acordes em assinalar o caráter conflituoso entre o espaço da loucura e o espaço da razão. Já na Idade Média, surgiu o tópico da *stultifera navis*, a nau dos loucos ou insensatos. Como indicam Michel Foucault, Maurice Lever e Jacques Heers, na Idade Média os loucos viviam misturados à comunidade e às famílias. A loucura era de alguma forma tolerada, e a Igreja fazia uma distinção entre a loucura real e a loucura simulada, enfatizando, por outro lado, que o próprio Evangelho dizia ser necessário possuir a loucura do Espírito para se batalhar pela fé. É dentro dessa ambiguidade que o Renascimento, como momento carnavalizador, faz, através de Erasmo de Roterdã, o *Elogio da loucura*. E é nas portas do Renascimento, em 1494, que surge na literatura o tema da *nau dos loucos*, num texto de Sebastian Brant e gravuras de Albert Dürer. Segundo esse tema, que talvez seja mais literário que real, a barca de loucos reunia os insensatos expulsos da cidade da razão. Ela descia rio abaixo com aqueles que não cabiam nos muros da sanidade. Eles eram os "indesejáveis", os que manifestavam seu "desejo" fora do código social. E, curiosamente, esse texto de Brant foi lançado na cidade de Basle – lugar do mais famoso carnaval suíço –, durante os dias de carnaval. Em breve, literatura e festa se misturavam, e o carnaval incorporou esse tema, essa alegoria: a barca dos loucos.

Aqui no poema de Bandeira há um reino de loucos numa atmosfera carnavalizadora, onde o desejo comanda a festa. Pois antes, se tínhamos aquele rei que socializava a cama de seus desejos com seus súditos, agora temos essa rainha também permissiva e alucinada. Mas algo mais ressalta aí. Consideremos mais de perto a composição da imagem feminina dessa mãe louca. É sintomático que em vários outros poemas Bandeira venha a se referir à imagem da *rainha*. Na verdade, refere-se a uma corte de rainhas e princesas imaginárias. Rainhas que aparecem sob a variante folclórica de *Iemanjá* e *Janaína* ou, então, que são *sereias* vagando num reino marinho, onde o desejo é desrecalcado, como naquele tópico da nau dos loucos. Tomemos poemas como "A filha do rei", "Balada do rei das sereias" e outros como "D. Janaína". Aí existe o mesmo elemento referenciador: a água, que por si muito informa sobre as relações entre a libido e a imagem feminina dentro de uma mitoanálise.

Destacando-se entre esses últimos poemas referidos, "D. Janaína" observa um sistema de colagem usual na poesia moderna: a figura mítica de D. Janaína aparece modernizada com um "maiô encarnado", revelando uma ambiguidade do vestido não vestido. Essa vestimenta tem a cor erótica da pele. E a questão do desejo aparece marcada sobretudo quando se descreve essa rainha não apenas se banhando no mar, mas como uma figura que mantém uma relação permissiva com outros reis de outros reinos:

"D. Janaína
Tem muitos amores
É o rei do Congo
É o rei de Aloanda
É o sultão-dos-Matos
É S. Salavá!"

Vai-se dando um encontro entre a mitologia geral (Iara, Iemanjá, sereias) e a mitologia pessoal do poeta. Se bem que, a esse respeito, é necessário lembrar, com Edson Carneiro, a origem de Iemanjá, pois ele introduz aí um esclarecimento: "Digo apenas que Iemanjá, que é uma deusa nagô, do povo nagô, não é a sereia que geralmente consideramos no Brasil. O mito da Mãe-D'água no Brasil é um mito europeu. Nós é que damos o nome de Iemanjá a essa Mãe-D'água europeia. Provo na tese que a Iemanjá dos nagôs é uma deusa das fontes, dos lagos e dos rios, e não do mar."[25] Seja como for, no entanto, isso não altera as relações que estamos desenvolvendo. O fato é que essa figura africana, banhada numa mitologia europeia ou brasileira, complementa a figura do rei permissivo de Pasárgada. A um rei que tudo concede, junta-se uma rainha não apenas louca, mas de muitos amores. O erotismo volta a ser o elemento caracterizador da liberdade. E a última estrofe do poema é ainda mais informativa e reforça a associação que se pode fazer entre esse poema e o de Pasárgada:

"D. Janaína
Princesa do mar
Dai-me licença
Pra eu também brincar
No vosso reinado."

A rainha que permite outros amores deve permitir ao poeta "também brincar" no seu reinado. Graças a esse elemento mediador, "brincar" (que reforça o "amigo" de Pasárgada), a hierarquia foi subvertida nas relações entre a rainha e seu súdito. Na Pasárgada, o poeta podia "brincar" porque era amigo do rei; aqui ele se inclui ludicamente, diminuindo as diferenças, uma vez que a rainha é chamada também de "princesa".

Esse verbo "brincar", como assinala Huizinga em *Homo ludens*, tem equivalente em diversas línguas, sempre mantendo uma conotação erótica. *Jocus* (jogar) suplantou *ludus* e em francês temos *jeu, jouer*; no italiano, *gioco, giocare*; no espanhol, *juego, jugar*; no português, jogo, jogar, e assim por diante, incluindo ainda Huizinga exemplos do catalão provençal e reto-romano. O ensaísta relaciona, ainda, a ideia de jogo e eroticidade em diversas línguas, incluindo o sânscrito, em que a expressão *kridaratnam* significaria não apenas o ato sexual, mas o jogo dos jogos, a "joia dos jogos". Em português, sobretudo na literatura modernista, a palavra "brincar" aparece várias vezes, a exemplo de *Macunaíma*, no qual de Mário de Andrade, no qual o herói está sempre disposto a "brincar", sobretudo dentro de sua própria família, com suas cunhadas, por exemplo.

Sintomático é o fato de o termo "brincar" aparecer sobretudo em textos populares e folclóricos, como é o caso de seu reemprego em Manuel Bandeira. É relevante, também, que o termo remeta para o espaço da infância. O folclore e os mitos relatam a infância cultural dos povos. Aí o inconsciente está à mostra, agrestemente. E a infância é um dos espaços mais importantes na obra de Bandeira, que se socorre do folclore em seus poemas para firmar a liberdade erótica e linguística.

Com efeito, esse elemento erótico e infantil é desenvolvido na estrofe seguinte, através do surgimento explícito da temática da *infância*. Ao rei permissivo e à rainha louca que desgovernam o reino da sensualidade soma-se a infância desreprimida, imaginária, como o lugar da liberdade física. O que se narra em "Evocação do Recife" é isto: a infância como o lugar do jogo, sem traumas eróticos, antes um certo "alumbramento" diante do sexo e da nudez:

"Um dia eu vi uma moça nuinha no banho
Fiquei parado o coração batendo
Ela se riu
    Foi meu primeiro alumbramento."

Ou então a lembrança do poema "Infância", onde sexo e jogo não só estão misturados, como não existe, de novo, nenhuma sensação de pecado:

"Uma noite a menina me tirou da roda de coelho-sai, me
                                               [levou,
/imperiosa e ofegante, para um desvão da casa de
/Dona Aninha Viegas, levantou a sainha e disse mete."

É informativo estabelecer, agora, um paralelo dentro de outro paralelo que Bandeira estabeleceu. Ou seja: tentar ver essa temática da infância e suas relações com a figura da mulher na transparência de um comentário que Bandeira iria fazer, não sobre si diretamente, mas sobre a obra de um poeta que o influenciou e com o qual tem afinidades, que é o português simbolista Antônio Nobre. O que estou querendo com isso? Muito simples. Transparece dos textos poéticos de Bandeira uma observação que se confirma nas observações que vai fazer sobre a obra de Antônio Nobre, e que nos ajuda a entender a psicologia do menino diante da imagem feminina.

Numa extensa crônica sobre Antônio Nobre, considerando o poeta que esteve também em Clavadel cuidando de sua saúde, 18 anos antes que ele, Bandeira acaba instituindo o poeta português como uma espécie de seu duplo, de tal modo com ele se identifica. Aliás, num poema dedicado ao português, no seu primeiro livro, ele disse explicitamente: "Revejo em teu destino o meu destino." E tanto no poema quanto no texto em prosa, Bandeira se detém a considerar o lado infantil da psicologia e da poesia de Antônio Nobre. Valoriza versos que no outro falam da infância, e, sobretudo, faz esta observação: "O comportamento do poeta em relação às mulheres é, intencionalmente, de menino." E por aí vai anotando como o poeta queria ser levado pela mulher que ama: como uma criancinha. Para Antônio Nobre, a mulher Purinha será: "A Mamã que me há de vir criar,/Admirável Joaninha d' Arc,/Meu novo berço duma Vida nova." E a própria morte, tema fundamental da lírica amorosa, também em Bandeira, é tratada por Antônio Nobre desta maneira: "Ó Velha Morte, minha outra ama!/Para eu dormir, vem dar-me de mamar..."

E Antônio Nobre não para aí. Em vários poemas está se referindo à mulher que "o trata tão bem, tão bem! como se eu fosse/seu filho". E, voltando-se para a biografia de seu poeta estimado, Bandeira lembra até fatos domésticos, como o tratamento que os empregados e familiares davam a Antônio Nobre, chamando-o: "Como vai o Menino... O Menino com M maiúsculo."[26] Pois bem. Agora tomemos outra crônica de Bandeira. Aquela intitulada "Minha mãe", onde ele vai traçar o perfil de sua relação com a mãe. Primeiramente, ele lança um dado que vai ser fundamental na sua relação edipiana com as santas, sejam elas como a Egipcíaca ou como Santa Teresa. É que, ironicamente, se refere ao fato de que sua mãe tinha o apelido de dona Santinha: "Até hoje não pude compreender como tão completamente pude dissociar o apelido Santinha (mas só na pessoa de minha mãe) do diminutivo de santa. Santinha é apelido que só parece bom para moça boazinha, docinha, bonitinha – em suma, mosquinha-morta, que não faz mal a ninguém. Minha mãe não era nada disso. E conseguiu, pelo menos para mim, esvaziar a palavra de todo o seu sentido próprio e reenchê-lo de conteúdo alegre, impulsivo, batalhador, de tal modo que não há para mim no vocabulário de minha língua nenhuma palavra que se lhe compare em beleza cristalina e como que clarinante."[27]

O texto do poeta é curioso, pois expressa uma surpresa de que dissociou, "só na pessoa de minha mãe", o sentido de "santa" do de "santinha". Mas teria mesmo dissociado? Psicanaliticamente, poder-se-ia afirmar exatamente o contrário. Aqui o texto está revelando o que oculta e que é comprovado numa série de outros poemas. Posso não ser tão taxativo quanto seria um analista. Posso, a esse respeito, em vez de afirmar, levantar a questão, indagando: será que essa Santinha, que ele julga não ter visto na mãe, não é exatamente aquela santinha íntima, a Santa Teresa, por exemplo, que ele trata tão domesticamente?

Ora, pode alguém alegar que estou misturando poesia e biografia, e que isso não se faz. Refuto a afirmação. Estou tratando o texto literário, o documento deixado e considerado esteticamente como objeto válido. Se biografia existe nesse texto, não sou eu que a inventei, ela é mesmo biografia, vida grafada e, como tal, sujeita a leituras possíveis. É preciso, de resto, deixar de preconceitos e ir às últimas consequências do texto. Ter a sadia eroticidade crítica de Mário de Andrade, que assim gozava e nos fazia gozar com seus textos. E falo esse nome, sabendo que estou bem acompanhado, pois vai ser nessa mesma crônica de Bandeira, onde ele quer falar de sua mãe, que termina falando de como Mário de Andrade também se intrometeu em sua psicologia: "Notou Mário de Andrade como em minha poesia a ternura se trai quase sempre pelo diminutivo; creio que isso (em que não tinha reparado antes da observação de Mário) me veio dos diminutivos que minha mãe, depois que adoeci, punha em tudo que era para mim: 'o leitinho do Nenen', 'a camisinha de Nenen'... Porque ela me chamava assim, mesmo depois de eu marmanjo. Enquanto ela viveu, foi o nome que tive em casa, ela não podia acostumar-se com outro. Só depois que morreu é que passei a exigir que me chamassem – duramente – Manuel."[28]

Voltemos atrás. Está lá nas considerações do poeta sobre Antônio Nobre aquele mesmo item: ele como nenen diante das mulheres e a mesma mania dos diminutivos. Antônio Nobre chega a chamar Santa Joana d'Arc – a santa fálica e guerreira – de "admirável Joaninha d'Arc", e confessa que quer mamar no seio da morte para morrer. Ora, a linguagem da mãe de Bandeira penetrou-lhe a vida. Penetrou-lhe não só com o nome Santinha. Penetrou-lhe com os diminutivos ternos. Pois é a mãe quem inocula no filho a linguagem. A linguagem e, certamente, alguns dos fantasmas.

E no tópico infância é necessário ressaltar que existem dezenas de poemas de Bandeira versando o tema. Destaco dois apenas. Primeiro, um intitulado "Mulheres". Estranhamente, o poema distancia-se do tema e vai fechar seu discurso sobre a relação infantil do poeta com seus pais, recolhendo-se no colo dos genitores:

> "Meu Deus, eu amo como as criancinhas...
> És linda como uma história da carochinha
> E eu preciso de ti como precisava de mamãe e papai
> No tempo em que pensava que os ladrões moravam no morro
> [atrás da casa e tinham cara de pau."

Depois deste, a "Oração a Teresinha do Menino Jesus", em que inscreve seu discurso com aquela familiaridade doméstica que lembra a ambiguidade do nome de sua mãe: Santinha/Santa, pois aqui diz: "Santa Teresa não, Teresinha/Teresinha... Teresinha/Teresinha do Menino Jesus." Converte Teresa numa Teresinha, e coloca aquelas reticências procurando o que dizer, como completar seu inconsciente pensamento. Enfim, projeta o Nenen, como era chamado no colo da Virgem Mãe Protetora. E como diz nos "Versos de Natal": "Se fosses mágico/Penetrarias até ao fundo desse homem triste/Descobririas o menino que sustenta esse homem,/O menino que não quer morrer,/Que não morrerá senão comigo."

O jogo ambíguo do menino com a sereia-prostituta

Vou continuar esse tema da infância. Mas apenas como introdução necessária ao tópico da sereia e seus desdobramentos. Faço isso porque há ainda algumas anotações pertinentes a extrair desse "Vou-me embora pra Pasárgada", que é o poema-eixo dessa parte da análise. Assim, vejamos. Na estrofe seguinte às que analisamos, o sentido da eroticidade, que até então era bem localizado na sexualidade, passa por uma transformação. Depois de ter falado de mulheres na cama, agora apresenta a eroticidade numa sensualidade mais ampla. A eroticidade não é mais genital. Trata-se da vitalidade e da alegria do próprio corpo. O "brincar" aqui está relacionado com façanhas físicas do garoto. Ou seja, o clima de felicidade imaginado pelo adulto só se realiza através do imaginário infantil, à medida que ele retoma o espaço paradisíaco da infância, fundindo o adulto e a criança no mesmo desejo. Aparece um brincar polimórfico. O poeta se descreve realizando fisicamente atos que lhe foram vedados no nível da biografia real:

"E como farei ginástica
Andarei de bicicleta
Montarei em burro brabo
Subirei em pau de sebo
Tomarei banhos de mar!
E quando estiver cansado
Deito na beira do rio
Mando chamar a mãe-d'água
Pra me contar as histórias
Que no tempo de eu menino
Rosa vinha me contar
Vou-me embora pra Pasárgada."

Aí temos o corpo infantil restaurado no imaginário *versus* o corpo adulto enfermo e comprometido com o real. Os verbos mostram o movimento e a dinamicidade: "farei", "andarei", "montarei", "subirei", "tomarei", e contraponteiam com a placidez sugerida pela imagem seguinte, em que se descreve o descanso do menino-poeta nos braços de sua babá-Iemanjá. Fundem-se as duas mitologias de novo, a do menino e a da comunidade. Rosa é um duplo de Iemanjá. Aliás, ela é recordada em outros textos, como em "Infância": "Quem me dera recordar a teta negra de minha ama de leite." A negra da mitologia do garoto e a Iemanjá de origem nagô se fundem. Pode-se dizer, também, que Rosa estaria do lado da terra, ocupando o espaço na casa da família, e Iemanjá povoando o rio imaginário do desejo.

No lastro folclórico da citação de Iemanjá, do ponto de vista psicológico, ocorre uma diferenciação, pois a Mãe-D'água que aí aparece é uma mãe boa, e não a mãe má das lendas europeias ou americanas. Como assinalou Geza Roheim, o abraço dessa sereia pode ser mortal e representa, para o menino, o incesto primário, através do qual ele voltaria ao líquido amniótico, encontrando assim uma completude original e originária no útero matemo. E é nesse rastro que Sila Consoli, estudando o mito da sereia, lembra que "elas seduzem os mortais, que ficam ligados a elas, e os arrastam à profundeza das águas. Elas se distinguem pela sua grande beleza, pelo canto irresistível e seu grande peito; elas passam muito tempo a pentear a longa cabeleira".[29]

Em Bandeira, nessa fase de sua poesia, a Iemanjá é só a mãe boa, o seio bom e farto, tal como definido por Melanie Klein. O seio mau, a mãe má, a morte, aparecerá em sua poesia, sobretudo nos textos dos primeiros livros, tipo *Carnaval*, e em algumas recaídas eventuais no correr de sua obra. É assim que essa Iemanjá permissiva, incestuosa, não penteia os cabelos seduzindo para a morte. Com efeito, como disse o poeta em "Evocação do Recife", ao descrever as enxurradas mortais do rio Capibaribe, "eu me deitei no colo da menina e ela começou a passar a mão nos meus cabelos", como se fosse uma sereia do amor e não da morte.

Mas no poema de Bandeira há um dado ainda revelador. Ao falar de Iemanjá e ao falar de Rosa, fundindo uma na outra, refere-se ao fato de que sua babá lhe contava histórias. Ouvir as narrativas dessa voz feminina é sair do tempo, situar-se de vez na utopia infantil. Isso é curioso porque "Roheim aproxima o canto das sereias da *berceuse* que a mãe murmura durante a amamentação: é um canto que adormece e absorve o viajante num universo extático".[30] Por isso, nessa linha, Sila Consoli ainda lembra que o seio das sereias é um atributo materno, é um seio alimentador e sensual oculto nos longos cabelos. E aqui surge um dado conformativo no sentido desse símbolo, lembrado por vários de seus estudiosos. A etimologia de sereia, segundo o célebre dicionário de mitologia de Roscher, é "aquela que asfixia". E, nisso, o sentido coincide com a etimologia de esfinge, que para Marie Delcourt significa: "A que abraça e sufoca." Daí que o radical de esfinge esteja em esfíncter, significando fechamento e aperto.

Ora, as esfinges, às quais nos referimos sobretudo ao estudar o parnasianismo, pertencem à família das sereias. E as sereias têm essa característica de "demônio opressor" e de "alma penada". Pertencem, junto com as esfinges, as Eríneas e as Harpias, à categoria dos seres "ávidos de sangue e de prazer erótico".[31] E as culturas mediterrâneas terminaram por fundir esses sentidos, pois as almas eram representadas, iconograficamente, como seres alados e cantantes, exatamente como as sereias que encantam perigosamente.

Numa interpretação psicanalítica, como a de Roheim, o abraço com uma sereia é fatal, pois significa a fusão mortífera com a mãe. Esse encontro com a mãe é assustador para o menino, segundo Horney e Marie Bonaparte. Esta analista, estudando as lendas em que aparece o mistério dos lagos profundos, enseja a ideia de que a mãe é esse lago sem fundo, onde se perderia o pequeno pênis do menino assustado ante o desconhecido. Com efeito, Lederer considera alguns dos poemas de Goethe e Heine, nos quais se conta a história de coisas e pessoas que se perderam nas águas. "Em todas as lendas, a água é incontestavelmente um elemento feminino. São sempre as mulheres que a habitam e que aí seduzem os homens nas ondas. A água tem o lado secreto, o mistério sombrio e a característica impenetrável que se confere às mulheres e que tanto inquietam os homens. Ela é sempre perigosa e evocadora da morte, ela é a via do grande retorno à Mãe."[32]

Mas o que tem a poesia de Bandeira a ver com tudo isso? O que tem a ver a sereia boa, sob a forma maternal da babá Rosa, com a sereia castradora, com a esfinge, com essa nova versão do súcubo já entrevisto no princípio deste ensaio? Essas perguntas só se esclarecem se tomarmos a estrofe seguinte do "Vou-me embora pra Pasárgada" e aí acrescentarmos mais dados interpretativos:

"Em Pasárgada tem tudo
É outra civilização
Tem um processo seguro
De impedir a concepção
Tem telefone automático
Tem alcaloide à vontade
Tem prostitutas bonitas
Para a gente namorar."

Com efeito, no paradigma em que já tínhamos um rei oferecendo-lhe sua corte de mulheres-sereias-filhas, uma *rainha* demente amando vários reis ao mesmo tempo e propiciando o incesto e a *infância* se complementava miticamente num futuro utópico e tecnológico, surge agora essa *prostituta* como nomeação explícita da mulher que existe só para dar prazer ao macho triste.

Esse tema da prostituta é dos mais ricos em Bandeira e, da perspectiva em que nos situamos, é dos mais importantes para se penetrar em sua poesia. Primeiramente, é necessário lembrar que o tema da prostituta existe desde o princípio em sua poesia. Só que, aí, ela surge diferentemente. Diferente já no próprio nome, pois em vez de prostituta ela era a "vulgívaga", forma mais literária, mais arcaica e erudita de dizer a mesma coisa. Mas também uma forma mais próxima de outra ideologia, que é aquela que informa, por exemplo, os versos de *Carnaval*. Essa vulgívaga, sendo uma meretriz sempre perambulando, se identifica com a *troupe* de saltimbancos, com os pierrôs, arlequins e colombinas que integram a *festa perversa* descrita naquele livro.

Mas observe-se que, no poema da Pasárgada, o tema da prostituta aparece misturado à temática infantil. Pasárgada é o lugar do desejo desreprimido, em que o corpo do adulto, já carcomido, será substituído pelo corpo ágil e erótico do menino. Ali está ele cercado da mulher que ele quer na cama que ele escolhe; está no colo de Rosa e de Iemanjá e com muitas prostitutas bonitas para namorar. E é muito estranho que o poeta que quer se manter menino a vida inteira seja o mesmo que confessa seu desinteresse pela procriação. Prefere as prostitutas porque elas, entre outras coisas, são estéreis. Sim, as putas servem-se de um "processo seguro de impedir a concepção". Nelas se busca só o prazer, não a constituição de uma família. Deve ser por isso que noutro poema, "Entrevista", ele expressa uma visão muito particular e rara a respeito da gravidez. A mulher grávida surge como uma coisa triste. Por isso, ao repórter que lhe pergunta sobre o que há de mais bonito, responde:

"De mais bonito
Não sei dizer. Mas de mais triste,
– De mais triste é uma mulher
Grávida. Qualquer mulher grávida."

É curioso que Sila Consoli tenha dito que as sereias cantam, seduzem, mas não fazem amor. Porque o amor, nelas, é a morte. E, transpondo, é igualmente significativo que Bandeira escolha a prostituta (aquela que não procria) como seu fantasma mais vicioso, e que veja na mulher grávida algo de muito triste.

E se tomarmos um poema como "Mangue", aparecerão informações ainda mais concludentes. Pois esse poema é uma retomada inicial de "Evocação do Recife", em que ele narrara a sua infância entremeada de canções, amores e mortes. Pois bem. Em "Mangue", aparentemente, ele vai falar de sua visão da região do meretrício mais pobre do Rio de Janeiro de seu tempo. Ele, que já escrevera sobre a Lapa, agora se volta para o Mangue. E ocorre esse impulso irresistível, onde passou a infância feliz e utópica: "Mangue mais Veneza americana do que o Recife." Diferentemente de Vinicius de Moraes, que em "Balada do Mangue" mostra o sujo e o deprimente, Bandeira vai apresentar esse cenário como um local de festa. Espaço onde o menino encontra uma euforia carnavalesca. O poema se parece mesmo a um quadro de pintor primitivo, onde coloca as cores de sua infância e as águas de sua origem. Não só aproxima o Mangue do Recife, chamando-o de "pátria amada idolatrada de empregadinhos de repartições públicas", mas transforma esse espaço no lugar de encontro de ontem e hoje, do adulto e do menino e da própria cultura brasileira. Aí aparecem, ao mesmo tempo, o senador Eusébio, o visconde de Itaúna, dom João VI, tia Ciata, as cheganças de Natal, Veneza, Recife, Juiz de Fora e Rio.

Sobretudo, ele vai introduzir o sagrado no espaço do profano, reativando a dualidade da santa e da prostituta. Pois se refere à tia Ciata, em cuja casa nasceu o moderno samba e o carnaval carioca, mas se refere também às cheganças de Natal, citando até um trecho folclórico, onde se representa o nascimento de Jesus. De repente, o Mangue vira um presépio: "O Mangue era simplesinho."

No entanto, na parte final do poema, entra em cena o tema da prostituição, vinculado à imagem das sereias. É que o poeta narra que com as inundações e solstícios de verão, esse mangue, região pantanosa, de água que mistura vida e morte, acabou por receber uma série de "uiaras" trazidas de Mata-Porcos, da serra da Carioca, do Trapicheiro, do Maracanã e do rio Joana. Vieram até "sereias de além-mar jogadas pela ressaca nos aterrados da Gamboa". E no meio desse desaguadouro de seres eróticos ouve-se um chorinho com pandeiro, reco-reco e cavaquinho repetindo: "És mulher/És mulher e nada mais."

O analista fica tentado a ver nessa frase algo mais do que a simples transcrição de uma música popular. Fica tentado a ver, na expressão "És mulher e nada mais", um sinônimo inconsciente de prostituta. Um ser que não engravida, que serve apenas para o prazer e para a gente namorar na cama generosa do rei.

Mas essa linguagem marinha e erótica, que está na paisagem do mangue, continua em outro poema – "Marinheiro triste"–, que traz o mesmo tema. Só que, dessa vez, esse marinheiro Ulisses, que aporta entre as prostitutas, tem um ar de abatimento e tristeza. Nesse poema, o homem do mar se institui como um duplo do poeta. Imagina, então, que o marinheiro esteja voltando para seu navio, levando na sua lembrança a imagem de "alguma mulher/amante de passagem". Entre o poeta e seu duplo há uma "onda viril/de fraterno afeto", pois estão os dois no mesmo espaço do desejo. Mas o marinheiro, no dia seguinte, pode se dirigir a outros portos, conhecer a liberdade do "vento", do "horizonte" e do "mar", enquanto o poeta, preso à terra, só teria a "embriaguez" como forma de liberação. Nesse texto, o imaginário do poeta libera o marinheiro para o mar, realizando, no seu duplo, o sonho de encontro com as inumeráveis sereias, que povoam a Pasárgada.

A prostituta e sua metamorfose em estrela e flor

Mas a imagem da prostituta sofre uma metamorfose outra nessa poesia. Da vulgívaga e da sereia (que escondem as aparências da esfinge, da santa e do súcubo), passa-se para a imagem da *estrela* e da *rosa*. Aparentemente, isso introduz uma contradição com a tradição. Em Bandeira, isso seria a contratradição. Pois em diversas mitologias a estrela significa o oposto da prostituição e do pecado. Como entender, então, essa particularidade de sua poesia?

Evidentemente, o modo de compreender esse aparente paradoxo é retomar a própria imagem da Egipcíaca, na qual antiteticamente se inscrevem a purificação através do pecado e a santidade através da prostituição.

Exatamente. E a maneira de ir logo penetrando na questão é tomar o poema "Estrela da manhã". Aí o poeta inicia clamando pela estrela da manhã. Há uma urgência em encontrá-la. Ele conclama os amigos e até os inimigos para que a localizem. Uma leitura acostumada a ver na estrela o símbolo convencional da pureza vai crer que o poeta está se referindo a uma mulher idealmente pura e casta, e que se encaixa dentro da mitologia, digamos, cristã. Com efeito, essa estrela da manhã, até fora do pensamento bíblico, significa renascimento e princípio da vida. Entre os índios da tribo Cora (Estados Unidos), ela completa a trindade sagrada ao lado do Sol e da Lua. E é ela que mata a serpente, que é senhora das águas e do céu noturno, para defender os homens. Mas é verdade que entre os mexicanos essa estrela, confundida com Vênus, é um sinal temido, e à sua aparição fecham-se as portas e janelas para que seus raios não façam mal aos humanos.[33]

Mas, estranhamente, essa que biblicamente poderia ser o princípio da vida, na poética de Bandeira, confunde-se com o princípio da morte. E já a leitura desse texto, a partir da segunda estrofe, vai introduzindo a sexualidade como traço distintivo dessa mulher-estrela: "Ela desapareceu, ia nua." E a seguir o poeta descreve, em forma de uma ladainha ou de uma linguagem ritual religiosa, o seu sofrimento e a invocação para que essa mulher-estrela-perdida reapareça. Apresenta-se como um "homem sem orgulho/um homem que aceita tudo". Coloca-se ao nível dos assassinos, pulhas, suicidas, ladrões e falsários, para mostrar como é digno do retorno da amada. Sintomaticamente, ele não "se eleva" para merecê-la. Todo o seu ritual é um mecanismo de "rebaixamento". Ela desapareceu, mas não foi nas alturas, e sim num cenário de meretrício e imundície física e moral. Essa mulher-estrela não é a Virgem simplesmente. Ele a qualifica. Ela é uma "Virgem malsexuada". E não é uma virgem consoladora, mas uma virgem "atribuladora dos aflitos". É um ser monstruoso, "girafa de duas cabeças", a quem ele implora: "Pecai por todos, pecai com todos" e "depois comigo".

Assim, além dessas anotações iniciais (a mulher não é uma estrela virtuosa, mas uma pecadora, não está nas alturas, mas na baixeza dos vícios), sobrevém outra informação: o processo de purificação e reencontro com sua amada pressupõe que ela passe pelo espaço do *sujo* e do *imundo*. É necessário que cumpra um ritual de degradação. Que ela peque com malandros, sargentos, fuzileiros navais, com gregos e troianos, com o padre e com o sacristão, e depois com o "leproso do Pouso Alto". Depois disso, sim, o próprio amante estará pronto para recebê-la. E quando ela surgir, ele a celebrará com "mafuás novenas cavalhadas" e chegará até a comer terra para exibir quão elevado é seu baixo amor. A esse amante não importam as convenções sociais: "pura ou degradada até a última baixeza", ele exclama: "eu quero a estrela da manhã".

Não se pode dissociar a leitura desse poema, e da metaforização da mulher que aí surge, do fato de que a palavra estrela reaparece não só em vários poemas, mas como título dos livros: *Estrela da manhã* e *Estrela da tarde*, e que a reunião de todos os poemas de Bandeira recebeu o título de *Estrela da vida inteira*. Com efeito, essa estrela que atravessa toda a obra, entre a claridade da manhã e a penumbra da tarde, é, ambiguamente, o claro-escuro da santa e da prostituta. Ela tem a duplicidade luminosa e pecadora da Egipcíaca. E essa dupla face pode ser analisada no desdobramento da imagem, quando o poeta opõe dois tipos de estrela: uma que está no *céu* e outra que está no *mar*. A que está no céu se constrói no imaginário, através da pureza e santidade, remetendo para Maria e Santa Teresa, tantas vezes personagens de seus versos. A que está no mar está no paradigma da sensualidade, remetendo para a Iara, Janaína e a prostituta.

Mas não se trata, na verdade, simplesmente da oposição ideológica entre esses dois espaços. Pode-se dizer que nessa poética se desenha uma circularidade desses significados. Há um jogo de espelhos entre a *estrela-do-mar* e a *estrela do céu*. Elas se complementam numa simbiose explicativa. Só assim se entenderá melhor o poema "Cantiga":

> "Nas ondas da praia
> Quem vem me beijar?
> Quero a estrela-d'alva
> Rainha do mar."

Aí ocorre a fusão do mar e do céu, do alto e do baixo, da sensualidade e da espiritualidade. Bandeira estaria tentando conciliar aquela antítese da figura feminina, exemplificada em Emílio de Meneses, quando, corporificando na sereia, o fantasma feminino disse: "Monstros de ventre abaixo e deusas ventre acima." A santa e a prostituta de Bandeira, em alguns instantes, parecem ultrapassar essa dicotomia, que teria, de um lado: 1) alto – estrela do céu – virgem – Mãe – Irmã – Santa, e, de outro lado: 2) baixo – estrela-do-mar – sereia – prostituta – Iara – Iemanjá.

Ora, aquela figura emblemática de Santa Maria Egipcíaca é exatamente esta conciliação: a estrela do céu e do mar. E a "estrela-d'alva" e a "rainha do mar". Aquela mesma "rainha" que apareceu no reino permissivo da Pasárgada. É a fusão daquelas mulheres antípodas de "Balada das três mulheres do Sabonete Araxá":

> "São prostitutas, são declamadoras, são acrobatas?
> São as três Marias?
> Meu Deus, serão as três Marias?"

Essa imagem da estrela foi muito bem associada à da rosa no estudo de Gilda e Antônio Cândido de Mello e Sousa, no volume *Estrela da vida inteira*. Assinalam esses ensaístas que a rosa significa, em Bandeira, tanto o corpo da mulher quanto a virgindade e o próprio sexo. E que ela mantém uma relação dialética com a imagem da estrela, pois enquanto a rosa está ao alcance da mão, a estrela está sempre distante e inalcançável. E entre um e outro símbolo pulsaria o desejo insatisfeito do poeta. Com efeito, no poema "Sob o céu estrelado" está expresso:

"As *estrelas*, no céu muito límpido, brilhavam divinamente
[*distantes*.
Vinha da caniçada o aroma amolecente dos jasmins.
E havia também, num canteiro *perto, rosas* que cheiravam a
[jambo."

Às vezes, é verdade, a estrela e a rosa se misturam num mesmo espaço, como no poema "Vésper", em que diz que a estrela caiu em sua cama cheia de pudor, mas na ardência que trazia "não havia a menor parcela de sensualidade". E nesse clima de sublimação e recalque, como se na cama do poeta se elaborasse mais uma oração ou invocação, enquanto ele chama a estrela por seu nome, "dois grandes botões de *rosa* murcharam" e o próprio anjo da guarda, como um duplo do poeta, fica em posição de reza e com seu desejo insatisfeito.

Como a estrela, a rosa em Bandeira tem duplo significado. Aliás, dentro da tradição mítico-ideológica, a rosa pode significar tanto o sangue de Cristo (quando vermelha) quanto o paraíso (quando branca); tanto o amor puro (místico) quanto o amor impuro (carnal). E o simbolismo floral, em cada cultura, rastreia uma rosácea de significados ideológicos flexíveis. Bandeira, por exemplo, vai mostrar essa gama opositiva num poema intitulado "Vulgívaga", que fala da "rosa da inocência". Em "A rosa", surge uma "rosa escarlate/em agonia", uma "sangrenta rosa/ que evoca a louca/a voluptuosa/volúvel boca/de sua amada". E se tomarmos "Eu vi uma rosa", ela agora é mística, está nas alturas e indica uma "Anunciação".

Dizer que existe uma polissemia do significado da rosa, na verdade, não acrescentaria muito ao entendimento tanto dessa poesia quanto da ideologia erótica e social que ela representa. Isso seria o óbvio. Contudo, se associarmos a isso o fato de que essa polissemia complementa a multiplicidade de significados da imagem da estrela, estaremos caminhando para o entendimento sistêmico dessa obra. Sobretudo se assinalarmos a dupla face dessa estrela, a dupla face dessa rosa e a dupla face dessa mulher santa e prostituta. Com efeito, à rosa carnal e dolorosa, soma-se outra *rosa-mulher*, já expressa no próprio nome da ama-seca, que tanto marcou a vida do poeta e está presente em suas memórias, assim como em dois de seus poemas, "Vou-me embora pra Pasárgada" e "Profundamente". Refiro-me a Rosa. Como lembra o poeta: "Rosa era a mulata clara e quase bonita que nos servia de ama-seca. Nela minha mãe descansava, porque a sabia de toda confiança. Rosa fazia-se obedecer e amar sem estardalhaço nem sentimentalidades. Quando estávamos à noitinha no mais aceso das rodas de brinquedo, era hora de dormir, vinha ela e dizia peremptória: 'Leite e cama!' E íamos como carneirinhos para o leite e a cama. Mas havia, antes do sono, as 'histórias' que Rosa sabia contar tão bem..."[34]

Essa Rosa, lugar-tenente da mãe, é a mesma referida no paraíso da Pasárgada, como duplo também da sereia-Iemanjá. Essa é a sereia boa, a rosa pura, permissiva e gratificante, que presenteava o menino com "leite e cama", além de expandir-lhe o imaginário com "histórias" só realizáveis na utopia da Pasárgada. Fora desse espaço infantil, aguarda o real e a velhice, em que, em vez de rosas, há o espinho; por isso, irônico, no "Poema do mais triste maio", diz:

"Meus amigos, meus inimigos,
Saibam todos que o velho bardo
Está agora, entre mil perigos,
Comendo em vez de rosa, cardo."

O poeta sórdido: tuberculose e prostituição,
a cicatriz do verso e a morte

A "Nova poética", poema da fase de plena maturidade do poeta, tem muita informação a dar sobre as antíteses básicas dessa obra. O que é que ele diz aí? Aparentemente está contando uma historinha, fazendo quase um poema-piada ao estilo de 1922. Começa prometendo que vai "lançar a teoria do poeta sórdido". O que é isso? Muito simples: "Poeta sórdido/

aquele em cuja poesia há a marca suja da vida." E a seguir lança uma parábola para ilustrar sua teoria e prática: "Sai um sujeito de casa com a roupa de brim branco muito bem engomada, e na primeira esquina passa um caminhão, salpica-lhe o paletó ou a calça de uma nódoa de lama: é a vida." Daí conclui que "o poema deve ser como a nódoa no brim: fazer o leitor satisfeito de si dar o desespero". E, confirmando que é nesse paradigma que instala sua poética, conclui: "Sei que a poesia é também orvalho./Mas este fica para as menininhas, as estrelas alfas, as virgens cem por cento e as amadas que envelheceram sem maldade."

Poder-se-ia ler a intenção dessa poética de duas maneiras. Primeiramente, num sentido social: o poeta seria aquele que revelaria ao leitor desatento as manchas do cotidiano provocando-lhe uma reação desalienante. Mas esse ponto de vista, conquanto justo, não é o mais nítido em Bandeira. Nele, em vez do aspecto social, avulta o aspecto psicológico e subjetivo. E em nossa análise, torna-se pertinente o relacionamento da poética do limpo e do sujo com a psicologia do poeta tuberculoso. Com efeito, seus versos fazem essa biografia literária do autor tuberculoso. Também seus textos em prosa não se furtam a isso. É impossível entender fundamente essa poesia sem enfrentar essa questão. Ter sido tuberculoso desde a adolescência e ter convivido diariamente com a hipótese de morte alteram tudo nessa obra.

Como diz ele no "Autorretrato", ele que falhou em várias coisas foi "em matéria de profissão/um tísico profissional". Na análise que fez de seu duplo – o poeta português Antônio Nobre, que como ele foi repousar em Clavadel, na Suíça –, diz do pânico causado pela tuberculose no princípio do século: "Entisicar era quase sempre marcar o *rendez-vous* com a morte no prazo médio de três anos." Em alguns poemas, claramente, a tuberculose aparece dramatizada. Seja no patético "Pneumotórax", em que ao doente não resta outra coisa senão tocar um tango argentino e conformar-se com a desgraça, seja na "Poética", na qual se refere a um tipo de lirismo "sifilítico", que se oporia à poesia moderna. Contudo, esses sinais explícitos são óbvios, e uma análise mais funda do inconsciente desse texto deve atentar para uma série de informações e disfarces semeados na superfície de outros textos, e que recolhidos fornecem a sintomatologia da poética desse tuberculoso. Como aquela "Nova poética", com a qual abrimos esta parte do estudo.

Vejamos. Mais do que o aspecto social, a teoria do poeta sórdido remete à psicologia de Bandeira. Analisado aquele texto, duas palavras destacam-se aí como sínteses da contradição ideológica em que se debate o poeta, dividido entre a santa e a prostituta. Refiro-me à *lama* e ao *orvalho*. A "lama" rege a intenção da sordidez: jogar uma "nódoa de lama" no paletó ou calça do leitor ou transeunte. Lá se foi a pureza do brim branco. A tinta preta do verso sujo fez "o leitor satisfeito de si dar o desespero".

A segunda parte do texto refere-se ao "orvalho". Se a lama é coisa grosseira e masculina, o orvalho vai ser sinal de pureza. Esse orvalho é descrito ironicamente, identificado como a pureza feminina. Essa poesia da água pura fica para as "menininhas, as estrelas, as virgens cem por cento e as amadas que envelheceram sem maldade".

Ora, existe aí nessa metáfora líquida da "lama" e do "orvalho" toda a fobia e ansiedade do *contágio*, que aparece em oposição à água pura e restauradora. A "lama" e a "nódoa" explicam o poeta tuberculoso, temeroso de contagiar o semelhante. Como ele diz naquele mesmo texto sobre Antônio Nobre, estar tuberculoso "era dizer adeus ao emprego, ao casamento e até à hospedagem em qualquer hotel ou pensão decente". Ou seja, o tuberculoso era um "impuro". Devia ser mantido afastado dos outros, como um leproso. O romance de François Mauriac *Baiser au lépreux* (1922), versando grotescamente essa temática, conta como o personagem central, Jean Leloueyre, saía à noite para contagiar, junto com um seu amigo leproso, outras pessoas, num gesto onde amor e morte se confundiam. Sintomaticamente, é o leproso que aparece claramente mencionado em "Estrela da manhã", quando o poeta aceita que sua amada peque com todos: malandros, sargentos, fuzileiros navais, gregos e troianos, o padre e o sacristão e, finalmente, até "com o leproso do Pouso Alto/depois comigo". Já em análise anterior desse texto, comentei o mecanismo de rebaixamento que se impõe esse amante diante da mulher "pura" e/ou "degradada". Em pânico diante da possibilidade de contágio, por outro lado, o tuberculoso vai encontrar na prostituta o seu par ideal. E é no espaço do meretrício que se realiza aquilo que os estudiosos da prostituição chamam de "esgoto seminal". Se tomarmos, por exemplo, a "Primeira canção do beco", aí aparece a amada como uma "esquizoide" e "leptossômica", uma "intersexual disputadíssima", por quem confessa o poeta:

"Às vezes viro lobisomem
E estraçalhado de desejos
Divago como os cães danados
A horas mortas, por becos *sórdidos*!"

Está aí, de novo, a poética do sórdido. E sórdido tem um significado ligado ao imundo, ao abjeto, ao repugnante. A palavra "sórdido" reaparecerá em outro poema, "Contrição: Sou a mais baixa das criaturas! Me sinto sórdido". E aqui se estabelece o jogo dos contrários, pois nesse poema existe, exatamente, uma invocação à pureza: ele quer se banhar "nas águas límpidas", "nas águas puras". Aquele que está habituado à "lama" quer o "orvalho". O mesmo orvalho que escorre nas paredes dos conventos que descreve na "Última canção do beco"; orvalho que é o batismo da alvorada para a noite de manchas e pecados. Conventos, por sinal, que reaparecem nessa "Primeira canção do beco" quando ele invoca a perversa e pervertida amante, para que ela chegue ao seu "quarto desolado/por estas sombras de convento".

A sordidez e a santidade coabitam o mesmo espaço nessa poesia, como a santa e a prostituta coabitam dentro de Santa Maria Egipcíaca. Releia-se o que escrevi no princípio deste ensaio sobre a crônica "O místico" e sobre a conversão da santa. Releia-se o deslumbramento piedoso do poeta vendo as prostitutas e a santa coabitarem o crepúsculo na Lapa, onde residia. Por isso, ao aspecto líquido da "nódoa" e da "mancha", sobrevém o aspecto da purificação, através de um rio imaginário de batismo e regeneração. Por isso, a água, enquanto metáfora ambígua da divisão psicológica do poeta, ora remete para a "lama", ora para o "orvalho". À pureza da água da chuva e da fonte, em "Murmúrio d'água", somam-se as "cóleras homicidas" e "ódios iconoclastas" de "Mar bravo". O mar aqui é sinônimo de agressão e morte. Ele morde "a areia, cuspindo a baba, acre salsugem". Aí "gemem sereias despedaçadas". E esse mar assim furibundo, sujo e agressivo, lembra ao poeta que dentro dele há "um pântano insatisfeito/de corrompidas desesperanças!...".

No tuberculoso, o pânico e a ansiedade de contágio aparecem nessas metáforas líquidas. E o escarro, o beijo, a baba, enfim, o próprio sêmen, são portadores de sujeira e morte. Não estranha (e agora se esclarece mais) que aquele poema "Entrevista" registre a opinião do poeta de que a coisa mais triste que existe no mundo é uma mulher grávida, "qualquer mulher grávida". Pois ela é o avesso da morte. É o contágio vital, o florescimento e o renascimento. E é sintomático que esse poeta, que tomava as prostitutas como musas (mulheres que fantasmaticamente não se destinam à procriação), venha nesse mesmo poema "Entrevista" usar a palavra "sórdida": "Vida que morre e que subsiste/vária, absurda, *sórdida*, ávida/má!" Assim o poeta sórdido procura a mulher sórdida e o tuberculoso procura a prostituta para se completarem imaginariamente.

O poeta da doença, que se via num "pântano insatisfeito", é o mesmo que em "Noturno da mosela" vê seus "pulmões comidos pelas algas", enquanto sorve seu cigarro. O fumo, sadomasoquisticamente, é "abençoado", mas é também "amargo" e "abjeto". Isso explica que no próximo verso desse poema exponha uma ternura erótica por uma aranha: "Uma pequenina aranha urde no peitoril da janela a teiazinha levíssima./Tenho vontade de beijar esta aranhazinha..." O que é essa aranha senão um duplo do poeta sórdido e tuberculoso? Isso se evidencia se relermos o poema intitulado "A aranha", em que se encontra essa identidade confirmada. Colocado no princípio da obra, esse texto retoma a mitologia e fala de como a jovem líbia Aracne foi convertida em aranha por Minerva. Contudo, a voz do poeta se mistura psicologicamente à da personagem: "Não te afastes de mim, temendo a minha *sanha*/e o meu *veneno*." Reaparece aqui o problema do contágio, pois o outro teme a "sanha" e o "veneno" dessa aranha tuberculosa. Só a aranha não temeria "beijar esta aranhazinha...", só o tuberculoso profissional poderia entreabrir-se à aranha/prostituta de igual para igual.

O poema seguinte, intitulado "Gesso", que narra um episódio trivial, fornece alguns fios a mais para se entender a teia de informações dessa poética do sórdido. Ele começa a narrar que tinha uma estatueta de gesso. Mas algo caracterizava essa "estatuazinha". Tinha "o gesso *muito branco* e as linhas *muito puras*". A pureza e a brancura são postas aqui no passado (exatamente como sucedeu com Aracne, a linda jovem que também fora limpa e pura, até que se viu convertida na escura aranha).

Essa estatuazinha vai assumindo, na vida do poeta, o papel de um duplo, a tal ponto que ele chega a sentir nela também uma certa humanidade. Tanto é assim que, embora os outros não percebam, ele sabe que ela às vezes chora. Como ele, ela está exposta à destruição e à sujeira: "O tempo envelheceu-a, carcomeu-a, manchou-a de pátina amarelo-

suja." Tal é a identidade entre ambos que até a tuberculose do poeta contamina o gesso: "Os meus olhos de tanto a olharem/impregnaram-na da minha humanidade irônica de tísico."
A sujeira, a mancha e a doença contaminam tudo. Mas algo mais grave sucede um dia:

"Um dia mão estúpida
Inadvertidamente a *derrubou* e *partiu*.
Então *ajoelhei* com raiva, *recolhi* aqueles tristes *fragmentos*,
[*recompus* a figurinha que chorava.
E o tempo sobre *as feridas escureceu* ainda mais o *sujo*
[mordente da *pátina*...
Hoje este gessozinho comercial
É tocante e vive, e me fez agora refletir
Que só é verdadeiramente vivo o que já sofreu."

A segunda parte da narrativa concentra-se na restauração do poeta e de seu duplo. Aquilo que foi derrubado, partido, é recolhido de joelhos. Recompõe os fragmentos. E embora a estatuazinha colada continue a escurecer e ficar mais suja com a pátina do tempo, por outro lado ela é um sinal de vida, é como uma ferida e cicatriz.

É assim que se pode, psicanaliticamente, entender o verso de Bandeira: como uma cicatriz. É a marca da doença. A cicatriz é isto: presença e ausência. É a inscrição, no corpo da letra, das marcas da vida. O verso é a nódoa, é a mancha sobre a página branca. Aí se inscreve a tinta da vida. Tinta que é o registro da própria morte, tinta corrosiva e marca da diferença entre o antes e o depois.

O primeiro poema do primeiro livro de Bandeira trazia já esse verso: "Eu faço versos como quem morre." Era um tato: sua poesia inicial, decadentista, era um soluço no crepúsculo. Mas, aos poucos, se converteu numa forma de sobrevivência e, depois, num gesto definido de querer viver, arrancando do corpo da vida a eroticidade que espantasse a própria morte. Há, nesse primeiro livro, certa terapia poética, quando diz que "a arte é uma fada que transmuda/e transforma o mau destino", ou quando revela: "A afeiçoar teu sonho de arte/sentir-te-ás convalescer." Aí está o verso cicatrizando a doença, através da sublimação. A poesia passa a ser até o leito imaginário onde seu corpo possui os fantasmas eróticos, já que na realidade o contágio físico é perigoso: "Teu corpo claro e perfeito/Teu corpo de maravilha/Quero possuí-lo no leito/ Estreito da redondilha..." E lá está o poeta em Clavadel, num poema datado de 1914, "Plenitude", sentindo "o furor de criação dionisíaco", com "êxtases de santo... ânsias de virtude", usando a imaginação para curar a ferida do real. Como um menino combalido, espera que a Mãe venha restaurar sua vida:

"E tudo isto me vem de vós, *Mãe Natureza*!
Vós que *cicatrizais* minha *velha ferida*...
Vós que me dais o grande exemplo de beleza
E me dais o divino apetite da vida!"

A *ferida* e a *cicatriz* correspondem à vida exposta à morte e à restauração pela poesia. São duas margens. É uma travessia. Travessia como aquela de Santa Maria Egipcíaca, onde pureza e impureza se superpõem. A cicatriz é o sinal da duplicidade, assim como só o pecado pode conduzir à aspiração de pureza. Essa duplicidade se foi inscrevendo nessa poesia através de vários opostos. E o verso é a denúncia da tentativa de sutura da imagem da santa e da prostituta. O poeta imagina até uma Nossa Senhora da Prostituição ("Rondó do Palace Hotel"), e noutro poema exclama: "Ainda existem mulheres bastante puras para fazer vontade aos viciados" ("Na boca"). O tuberculoso que aspira à saúde, o folião que se torna penitente, o Pã que se transforma em Cristo, a divisão entre a volúpia e a ternura são antíteses que marcam um caminho contraditório, em que o embate entre Eros e Tanatos é registrado na ferida/cicatriz do verso. Como ele revela na última estrofe de "Vou-me embora pra Pasárgada", o gesto erótico deveria espantar a morte: quando tivesse vontade de se matar, iria para Pasárgada e teria a mulher na cama que quisesse. E essa mulher que ele aguarda na cama é também ambígua, ela é a vida e é a morte. Em quatro poemas, ele fantasia que recebe essa visita da amada: "Súcubo", "A dama branca", "O homem e a morte" e "Visita noturna". Em outros, nos quais relembra sua vida na Lapa, também invoca a grande prostituta para consolá-lo, essa estrela da manhã que deve conduzi-lo a percorrer "a fina, a doce ferida/que foi a dor do meu gozo". Seus textos serão, na verdade, uma constante "Preparação para a morte". Ele aguardou a vida inteira que essa mulher fatal viesse, seja como "vulgívaga" e "gênio da corrupção", seja como uma Santa Teresinha que o redimisse. Aquele que fez da prostituta a musa de sua vida tinha, nas suas próprias palavras, um *"rendez-vous* com a morte". E o uso dessa expressão em português é revelador, porque conota logo a ideia de encontro amoroso. Enfim, esse era o voluptuoso encontro que iria completar sua experiência: a Dama Branca, que um dia levara o seu pai, um dia viria ter com ele, e ele, enfim, provaria a "doçura da amada/ que amara com mais amor".

Vinicius de Moraes: a fragmentação dionisíaca e órfica da carne entre o amor da mulher única e o amor por todas as mulheres

INTRODUÇÃO 259
PROPOSIÇÕES 261
DESENVOLVIMENTO 262
   O ego cindido entre o bem e o mal na tela
      do imaginário 262
   A grande mãe boa e má e seu filho-amante 267
   Narciso cego e o rito unificador de Orfeu 271
   Dionísio e a fragmentação erótica da carne 275
   O regime lunar e o regime solar no cromatismo
      do desejo 278
   A mulher fálica e os aspectos teriomórficos
      da angústia noturna 282
   O macho castrador reage ante a mulher ameaçadora .. 287
   O desejo líquido e incerto ante o seio bom
      e o seio mau 292
   Imagens líquidas do leite, do sangue, do mênstruo,
      do sêmen e da urina no jorro da poesia 298

INTRODUÇÃO

Conhecido hoje como compositor popular, Vinicius de Moraes, na década de 1930, produziu alguns poemas que chamaram a atenção da crítica em geral, merecendo uma longa resenha de Mário de Andrade e um livro, onde Otávio de Faria interpretava a sua poesia e a de Augusto Frederico Schmidt.[1] Essa poesia inicial de Vinicius, de rara força patética, sob uma ótica psicanalítica, se converte em insólito material para o estudo da problemática do desejo. Esses textos primeiros, pouco ostentando de um escritor tropical, brasileiro ou latino-americano, parecem antes convulsões verbais de um vate nórdico com vocação expressionista, pintando, através do claro-escuro, cenas que lembram narrativas góticas com sabor medieval. Seu lastro, já se percebe: sobre ser idealista, é romântico e simbolista e prende-se às dilacerantes antíteses barroquistas. Mas mais do que uma reinscrição de fórmulas poéticas antigas, aí se monta uma cenarização mítica, misturando valores de uma mitologia clássica e pagã com uma mitologia individual dilacerada pelos dilemas da moral cristã.

Aliás, é o próprio poeta que, na "Advertência" introdutória à *Antologia poética*, diz que sua poesia sofre esse dilema e pode ser dividida em duas fases. A primeira ele chama "transcendental, frequentemente mística, resultante de sua fase cristã que termina com o poema 'Ariana – a Mulher', editado em 1936". A outra fase se inicia com o poema "O falso mendigo" e, segundo ele, "nela estão marcados os movimentos de aproximação do mundo material, com a difícil, mas consistente repulsa ao idealismo dos primeiros anos. De permeio foram colocadas as 'Cinco elegias' (1943), como representativas do período de transição entre aquelas duas tendências contraditórias – livro, também, onde elas melhor se encontraram e se fundiram em busca de uma sintaxe própria".

Minha análise dessa poesia é também a análise de um modo de viver o desejo em nossa sociedade. Vinicius realiza uma coisa rara na poesia ocidental: abre o inconsciente com tal violência e pureza que, de repente, aí se dramatizam os ingredientes de um inconsciente coletivo mítico e intemporal. Por isso, na sua leitura, há que se associar a psicanálise freudiana à junguiana. O autor se derrama e se expõe sem nenhuma comiseração de si mesmo, nem se envergonha de seus delírios imagísticos e alucinações míticas e existenciais. Nisso ele diverge daquelas poéticas da modernidade, que tendem a manipular, reprimir e a escamotear o inconsciente por temer o que há de instintivo e arcaico nele.

A mulher é o grande tema da poesia de Vinicius. Mas aqui se verá que, psicanaliticamente, a mulher é um fantasma que povoa seu imaginário, cindido entre o bem e o mal, entre o desejo e a interdição. O leitor ordinário de Vinicius se espantará com isso, porque está mais habituado com a segunda parte de sua obra e com algumas de suas canções, onde isso não aparece claramente. Mas as suas canções e essa segunda poesia só podem ser entendidas ao lado daquela outra que ele mesmo chamava de transcendental e mística. Sim, a mulher é o grande enigma dessa poesia. Para ela, ele transfere os seus problemas. Nela ele se projeta. Dramatiza nela o seu ego cindido e sua busca de unidade. Na fase transcendental, a mulher que ele procura é a "mulher única", aquele ser cósmico total, a Grande Mãe consoladora, uma espécie de Beatriz ou Sofia. Seus versos, então, são litúrgicos, hieráticos e parecem confissões abrasadas no claustro. Basta ler os títulos: "O único caminho", "Purificação", "Sacrifício", "Vigília", "Carne", "Senhor, eu não sou digno" etc. A carne briga com o espírito. Seu corpo está coberto de chagas e remorsos, em tudo ele "só via a miséria da carne, e o mundo se desfazendo na lama da carne". Há uma invocação à mulher vestida de branco, que se confunde com a mãe e a irmã. Há aí um Narciso triste, um Orfeu místico e um subjacente Édipo exilado do paraíso, que por isso se chama o tempo todo de o "incriado", o "mendigo", o "prisioneiro" e se reconhece como "sórdido".

Aos poucos seu texto vai procurar uma eroticidade mais solar. Mas ele é o cenário de um drama ou tragédia em que o poeta, como Orfeu e Dionísio, se entrega à dispersão e à fragmentação. Tendo aberto mão de encontrar a "mulher única", parte então para a conquista de "todas as mulheres", procurando nessa dispersão fantasmática a unidade perdida desde que se deslocou do colo da Grande Mãe.

PROPOSIÇÕES

1. A tarefa inicial será a constatação de que o sujeito nessa poesia está dividido numa *clivagem* entre o bem e o mal. A projeção dessa cisão do amante produz um fantasma feminino igualmente dividido, em que aparecem uma mãe fálica castradora e uma mãe consoladora e unificadora. O culto da mulher baseia-se no mito intemporal da *Grande Mãe* cósmica, e o poeta é o *Filho-Amante* procurando realizar uma *hierogamia* sacra e profana.

2. Alguns mitos estão subjacentemente nessa poesia. Surge aí um Narciso dividido esquizomorficamente diante do espelho. *Orfeu*, por outro lado, é a tentativa da *unificação* das partes através do canto e do misticismo. E *Dionísio* é o testemunho do esfacelamento (*diasparagmos*) trágico do amante. Além desses mitos na enunciação do texto, aí estão *Édipo, Eros* e *Tanatos*. Sua poesia expõe um rito, além desses mitos. Trata-se do *rito sacrificial*, onde um sacerdote (o poeta) suplicia um cordeiro (a mulher). O poeta é um peregrino que trans-passa as mulheres, esperando delas o perdão.

3. Embora se possa falar de um *regime noturno* e de um *regime diurno* nessa poesia, as imagens da Lua e do Sol podem ser ambiguamente positivas ou negativas, conforme se identifiquem ou não com a interdição do desejo. Há uma Lua fálica e outra fecunda, e há um Sol castrador e ao mesmo tempo disseminador de vida. Há, sobretudo na primeira fase de sua poesia, a predominância de uma Lua fálica, e a figura feminina é descrita num ambiente de angústia. O poeta reage simetricamente a essa figura interditora e parte ele também para a mutilação da companheira, ritualizando o amor sadomasoquisticamente, recaindo no tópico da *ternura canibal*.

4. Assim como a Grande Mãe Natureza e a imagem da Lua e do Sol, também as *metáforas marinhas* e *líquidas* têm particular importância. Descreve-se aí um desejo líquido e incerto. As imagens do *leite*, do *sangue*, do *mênstruo*, do *sêmen* e da *urina* encaminham a compreensão de uma *poesia* que flui entre as antíteses do bem e do mal, como se fosse um *logos spermaticos*.

DESENVOLVIMENTO

O ego cindido entre o bem e o mal na tela do imaginário

Começo com um poema de Vinicius que não é nunca citado e que, no entanto, fornece uma das melhores chaves para se penetrar na sua obra. Refiro-me a "Desde sempre", que está no seu primeiro livro – *Caminho para a distância* (1933). Aparentemente, o texto nos narra uma história trivial: ele está assistindo a um filme de amor. A sala de cinema é escura e silenciosa, e ele contempla embevecido as cenas românticas na tela. Ali sente a "beleza suave de um drama de amor". Porém, atrás de si, algo começa a interferir em seu devaneio: um casal se entrega aos prazeres eróticos, aproveitando a escuridão da sala. Para ele essas "vozes surdas, viciadas" produzem algo oposto ao que vê na tela. Na tela, existe um "casto drama". Atrás de si, uma "comédia de carne". Ele faz o paralelo: "Cada beijo longo e casto do drama/corresponde a cada beijo ruidoso e sensual da comédia." Estabelecem-se, portanto, a diferença e o conflito: existe uma tela na frente dele onde se produz o ideal, e existe atrás dele um outro espaço do real. De um lado, a pureza; de outro, o pecado. No meio, dividido entre a "carícia" imaginária e a "brutalidade" concreta da carne, ele confessa: "Eu me angustio." É, portanto, algo mais do que um simples constrangimento.

A seguir expõe a sua dificuldade em resolver o conflito: não consegue compactuar inteiramente nem com uma nem com outra cena de amor, pois quer estar nas duas ao mesmo tempo, ambiguamente:

> "Desespera-me não me perder da comédia ridícula e falsa
> Para me integrar definitivamente no drama.
> Sinto a minha carne curiosa, prendendo-me às palavras
>   [implorantes
> Que ambos se trocam na agitação do sexo.
> Tento fugir para a imagem pura e melodiosa
> Mas ouço terrivelmente tudo
> Sem poder tapar os ouvidos."

Diante disso, o poeta toma uma resolução: "Num impulso fujo, vou para longe do casal impudico/Para somente poder ver a imagem." No entanto, ocorre uma decepção e surpresa. Em outro lugar, podendo contemplar a tela imaginária do amor ideal, ele sente falta da lubricidade representada pelo "casal impudico". Ao mudar de lugar e olhar a tela na sua frente, ela lhe parece carente e vazia de tensão. Só a tela não mais o satisfaz. O imaginário que se projetava na tela só tinha sentido em função da cena que se passava atrás dele. O deslocamento do espectador dentro do cinema matou a representação interna, dupla, ambígua, perversa, mas gratificante. Por isso, termina narrando essa frustração:

"Mas é tarde. Olho o drama sem mais penetrar-lhe a beleza
Minha imaginação cria o fim da comédia que é sempre o
[mesmo fim
E me penetra a alma uma tristeza infinita
Como se para mim tudo tivesse morrido."

Estranha (e verdadeira) situação é essa. O indivíduo numa situação esquizomórfica, lidando com o ideal e com o real, com o que está na frente e com o que está atrás de sua mente, entre o drama e a comédia, entre a carne e o espírito, entre a brutalidade e a carícia. Mas mais do que isso: o pacto, a solidariedade que existe entre esses extremos, a tal ponto que só podem sobreviver se postos um em função do outro. Quando confrontados, dão a sensação de angústia; quando um está ausente, dá-se a sensação de vazio e morte.

Esse poema é uma parábola do inconsciente. Até alguns de seus termos são psicanaliticamente reveladores: existe uma "representação" e uma "cena". Existe até uma "tela" que espelha os dramas do imaginário. Em termos lacanianos, esse imaginário está funcionando no plano do "aquém" (o caso real, perverso) e no plano do "além" (casal romântico na tela). Há mesmo uma relação dual, um jogo de espelhos. A rigor, no entanto, as duas cenas são vividas imaginariamente pelo espectador. A que se passa atrás dele ele não vê e, por isso, a imagina mais perversa e má. Ela o incomoda também pela vizinhança física, pela ameaça de contágio. Tal cena é desejada e rejeitada (angustiosamente). Já a cena imaginária da tela, por conduzir ao final feliz e ocultar a fenda do desejo irrealizado, parece ser mais aliciadora. Contudo, o poeta se dá conta de que está dilaceradamente entre as duas. "J. Lacan definiu a essência do imaginário como uma relação dual, um desdobramento em espelho, como uma oposição imediata entre a consciência e seu outro, onde cada termo passa de um para o outro e se perde nesses jogos de reflexos. É assim que a consciência, na procura de si mesma, crê se encontrar no espelho das criaturas e se perde no que não é ela."²

Como disse anteriormente, essa cena descrita por Vinicius, quase em forma de crônica, dramatiza alguns componentes de sua obra e do próprio imaginário humano. Com efeito, ele, que foi censor de cinema nos anos da ditadura de Vargas e que no poema "Falso mendigo" chegou a ironizar-se: "Fala com o Presidente para fecharem todos os cinemas/não aguento mais ser censor", nesse texto abre as censuras de sua alma e exibe o filme de sua duplicidade na tela do imaginário. E aqui se pode lembrar que a poesia de Vinicius vale, antes de mais nada, pela sua extraordinária sinceridade, por uma quase ingenuidade. Ele não esconde o jogo, não procura as artimanhas e os disfarces de muitos poetas irônicos e outros cerebrinos. Sua poesia é uma formidável catarse, como se ele desconhecesse tudo sobre psicanálise ou, então, como se resolvesse viver seus fantasmas individuais apesar disso, com todos os riscos e glória que o instinto impõe.

Essa divisão do indivíduo entre as duas cenas tem algo mais a nos dizer. Ele é o filtro, é o cadinho, o lugar de passagem das imagens opostas da perversão e do idealismo. Pode-se dizer que, seguindo o princípio cinematográfico e fotográfico, essas imagens são projetadas ao avesso. E, no caso, é uma consciência o lugar da inversão, o lugar de conversão de um tipo de imagem em seu oposto. A rigor, mais do que isso, está ocorrendo com o espectador um fenômeno de *clivagem* ou *Spaltung*, como diria Freud. Há uma divisão do ego do indivíduo entre o bom e o mau, entre o que está à frente e atrás. Uma "divisão intrapsíquica", uma "clivagem da consciência", como dizem Laplanche e Pontalis.

A obra de Vinicius, em termos poéticos e imaginários, não só descreve um movimento semelhante à clivagem do ego, mas ritualiza também a clivagem do objeto. No primeiro caso, a divisão está internalizada no sujeito. No segundo caso, é projetada nos objetos em torno, especialmente na figura da mulher. Em ambos os casos, há um conflito entre o *bom* e o *mau*. No que diria respeito à divisão interna do poeta, ele mesmo dá sua genealogia, mostrando de que modo o bem e o mal nele se aglutinam:

"A minha *ascendência* de heróis: assassinos, ladrões,
[*estupradores*

/onanistas – *negações do bem: o Antigo Testamento!*
a minha *descendência* de poetas: puros, selvagens, líricos
[inocentes:
/o *Novo Testamento: afirmações do bem.*"

Essa afirmação, que está no poema "Invocação à mulher única", repete a fenda, a fissura, a rasura no consciente/inconsciente do texto, tal como aquela sala de cinema, onde a perversão e o idealismo se conjugam. Lá a ideia de *atrás* combina com essa ideia de "Antigo Testamento" e *ascendência*, e *à frente*, com a ideia de *descendência* e "Novo Testamento".

Mas o título desse último poema, no entanto, nos dá um elemento sintomático para continuar a análise, pois o poeta está dividido diante de uma imagem de mulher que ele persegue e que qualifica de "mulher única". Curiosamente, revela que a divisão é sua e insinua que a possibilidade de reunião dos fragmentos está fora dele, na mulher. Reconhece: "O mal está em mim e a minha carne é aguda", mas a mulher é a chance de escapar da morte e da diluição. Mas como essa mulher é o avesso do que ele é, como ela é o lado bom e ideal, na verdade ela é a *Grande Mãe* capaz de sanar as feridas da vida e reinstalá-lo na paz de seu *útero* eterno. Por isso, termina o poema fazendo uma regressão: tendo já se confessado criança, agora assume a postura *fetal* e imagina que poderia ficar como uma *múmia* egípcia bebendo da "fonte mais doce", desse seio instalado "no invólucro da Natureza que és tu mesma, coberto da tua pele que é a minha própria – oh, mulher, espécie adorável da poesia".

É instigante percorrer os meandros desses versos para constatar como a obra poética atualiza certos conflitos inconscientes e como, por exemplo, o pensamento de Melanie Klein nos ajuda a entender o imaginário poético. Pois o que Melanie Klein chamaria de *posição paranoide* e *posição depressiva* realiza-se aqui plenamente, sobretudo se associarmos, aos textos já considerados, outro poema, "Poema para todas as mulheres". Já no primeiro verso, aparece a imagem do seio, aludido também no poema anterior: "No teu branco seio eu choro." A seguir, há uma descrição dessa tristeza líquida, cheia de "lágrimas" que se "embebedam" no sexo da mulher. É um poema estranho, pois é vazado numa tristeza e numa melancolia que remetem mais para o luto e depressão do que propriamente para a euforia erótica. O poeta de novo se metamorfoseia em menino indefeso e desvalido, ante esse ser imenso e todo-poderoso que se parece com uma "máquina", que só lhe causa desespero. Mas, aparentemente, surge uma contradição, pois esse menino impotente e triste, de repente, em meio às lágrimas, confessa:

"Homem sou belo
Macho sou forte, poeta sou altíssimo."

Estaria ocorrendo aí aquilo que Melanie Klein considera como a "passagem entre a exuberância e o abatimento, que é característica dos estados depressivos"? Certamente, pois esse belo, forte e altíssimo poeta sai exercitando um sadomasoquismo comprovado nas imagens agressivas de "afogar" e "devorar". Então invoca as lágrimas: "lágrimas saudosas *afogai-me*", e revelando a sua angústia e a ansiedade diante das mulheres, de repente, ele que queria todas as mulheres, abre mão de todas elas por uma figura inofensiva e branda, e termina espantosamente assim seu poema:

"Que eu não posso mais, ai!
Que esta mulher me *devora*!
Que eu quero fugir, quero a minha mãezinha, quero o colo
[de Nossa Senhora!"

Vinicius filia-se assim àquele grupo de poetas românticos estudados por Mário de Andrade, que diante da mulher sentem um ambíguo "amor e medo". É isso que vai explicar que, nesse mesmo poema, diga: "melhor seria morrer ou ver-te morta/E nunca, nunca poder te tocar!" É que, como no caso das posições depressivas, a mãe, objeto de amor, é também objeto de ódio, e essa experiência, como diz Hanna Segal, "dá origem a sofrimento, culpa e sentimentos de perda".[3] No princípio do texto, a mulher era uma "máquina" que o triturava, no final ela assume seu aspecto devorador, que mais adiante consideraremos vinculado ao tema da *vagina dentada* e da mãe fálica.

Essa obra, então, é balizada por dois movimentos complementares. Da parte do ego, a confissão de uma fragmentação dionisíaca e esquizomórfica, que aspira à unidade órfica e mística. De outro, a projeção desse conflito na própria imagem feminina, que ora é descrita como a "mulher única". A "Ariana – a Mulher", absoluta como uma Beatriz e Sofia, ora é descrita fragmentariamente em todas as mulheres. Daí que esse segundo estádio possa ser exemplificado em títulos opostos à unidade: "Poema para todas as mulheres" e "A mulher que passa". Em "Epitalâmio", vai referir-se nominalmente a várias mulheres que aqueceram sua biografia: Alice, Maria, Nina, Alba, Sombra, Linda, Marina, Vândala, Santa, Maja, Altiva, Clélia. Mas agora, nesse espelho partido em mil faces, Narciso se indaga: "Quem és, responde!/És tu a mesma em todas renovada?", e a resposta termina numa inscrição ambígua, em que ele repete cinco vezes a expressão "SOU EU!". Um EU maiúsculo (másculo?) que reúne o feminino e o masculino e que delira com a unidade dentro do desespero da fragmentação.

A grande mãe boa e má e seu filho-amante

Na poesia ocidental, a de Vinicius é um dos mais ricos exemplos de identidade entre produção literária e os mitos imemoriais da Grande Mãe. Chega a ser um caso insólito, tanto pela força com que jorra suas imagens quanto pelo fato de que seus versos parecem uma leitura poética dos grandes mitos babilônicos, hindus e gregos. E é assim que o tópico da Grande Mãe, da Deusa Mãe, Deusa Terra, Magna Mater, Genitrix Deusa Soberana, Deusa das Montanhas, dos Animais e Bestas[4] aí se fixa. Em verdade, esse arquétipo, em linguagem junguiana, pode ser chamado também de "a Grande Mãe urobórica", na expressão de Neumann,[5] pois ela tem natureza circular e cíclica, como aquela representação urobórica da serpente que morde a própria cauda. Ela é uma representação do círculo, do redondo e do *ovo cosmogônico*, que contêm em si o bem e o mal. Os historiadores situam em tempos bem remotos o culto da Terra como a Grande Mãe. O homem de Neanderthal, há cerca de 200 mil anos, já enterrava seus mortos em posição fetal, porque a terra era o grande ventre de onde tudo vem e para onde tudo vai. Os romanos inscreviam nas pedras funerárias: *"Mater genuit mater recepit"* (A mãe deu a vida, a mãe a tomou). Por isso, alguns historiadores, como Lewis Mumford, talvez influenciado por Bachofen, acentuam que no princípio da Era Neolítica o matriarcado existiu, como prova de que haveria uma organização social simétrica aos mitos reverenciadores da Terra Mãe. Por isso, no Neolítico, há uma série de objetos, como jarras, vasos e talhas, que imitariam semiologicamente o ventre gerador da vida. E, como diz Neumann, aproximando Terra = Vaso = Mulher, "o Feminino é o ventre-vaso, como mulher e como terra. Ela é o vaso do crepúsculo, guiando a jornada das estrelas pelo desconhecido: é o ventre da baleia-dragão, que na história de Jonas engole o herói solar cada noite no leste (...) A Grande Mãe, como a Terrível Rainha da terra e da morte, é também a terra na qual as coisas apodrecem. A Rainha da Terra é a 'devoradora dos corpos mortos da humanidade' e a 'amante e senhora da tumba'".[6] Mircea Eliade, considerando a relação entre a mulher, a agricultura e a sensualidade, lembra que na Finlândia as mulheres trazem as sementes na roupa menstrual, no sapato de uma prostituta e na meia de um bastardo.[7] Esse bastardo, embora elemento masculino, aí se explica, porque o "filho exposto" era aquele abandonado ao vento, terra e água e se chamava um *terrae filius*. Nas sagas ocidentais ou orientais, o menino abandonado se transforma em herói, rei ou santo. Com efeito, essa versão mítica persistiu em nossa cultura e até recentemente os orfanatos recolhiam crianças achadas sem pais e mães, sob o nome de "expostos", o que na Itália resultou mesmo num sobrenome para esses órfãos: *Exposito/Exposita*.

Isso já nos vai encaminhando um desdobramento desse tópico da Grande Mãe, que é o tema do Filho-Amante. Esse é o herói mítico que surge espontaneamente do ventre da mãe cósmica. E a poesia de Vinicius incide nesse personagem em diversos textos. Bastaria tomar "O poeta", no qual ele quer explicar exatamente essa origem deserdada de Orfeu. Aí reafirma o que havia dito em "O escravo" e "O incriado", assumindo o aspecto de "maldito", de "exposto", de "cão de Deus", de "enviado do Mal", uma espécie de Jó ulcerado de chagas e predestinações.

Esse Filho-Amante é duplo, como a Grande Mãe é ao mesmo tempo perversa e bondosa. Como mãe má, a figura de Gea, Gaia ou Pandora o aprisiona torturadamente no seu ventre. Ele considera "a terra que me aprisionou nas suas entranhas"; ele é "fruto sobre a terra morta". Como diz em "Ariana – a Mulher": "Para mim era como se a Natureza estivesse morta." Isso explica por que em muitos desses poemas, onde a natureza é identificada com a mãe má, ele se sente como uma árvore paralisada, sendo devorada pelas raízes. Há uma luta mortal entre a *terra-mãe* e sua continuação no *filho-árvore*. A agressividade do menino se volta contra o seio que o hostiliza. Ele se encontra no "feudo da morte implacável", no "misterioso reino dos ciprestes", aprisionado como "os cravos lívidos e os lírios pálidos dos túmulos". Ele é um "pequeno arbusto esgalhado", mas acorrentado, prisioneiro, imóvel dentro da noite. Como um cipreste, que é mesmo uma árvore da esterilidade. Por isso, em "Solilóquio", retoma a imagem e confessa: "Serei vazio de amor como os ciprestes no seio da ventania?" Não estranha que no poema "A mulher da noite", considerando a sua paralisia e a angústia diante do ser castrador, ele a compare a um pinheiro.

No entanto, dentro dele há a exclamação: "ó árvores de desejo!", e na epifania dolorosa, que é o aparecimento da mulher total, Ariana, há uma reversão, e a natureza deixa de ser somente a mãe má para ser a mãe boa, acolhedora e fecunda. Do clima de esterilidade e morte descrito no poema ele vai partindo para a vida e a claridade. Apesar da "deglutição monstruosa" e das "plantas carnívoras", de repente ele foge, corre, até se atirar no ventre quente da mãe boa: "Quando caí no ventre quente de uma campina de vegetação úmida e sobre a qual afundei minha carne." Ao identificar o ventre da terra com a vida, há uma modificação também nele, como reflexo da mãe: "Foi então que eu compreendi que só em mim havia morte e que tudo estava profundamente vivo." E assim se desvela Ariana enquanto mãe boa. Enquanto mulher total ela é "Ariana, a mulher, a mãe, a filha, a esposa, a noiva, a bem-amada". E o que era letal no apodrecimento da mãe-terra agora se transforma em húmus vivificador: "Senti vertiginosamente o húmus fecundo da terra."

Essa Ariana é a síntese da Grande Mãe. E para estudar esse mito, pode-se fazer como Maria Emilia Lueneberg e procurar sua origem na história de Ariadne. Citando Fulcanelli a esse respeito, haveria etimologicamente uma relação entre Ariana e aranha, entendendo-se a aranha num sentido solar, construtor e ascendente. Fernand Robert considera uma homologia entre Ariana e Afrodite: "Diz o mesmo autor que quando Teseu voltou a Creta, depois de ter vencido o Minotauro, celebrou sua vitória, numa escala em Delfos, lá instalando uma estátua de Afrodite, que lhe fora dada por Ariana."[8] Já o professor Junito Brandão localiza em português a forma Ariadna e Ariadne, que por assimilação daria Ariana. O termo é de origem cretense, mas não estaria ligado à aranha. Viria de *ari* = muito e *hagne* = santa. Seja como for, o sentido de Ariana como a mulher grande, forte, ao mesmo tempo boa e má, sobressai de todas as versões.

Aqui a psicanálise junguiana se avizinha da estrutura da psicanálise freudiana, em sua linha kleiniana. E todo o jogo oral-agressivo-canibal da criança diante dos dois seios maternos corresponde a uma visão biopsicocósmica do universo. Essa mãe boa, que Neumann interpreta como um simulacro de Maria, Sofia (a sabedoria) e Deméter (a primavera), suscita a inspiração, o renascimento, a transformação positiva, e se confunde com as Musas. Mas a mãe má vai significar a rejeição, a privação do leite, a dissolução, a devoração, a fragmentação, a impotência, lembrando a deusa Kali, Circe, Lilith, Medusa e Astarte.

O poeta tem noção dessa duplicidade mítica e psicológica quando, considerando os dois significados da mulher, assinala em "A vida vivida":

> "O que é a mulher em mim senão o Túmulo,
> O branco marco de minha rota peregrina,
> Aquela em cujos braços vou caminhando para a morte,
> Mas em cujos braços somente tenho vida?"

Finalmente, concluindo essa parte, é preciso qualificar melhor esse Filho-Amante. Ele é um *hieros gamos*. Ou seja: se inscreve como um herói mítico procurando uma união sagrada. União urobórica, incestuosa, geocêntrica. É isso que está narrado em "O poeta", quando essa mulher cósmica lhe surge: "Uma branca mulher de cujo sexo a luz jorrava em ondas/E de cujos seios corria um doce leite ignorado." Mas dela "vinha uma falta de amor irresistível". E, assim, ela se inscreve como sendo a presença de uma grande falta, como uma representação do desejo em sua incompletude. O poeta é o *hieros gamos* tentando apagar a fenda, a diferença, a cisão da origem. É isso que descreve no final daquele poema, onde ocorre uma cópula cósmica representada num "cogumelo gigantesco, um grande útero fremente/que ao céu colhia a estrela e ao ventre retornava". E todo o poema elabora a imagem do seio e da fecundação, que trataremos em outra parte deste ensaio. Mas, sobretudo, o que nos interessa agora ressaltar: repete-se aí o tópico da hierogamia, tal como aparece na *Teogonia* de Hesíodo, quando narra como o Céu (Urano) se acopla com a Terra, como casal originário gerador do cosmos dentro do caos. O poeta hierogâmico utilizará as máscaras de Orfeu, Narciso, Dionísio e Édipo para ritualizar a procura do amor.

Narciso cego e o rito unificador de Orfeu

Falar de um caráter hierogâmico é começar a ressaltar a oscilação entre o trágico e o sublime e o clima ritualístico da obra de Vinicius. A sua linguagem hierática, litúrgica, e a ritualização do amor através da violência conduzem-nos a ver nessa poesia um personagem – o poeta, como sacerdote da religião mística e carnal do amor. E no altar do desejo ele tanto é supliciado quanto supliciador de mulheres. A ritualização erótica estampa-se na peça *Cordélia e o Peregrino*, texto dramático e alegórico onde Cordélia se confunde com o "cordeiro", imolado eroticamente ante o falo-cutelo de Peregrino. Estudar, portanto, o herói hierogâmico é considerar a estrutura trágica e mitológica dessa obra. Orfeu aparece claramente nomeado na obra desse poeta a exemplo da peça *Orfeu da Conceição*, transformada em filme de sucesso. Já Narciso, Dionísio, assim como Édipo, Eros, Tanatos e outras figuras míticas, habitam o inconsciente do texto.

Comecemos por Narciso. Há uma série de referências indiretas a esse mito, através das menções a espelhos, águas e à repetida utilização do verbo ver. Por exemplo, o verso: "Eu me admirava horas e horas no *espelho*", que no poema "Ilha do Governador" se inscreve entre as lembranças da infância entre marulhos do mar e o amor refletido nos seios da mulher. Em "O poeta", rememorando o inconsciente das idades e o amor maternal da grande e primeira mulher, derramando vertigem e leite no plenilúnio, Narciso reaparece: "Descemos longamente o *espelho* contemplativo das *águas* dos rios do Éden." É esse mesmo Narciso que revêm em "Invocação à mulher única": "E hoje meu corpo nu estilhaça os *espelhos* e o mal está em mim e a minha carne é aguda."

É revendo Narciso não apenas dentro da dinâmica dessa poética, mas revendo o mito e procurando-lhe novas fontes é que poderemos integralizar melhor seu significado. Com efeito, existem pelo menos duas versões desse mito. A primeira, a mais conhecida, assinala que Narciso, "filho do rio Céfiso e da ninfa Seríope, sendo de uma maravilhosa beleza, enamorou-se da própria imagem refletida no límpido cristal das fontes e, consumido pelo amor, definhou insensivelmente, arraigou-se na relva banhada por uma nascente, e toda a sua pessoa se transformou na dourada flor que tomou seu nome".[9]

A essa interpretação clássica adicione-se, no entanto, a observação de Pausânias (geógrafo e viajante do século II d.C., que recolheu uma enormidade de informações sobre a cultura grega, sem o que, segundo J. G. Frazer, as ruínas da Grécia seriam apenas um labirinto, um enigma sem chave). Segundo essa outra versão, estranhamente ignorada pelas interpretações psicanalíticas, Narciso, para consolar-se da morte de sua irmã gêmea, sua exata contraparte, acostumou-se a fitar as águas, revendo na sua imagem a face da irmã perdida. Essa versão, sobre conservar o problema da duplicidade, presente no texto anterior, em que já havia o conflito entre o "eu" e a "imagem", introduz de maneira mais nítida uma problemática esquizomórfica, que abrange as questões da androginia e da bissexualidade, presentes nas biografias dos heróis de predestinação mítica.

De alguma maneira, essa *androginia* existe em Vinicius, e nisso ela se liga ao mesmo tema que já estudamos nos simbolistas e em Manuel Bandeira. Ela surge no encrave da espiritualidade e do erotismo e é um sintoma da *esquizomorfia* do indivíduo. Ela é o sintoma da busca da unidade, mas é a delação da fragmentação. E aqui revém a clivagem sobre a qual falamos, quando mostramos a cisão do ego entre o ideal e o carnal, entre o bom e o mau, já naquela cena de cinema no poema "Desde sempre". É isso: Narciso é a denúncia da clivagem e da divisão. É a ilusão da unidade e o ocultamento de uma cicatriz. É um ser perfeito como o andrógino. Sobretudo esse Narciso composto de feminino e masculino, na versão de Pausânias. E, em Vinicius, o *narciso-andrógino* existe. Está lá no "Epitáfio", em que confessa ser "o andrógino meigo e violento que possuiu a forma de todas as mulheres e morreu no mar".

Nessa poesia, contudo, Narciso não é apenas o indivíduo que se contempla a si mesmo, voltado para seu umbigo. Esse *ver* e *contemplar* é mais problemático. Na verdade, vendo o "reflexo" ou revendo na contraparte gêmea o seu *mesmo*, Narciso está exibindo sua vocação para *não ver*. Não ver o exterior, não ver o *outro*. Por isso, pode-se dizer que Narciso aqui, apesar de toda a insistência nos verbos "ver", "olhar" e "contemplar", é um *narciso cego*, que *des-vê* o outro para comprazer-se na sua própria imagem.

Sintomaticamente, há uma enormidade de vezes em que a "cegueira" é mencionada nessa poesia, para descrever as relações entre o indivíduo e sua amada. Há uma cegueira, primeiramente, do sujeito e há uma cegueira do objeto amado. Quanto à cegueira do herói, veja-se o poema "Olhos mortos" ou afirmações como aquela no poema de Ariana: "Inutilmente *corria cego* por entre os troncos." Quanto à cegueira da amada, em "A volta da mulher morena", está ele implorando: "Meus amigos, meus irmãos, *cegai* os olhos da mulher morena/Que os olhos da mulher morena estão me envolvendo/E estão me despertando de noite." E essa ideia reflexa, de que Narciso não tolera que os olhos do outro vejam a não ser ele mesmo, reaparece claramente na "Carta do ausente": "Ela deve estar *cega* a tudo o que não seja o meu amor."

Num polo oposto a esse, contudo, há toda uma linha psicanalítica, que deriva de Freud e passa por Norman O'Brown e Herbert Marcuse e sintoniza Narciso com o portador da vitalidade erótica. Esse Narciso tem, então, parentesco com Dionísio e Eros. E mesmo o Orfeu que Marcuse descreve é um Orfeu que se sente impulsionado narcisisticamente, carreando projetos de realização erótica e poética. Segundo essa perspectiva, aqueles mitos representam a libido em sua ânsia de realização orgânica e existencial. É a afirmação da pulsão de vida sobre a pulsão da morte. Na poesia de Vinicius, isso também pode ser constatado, à medida que o Narciso cego começa a se esforçar para ver melhor o mundo e sai de um regime lunar e matriarcal para um regime solar de afirmação do indivíduo. Sobre isso voltarei mais adiante.

Por agora, convém dilatar essa análise, passando da imagem de Narciso para a imagem de Orfeu. E isso se possibilita por duas razões: primeiro, porque na história de Orfeu o problema da "visão" e do amor é crucial, tão crucial quanto na história de Narciso. Segundo, porque Orfeu faz parte de um movimento oposto ao de Narciso: seu esforço é a união com o outro e não com o mesmo. E a poesia de Vinicius é, também, a busca de unidade entre Orfeu e Eurídice. Não é à toa que ele se apropriou desse tema na peça *Orfeu da Conceição*.

Stephane Lupasco, cujo pensamento é aproveitado por Gilbert Durand para estudar as estruturas antropológicas do imaginário,[10] concebe que o inconsciente projeta figurações esquizomórficas que seguem uma tendência para a heterogeneização, enquanto as imagens de natureza mística confluem para a homogeneização. Adaptando esses termos à minha teorização, diria que nas manifestações esquizomórficas (de fundo narcísico) há a predominância da bipartição, atrás de uma enganosa unidade. Por outro lado, a tendência mística (de fundo órfico) apela para a integração. Como diz a mitologia, Orfeu, como "cantor e músico maravilhoso, fazia emanar de sua lira sutis acordes, através de cujas harmonias as feras saíam dos covis e, eletrizadas, vinham deitar-se aos seus pés; os passarinhos pousavam nos arredores, cachoeiras emudeciam, as árvores e montes se inclinavam reverentes para ouvi-lo, os rios suspendiam seu curso, e os homens e mulheres se extasiavam em síncopes orgíacas".[11] Não estranha que o mito de Orfeu desse origem a uma religião – o orfismo, no qual se destacam ritos de iniciação e purificação. Não estranha também que, ao contrário da esquizomorfose, o impulso órfico seja homogeneizador e integrador da libido ao fundir corpo e natureza, voz e ação, em busca da harmonia. Em outros termos, o discurso de Orfeu é o portador do *logos spermaticos*, que dissemina vida e luz. E é revelador o fato de que a vocação para a unidade, em Orfeu, apareça até na peça *Orfeu da Conceição*. Pois sendo uma tragédia que se situa no espaço do carnaval carioca, embora fale de Dionísio e, portanto, da dispersão, a figura predominante é a do cantor que enfrenta a morte atrás da unidade amorosa. E é curioso que o poeta não tenha, técnica e ideologicamente, carnavalizado seu texto. Se assim o fizesse, de acordo com a teoria da carnavalização em Mikhail Bakhtin, ele estaria no espaço de Dionísio e talvez tendesse mais para a comédia e não para a tragédia. Na verdade, a história de Orfeu, embora trágica, conduz ao sublime. Daí a constituição do orfismo como religião.

Consideremos agora outro ponto de contágio entre Orfeu e Narciso: a visão. Se Narciso se perde de tanto ver, Orfeu se perde porque fita Eurídice nos olhos, contrariando assim sua promessa quando entrou no Inferno para reencontrá-la. O verbo ver permanecerá em outros mitos, como o de Édipo, substancialmente ligado aos dois anteriores no texto de Vinicius. Édipo, definido como aquele que se cegou para não mais se ver, para não mais ver a mãe que possuiu ou então, como lembra Heidegger, como aquele que se cegou para ser visto como tal. Aqui a cegueira é lembrada como castração e morte. Tema idêntico ao que aparece na história de Narciso, pois a condenação imposta a ele era de que morreria vítima do encantamento por sua própria imagem. De fato, sem poder afastar-se do encantamento pelo seu duplo, morre melancólico e se transforma na flor que leva o seu nome e que floresce na beira das fontes.

O amante narcísico está cego para os demais e, ao mesmo tempo, quer que o outro esteja cego para tudo o que não seja o próprio Narciso. Ora, a relação entre a "visão proibida" e a "castração" foi enfocada por Freud quando assinalou: "Com respeito ao órgão visual, traduzimos os obscuros processos psíquicos que presidem à repressão do prazer sexual visual e à gênese da perturbação psicogênica da visão, supondo que no interior do indivíduo se alça uma voz punitiva que diz: por haver querido fazer mau uso de teus olhos, utilizando-os para satisfazer tua sexualidade, mereces haver perdido a vista, justificando-se assim o desenlace do processo."[12] A seguir Freud ainda cita, como exemplo mitológico, a lenda da Lady Godiva: "Na bela lenda da Lady Godiva, todos os vizinhos se recolhem em suas casas e fecham suas janelas, para fazer menos penosa à dama a sua exibição nua, sobre um cavalo, pelas ruas da cidade. O único homem que espia através de sua janela a caminhada da beleza nua perde, como castigo, a vista."[13]

Essa autocensura e esse cegar-se, para não ver o próprio desejo, estão ligados à introjeção do superego numa perversão castradora. Ou o olho se exterioriza de fato num Deus-Rei-Pai, que controla o comportamento, ou se internaliza em mecanismos outros de interdição. Em ambos os casos, o desejo está interceptado. Não espanta que, nas mitologias, deuses, como Varuna, tenham "mil olhos", e mesmo na Bíblia a figura de Jeová, tal como vem nas duras tábuas da Lei do Velho Testamento, seja um ser de cujos olhos o homem não pode se ocultar. De alguma maneira, esse olhar castrador está ligado aos elementos topológicos anteriormente descritos. Há uma verticalidade repressora do superego em relação ao ego, ou de um Deus-Senhor em relação ao homem-escravo. E o poeta muita vez se descreve não apenas como uma espécie de Jó, pisoteado pela força de seu senhor, mas se utiliza da imagem feminina para dizer a mesma interdição. Aí revém o olhar de Ariana, a deusa aliciadora que a tudo domina com seu "rubro olhar implacável de grande princesa".

Dionísio e a fragmentação erótica da carne

Estudando os deuses e as bestas e seu significado canibal na mitologia clássica, Marcel Detienne, ao mesmo tempo que lembra o orfismo como forma ascendente do imaginário, ressalta o dionisismo como forma cínica e descendente. Na verdade, Orfeu e Dionísio, apesar de algumas diferenças, têm uma série de identidades, que se tornam mais patentes na leitura de um poeta lunar, ritualístico e mítico como Vinicius. Pois Orfeu e Dionísio são aquilo que em psicanálise se pode chamar de "álibi duplo": os contrários se complementam informativa e dialeticamente. Como viu

Freud, no inconsciente coexistem sem violência as ideias mais díspares e antitéticas, coexistência que subsiste, frequentemente, mesmo na consciência. De igual forma, a obra de arte através da ordenação estética faz coabitar a cisão e o drama, que se acham na esquizomorfose do ser.

Poder-se-ia, topologicamente, compreender as diferenças entre Narciso, Orfeu e Dionísio. Narciso, situando-se na linha-d'água, encontra-se tanto "embaixo" quanto "em cima" de maneira ambígua e dupla. A adoração narcísica volta-se para "dentro", enquanto a órfica é ascensional e a dionisíaca é descendente.

Claro que essa formalização que eu mesmo tento pode ser contestada por mim mesmo, pois os sistemas são sempre uma construção relativa a alguma coisa, e os álibis podem ser duplos, tríplices ou mais variados. Contudo, há outro lado na figura de Dionísio que corresponde mitopoeticamente a certos arquétipos da poesia de Vinicius. Refiro-me ao *aspecto sacrificial*, que nos faz retomar algumas das anotações anteriores através do mito de Dionísio. Nessa figura representam-se o sentido libidinal, o instinto desafiando a razão, a força caótica e selvagem contra o já estatuído. Pode aqui ser aplicado o enfoque que lhe dão Norman O'Brown e Herbert Marcuse. Enquanto Marcuse trabalha mais com a oposição Prometeu/Narciso, representando a Razão e o Instinto, Brown prefere a oposição entre Apolo/Dionísio, marcando aqueles mesmos extremos e rastreando seu pensamento em Nietzsche, para quem o artista, em seu comportamento dionisíaco, confunde obra com ação, estética com vida. Por isso, o dionisíaco já não é simplesmente um artista, mas alguém que se tornou, ele próprio, obra de arte. "Daí Dionísio não observar o limite, mas transbordar; para ele, a vida do excesso leva ao palácio da sabedoria. Nietzsche diz que aquele que sofre de uma superioridade de vida deseja uma arte dionisíaca."[14]

Com essas observações, estamos dando mais um passo na compreensão dos arquétipos dessa poesia. Em primeiro lugar, é bom lembrar aquela classificação de Lupasco, que colocava a vocação mística como uma busca de homogeneização em oposição à tendência esquizomórfica. Posteriormente, lembrei que Narciso e Édipo estariam do lado das figuras esquizomórficas, enquanto Orfeu estaria do lado da vocação integradora e mística. Na verdade, a interpretação de um mito prende-se à construção de sistemas teóricos. E a figura de Dionísio, múltipla em seus significados, pode ser lida, pelo menos, de duas maneiras. Naquele sentido de Marcel Detienne e outros, ela estaria do lado da dissolução, da devoração da carne e sangue crus (omofagia). Ou, como assinala Pierre Soliè ao estudar *La femme essentielle*, esse mito lembra o *diasparagmos* (esfacelamento) que ocorre também com Osíris. Essa dilaceração da carne é fartamente ilustrada em Vinicius, em que está associada às imagens taurinas representadas por forças bestiais. Nesse sentido, James Frazer considera o ritual da morte do boi, do bode e do touro como imagens dionisíacas. Nada mais dionisíaco, trágico, violento e erótico que esse verso de Vinicius: "Ri dos touros selvagens carregando nos chifres virgens nuas para o estupro nas montanhas."

Como se sabe, o termo tragédia, em grego *tragoidia*, significa "canção do bode" e refere-se ao sacrifício totêmico desse animal durante as festas de Dionísio. Eram essas as festas da primavera, dos festivais que celebravam a vida e a morte. As tragédias têm, portanto, sentido ritualístico e religioso, e as primeiras conhecidas, conforme Shipley, foram as peças de paixão de Osíris, Átis e Adônis, já no Egito e na Síria.[15] Contudo, o mito de Dionísio (ou Baco), além da celebração da violência erótica, poderia ter ligação estrutural com o mito de Ariana (ou Ariadne). Pois Ariana acabou esposando Baco, logo depois de abandonada por Teseu.

Sintomaticamente, a rede de significados dessa poesia flui com a interpretação psicanalítica da mitologia clássica. O poeta, que havia eleito Ariana como o seu grande mito feminino, é o Dionísio, que entre a carne e o espírito, entre a ternura e a violência, entre o sangue e o leite inscreve suas peripécias de Filho-Amante e de *hieros gamos*. Na lenda de Dionísio, aparecem as Musas, pois sua educação foi confinada a elas, e aí aparecem, ao final, as bacantes, que também entram na biografia de Orfeu. Mas em Vinicius o dionisíaco não atinge o nível de carnavalização. Seu carnaval não é o de Dionísio ou Baco, apenas, mas é o de Orfeu. Tende mais ao religioso. Por isso, a aproximação que a psicanálise de linha junguiana faz entre Cristo e Dionísio tem vinculações com a cena dessa poesia. Refiro-me à identidade entre o sangue de Cristo e o de Dionísio, uma vez que o vinho e o sangue pertencem ao mesmo núcleo simbólico, pois o milagre de Caná é semelhante ao que ocorreu no templo de Dionísio, e é profundamente significativo que, no cálice de Damasco, Cristo esteja entronizado entre cachos de uvas, como o próprio Dionísio. O vinho vem a ser, nessa linha de interpretação, sinônimo de *aqua permanens*, aquela água da vida de que tanto fala a Bíblia. E até ao nível da violência pode-se estabelecer paralelo. Pois se as orgias de Dionísio podiam conduzir à morte, no dizer de E. Edinger os autos de fé, que vieram da Idade Média e duraram toda a Inquisição, foram cometidos por zelosos eclesiásticos, também bêbados com o sangue de Cristo.

As orgias de Dionísio ocorriam como orgias sagradas, e isso só faz por enfatizar o aspecto ritualístico e sacrificial que vimos levantando, em referências à poesia de Vinicius, especialmente em sua fase inicial. Se, em referência ao mito de Orfeu, o verbo chave era *ver* e *cantar*, em relação a Dionísio será *beber*. Nessa vertente, teríamos muito o que explorar.

E certamente, mais adiante, a isso voltarei, para relacionar os elementos *orais* dessa poesia e o sistema das *imagens líquidas*, onde sobressaem o *sangue*, o *leite* e o *sêmen*. A rigor, sangue, leite e sêmen são variações da mesma substância essencial. Daí, de novo, a referência ao sacrificial, em que o amor surge como um rito em que o sacerdote (o poeta) derrama o sangue de um cordeiro (a mulher), num repetido gesto de exorcismo e purificação.

O regime lunar e o regime solar no cromatismo do desejo

Tendo assinalado a esquizomorfose e a ânsia de unidade e considerado o poeta num esforço hierogâmico para reunir seus opostos, é hora de aprofundar um pouco mais outra dualidade do seu discurso, inscrito naquilo que chamo de regime noturno e regime diurno de sua consciência. É um tema fascinante e rico, e existe uma dispersa bibliografia sobre isso. Meu esforço será traçar um caminho próprio, para extrair do texto de Vinicius as suas peculiaridades a esse respeito.

Em Karl Jaspers, por exemplo, essa oposição pode ser considerada dentro do que chama de "norma do Dia e paixão pela Noite". Diz ele: "A norma do Dia põe em ordem a nossa realidade humana. Exige claridade, consequência, fidelidade. Sujeita à Razão e à Ideia, ao Uno e a nós mesmos, impele-nos a realizar no mundo, a edificar no tempo, a completar a realidade humana numa via infinda. Mas, no limite do Dia, algo diferente fala. O fato de o ter recusado não proporciona qualquer tranquilidade. A paixão pela Noite trespassa todas as ordens. Precipita-se no abismo intemporal do Nada, que tudo atrai no seu turbilhão."[16]
Em outra linha, mas explorando o mesmo contraste cromático, Gaston Bachelard referir-se-ia ao "homem diurno" da ciência *versus* o "homem

noturno" da poesia, colocando, já, uma oposição entre o racional e o poético, que tentaria superar em sua própria obra através da integração dialética das antíteses. Já Gilbert Durand, trabalhando num regime contíguo, estabelece o que chama de "regime diurno" e "regime noturno" das imagens, que podem ser constatadas no inconsciente antropológico. Mas nem sempre fica claro o que ele quer com isso, havendo uma dificuldade de se caracterizar um e outro, como se muita coisa que ele confere a um pudesse também ser conferida ao outro.

Pode-se, realmente, falar de um caráter noturno e diurno na poesia de Vinicius. Mas aqui há que tomar cuidado, porque as fórmulas de pensamentos alheios não se encaixam simetricamente para a interpretação do texto. Essa poesia tem suas peculiaridades. Há que se tomar cuidado para não se pensar sempre o noturno como algo negativo e, pelo contrário, julgar o diurno como positivo. Com efeito, nessa poesia existe uma Lua que é cruel e castradora, mas também uma Lua fértil e desejante. Existe também um Sol gélido e parado e um Sol ardente, liberador dos instintos. Pode ocorrer, como nos seus primeiros livros, que a Lua e o Sol estejam do lado de Tanatos, e pode ocorrer, como nos livros posteriores, que a Lua e o Sol estejam denotando a força de Eros.

E isso realmente se comprova. Veja-se, por exemplo, aquela significativa epígrafe que ele usa para o poema "O bergantim da aurora", e que é um verso de Rimbaud: *"Toute lune est atroce et tout soleil amer."* Essa Lua atroz e esse Sol amargo regem a cosmologia psíquica da interdição do desejo. Marcam a sua fase transcendental e mística, e assim esse aspecto fálico da Lua e do Sol aparece em imagens que falam de ciprestes, cactos, cadáver, miséria, ferida, frio, brancura, cegueira, água parada, angústia, silêncio, loucura, hiena, lobo, mocho, e a mulher é uma grande princesa fálica reinando sobre o luto e a melancolia. O homem, por sua vez, é um amaldiçoado, um judeu errante, um incriado, um prisioneiro, ao mesmo tempo algoz e vítima.

Mas há uma Lua e um Sol do lado de Eros e não de Tanatos. Veja-se "O poeta e a lua" e "Balada da praia do Vidigal", em que se descrevem orgias eróticas à beira-mar, num ritmo dionisíaco. Desse modo, cria-se um jogo de sentidos que ultrapassa a tendência para a simetria. Aliás, as mitologias de várias culturas tratam contraditoriamente as imagens do Sol e da Lua. Se, para muitas, o Sol é uma entidade masculina, significando o rei, a força, o centro, na mitologia celta "ele" é "ela" – uma entidade feminina, e em algumas culturas pastoris nômades fala-se do Sol-Mãe e do Pai-Lua. É verdade que o pensamento junguiano prefere trabalhar de outra forma, identificando a Lua à *anima* e o Sol ao *animus*, e reconhecendo, com Bachofen e com Eric Neumann, que a humanidade passou primeiro pela fase do matriarcado, onde a Lua era o elemento cósmico que a regia predominantemente, só depois surgindo os cultos solares, que coincidiriam com o patriarcado.

Essa discussão desborda do espaço deste estudo. Ela é muito rica e complexa e, aqui, me interessa demonstrar que o périplo dessa poesia é peculiar. E à alteração térmica do desejo, numa aproximação maior com a mulher, vai corresponder a passagem de um "sol gélido" e de uma "lua gélida" para uma efusão erótica, na qual a Lua é a Grande Mãe gratificadora e o Sol sai de seu caráter de psicopompo mortal para o de um hierofante iniciático.[17] Quando isso ocorre, o poeta trocou a poética da eternidade pela poética do instante, a mulher ideal pela mulher que passa, a escuridão pela claridade, o tempo pelo espaço.

Embora isso ocorra, o elemento interditor fala mais constantemente nessa poesia, em geral, mais conhecida apenas em sua segunda fase. Nessa segunda fase, em que o regime solar está do lado de Eros, tome-se, por exemplo, este poema:

"Soneto da mulher ao sol

Uma mulher ao sol – eis todo o meu desejo
Vinda do sal do mar, nua, os braços em cruz
A flor dos lábios entreaberta para o beijo
A pele a fulgurar todo o pólen da luz.

Uma linda mulher com os seios em repouso
Nua e quente de sol: eis tudo o que eu preciso
O ventre terso, o pelo úmido, e um sorriso
A flor dos lábios entreabertos para o gozo.

Uma mulher ao sol sobre quem me debruce
Em que beba e a quem morda e com quem me lamente
E que ao se submeter se enfureça e soluce

E tente me expelir, e ao me sentir ausente
Me busque novamente – e se deixe a dormir
Quando, pacificado, eu tiver de partir..."

O mesmo clima de felicidade erótica volta na descrição que faz do Sol passeando sobre o corpo da Amiga, no poema "Os quatro elementos": ela se entrega ao amante solar quente e desrespeitoso que "amorena-lhe a tez, doura-lhe os pelos/enquanto ela feliz desfaz-se em ócios". Mas é em "Epitáfio" que se realiza mais plenamente o avesso do regime da castração. O poeta se identifica com o Sol, esse "andrógino meigo e violento", num ritual fecundante. É uma canção órfica com a positividade do desejo liberado. Aí as imagens, valorizando o "criar", o "apascentar", o "fecundar", o "iluminar", o "possuir", mostram a morte radiosa de Eros. O poeta é um *hieros gamos* solar e cósmico:

"Aqui jaz o Sol
Que criou a aurora
E deu luz ao dia
E apascentou a tarde.

O mágico pastor
De mãos luminosas
Que fecundou as rosas
E as despetalou.

Aqui jaz o Sol
O Andrógino meigo
E violento que

Possuiu a foma
De todas as mulheres
E morreu no mar."

Esse movimento solar se contrapõe àquilo que havia descrito na "Elegia desesperada": "Irmãs na branca loucura das auroras/rezam e choram e velam o *cadáver gelado do sol*." É que essa poesia oscila. E para se ter uma ideia do conjunto, temos de retornar a uma das matrizes mais fortes, que é o aspecto sombrio e interditor do imaginário.

A *mulher fálica e os aspectos teriomórficos da angústia noturna*

Neste livro, vimos anotando através dos tempos como a imagem da mulher castradora angustia o imaginário masculino. Pois ela está também no inconsciente de um poeta moderno como Vinicius. Mas além das informações prestadas anteriormente, é necessário especificar um pouco mais como isso se dramatiza nessa obra. Pois ela tem ligações com comportamentos míticos intemporais, reativando no inconsciente da escrita, por exemplo, a imagem da mãe fálica, cruel e castradora.[18]

Aqui é como se retomássemos o que já falei sobre os parnasianos e simbolistas, e ao lado da Vênus (mãe boa) estivesse outra Vênus (mãe má). Como se ao lado da *Venus Libitina* surgisse a Vênus mortuária. É como se Afrodite deixasse de ser a ninfa sedutora e amena para ser a Afrodite guerreira e fálica, aquela chamada de "andrófoba", que assassinava todos os amantes, como, aliás, ocorria também com Ishtar, Anat e Ashtorett. Aliás, E. O. James assinalava no seu livro *Le culte de La Déesse-Mère dans l'histoire des religions* que, "em Chipre e sobretudo em Esparta, ela tomou um caráter guerreiro, e em Delfos – onde sua estátua foi chamada 'Afrodite da Tumba' – foi uma divindade ctônica".[19]

Não há como não associar o mito das Valquírias e das Amazonas às imagens daqueles cavaleiros Úrias, que cumprem as ordens de uma grande princesa lunática. Já na mitologia clássica, Hécate e Ártemis viajavam em companhia de uma tropa louca de ninfas, que caçavam e matavam o invasor. E a palavra "amazonas" é tida como de origem armênia, significando "mulher da lua", pois as sacerdotisas armadas da Deusa Mãe consideravam a Lua como o seu emblema.[20] E é muito significativo que o mito das Amazonas venha ilustrar, uma vez mais, a teoria psicanalítica de Melanie Klein a respeito da mãe má, pois se conta que essas mulheres guerreiras mutilavam o seio direito, queimando-o ou cortando-o, para assim poderem manejar melhor a espada. E essa imagem da mãe castrada-castradora reafirma-se em outras lendas germânicas, onde aparecem mulheres selvagens que sequestravam meninos para criar, mas um seio era cheio de leite e outro, cheio de pus.

É a partir de dados assim que Marie Bonaparte chegou a estudar o tópico da *vagina dentata*, para explicar a misoginia de Edgar Poe, e Robert Gessain elaborou um estudo clínico dessa mitologia. Como Lederer no seu *La peur des femmes*, o mistério do feminino atormenta o imaginário masculino desde sempre, fazendo com que os homens inventem as histórias mais fantásticas para explicar o fenômeno da menstruação ou do parto. Assim, a mulher hindu, durante suas regras, deveria esconder-se e seu filho deveria evitá-la como a um demônio. E em certas tribos africanas se a mulher menstruada tocasse na arma de um homem, ele poderia morrer em combate ou ficar doente e perder seus animais. E o mito da *vagina dentata*, segundo o qual a mulher esconde uma serpente, uma aranha, um caranguejo no seu sexo, está presente em inúmeras mitologias, e Robert Gessain mostrou como ele surge pouco disfarçado na poesia de Verlaine, quando fala de *"cet abime douloureux"*, de *"L'apre caverne d'amour"* e quando considera: *"Si j'y reste en ton lit mangeur."*

Sobre isso, certamente, voltarei quando tratar mais especificamente da metáfora do seio, do leite, do sangue e do sêmen na poesia de Vinicius. Por agora, importa enveredar por outro caminho contíguo, que é o sentimento de angústia que lhe desperta a mulher, quando ela surge na noite pronta para o amor. De repente, o desejo se frustra, a angústia se apodera de seu corpo e a mulher desejada passa a ser um ser fálico ameaçador. Transforma-se num ser lunar perverso.

Para melhor ilustrar o que estou sugerindo, vamos ler mais de perto o poema "A mulher na noite". Aqui se descreve a imagem do poeta dentro da noite, enquanto lhe surge a figura da mulher despertando-lhe volúpia e, paradoxalmente, todos os mecanismos inibidores do desejo. O texto poderia ser lido ao lado de vários de Manuel Bandeira e de vários simbolistas e parnasianos, em que aparece a figura do súcubo (sobre quem já falamos exaustivamente em outros capítulos). Aqui também o poeta está deitado e é a mulher-demônio que o vem possuir mortalmente. Avançando a análise, a primeira informação relevante está no próprio título: a mulher descrita dentro de um regime noturno. E isso se afirma ainda por outro lado da noturnidade, que é a imagem aquática da chuva que integraliza os aspectos nictomórficos dessa sequência de imagens. Significativamente, o poeta descreve-se imobilizado enquanto o movimento sobrevém da parte feminina:

"Eu *fiquei imóvel* e no *escuro* tu *vieste*.
A *chuva* batia nas vidraças e escorria nas calhas – vinhas
[*andando e eu não te via*
Contudo, a *volúpia* entrou em mim e *ulcerou* a *treva* nos
[meus *olhos*."

A partir daí, todo o poema descreve com perfeição clínica os mecanismos de fobia, angústia e ansiedade, gerados pela presença indistinta e ameaçadora do desejo. Esse desejo que já se manifestara no aspecto dinâmico da mulher em oposição ao aspecto estático, reprimido e repressor do poeta. Às figuras angustiantes da água da chuva e da mulher fantástica, que caminhava "como um pinheiro erguido", ajuntam-se símbolos teriomórficos relativos a animais integrantes de um bestiário inconsciente. Esses animais e insetos são recorrentes não apenas na literatura, mas nos sonhos. Fazem parte de um sistema simbólico de representação da angústia, ansiedade e fobias de emulação erótica. E, sintomaticamente, o texto fala de formigas, cobras, lobas, insetos, reses e cabras, reafirmando conotações simbólicas já codificadas clinicamente. A exemplo dos testes Rorschach, quanto mais alta é a percentagem de respostas dos entrevistados, percebendo imagens animais nas lâminas apresentadas, tanto mais "o pensamento é envelhecido, rígido, convencional ou invadido por um humor depressivo. A grande proporção de respostas com figuras de animais é sinal de um bloqueio da ansiedade. Sobretudo quando as respostas cinestésicas se juntam àqueles animais, tem-se a indicação da invasão da psique por apetites os mais frustros, o que é um acidente normal num menino, mas que no adulto é sinônimo de inadaptação e de regressão às pulsões mais arcaicas. O aparecimento da animalidade na consciência é, portanto, sinônimo de uma depressão da pessoa até à ansiedade".[21]

Com efeito, ao aproximar-se a figura da mulher que lhe desperta voluptuosidade, o poeta se imagina

"*acorrentado* no descampado no meio de *insetos*
E as *formigas* me passeavam pelo *corpo úmido*.
Do teu *corpo balouçante* saíam *cobras* que me *eriçavam*
[sobre o peito
E muito longe me parecia ouvir *uivos de lobas*.
E então a aragem começou a descer e me *arrepiou os nervos*

E os *insetos* se ocultaram nos meus ouvidos e zunzunavam
[sobre meus lábios.
Eu queria me levantar porque *grandes reses me lambiam*
[*o rosto*.
E as *cabras* cheirando forte urinavam sobre as minhas pernas.
Uma *angústia de morte* começou a se apossar do meu ser.
As *formigas* iam e vinham, os *insetos* procriavam e zumbiam
[no meu desespero.
E eu comecei a sufocar sob a *rês* que me lambia.
Nesse momento as *cobras* apertaram o meu pescoço
E a *chuva* despejou sobre mim *torrentes amargas*."

Enfim, o poema termina dizendo que o poeta se levantou, parecendo estar vindo de muito longe, como que saindo de uma viagem mortal, deixando-lhe a sensação de que "não havia mais vida na minha frente".

Pode-se, evidentemente, ler esses animais e insetos que aí aparecem tanto como sintoma daquilo que a imagem noturna da mulher castradora provoca no amante ansioso, como podem significar a representação da própria mulher confundida com cobras, reses e insetos angustiantes. Mitomorficamente, as formigas e cobras pertencem à mesma área de significados. São símbolos de ansiedade e angústia, exemplificando aquilo que o próprio poeta chama de "angústia de morte". Representam o movimento, a agitação incômoda e a escavação.

Nesse sentido, vários quadros de Salvador Dalí, como muito bem lembra Durand, apresentam esse formigamento aliado à ansiedade mortal. Veja-se o que ele cita: o filme *Le chien andalou* (Dalí-Buñuel) e o quadro *Le grand masturbateur*. E veja-se o que Durand não cita: aquele quadro de Dalí em que aparece uma mão pinçada e aberta de cujo interior saem formigas.

Já no presente texto há uma sensação infernal ou uma utilização daquele "arquétipo do caos". Como lembram Bachelard e Durand, a iconografia do século XVII, a exemplo de Jerônimo Bosch, mostra a movimentação, a agitação par a par com a metamorfose animal, "e o esquema de animação acelerada que é a agitação formigante, buliçosa ou caótica".[22] É através dessas modificações que o ser vai experimentando o próprio tempo. Daí resulta que "as primeiras experiências dolorosas da infância sejam experiências de mudança: o nascimento, as bruscas manipulações da parteira, depois a mãe e mais tarde o desmame".[23]

Essas observações poderiam ainda ser mais dilatadas a propósito de "Ariana – a Mulher", longo poema que mereceria um capítulo à parte. Pois aí revêm as imagens teriomórficas da angústia, revelando misoginia. Em certa parte desse texto, diz:

"E como uma ordem estranha, as *serpentes* saíam das
[tocas e comiam os *ratos*.
Os *porcos* endemoninhados se devoravam, os *cisnes*
[tombavam nos lagos
E os *corvos* e *abutres* caíam feridos por legiões de *águias*
[precipitadas
E misteriosamente o *joio* se separava do *trigo* nos campos
[desertos
E os milharais descendo os braços trituravam as *formigas*
[no solo
E envenenadas pela terra decomposta as *figueiras* se
[tornavam profundamente *secas*."

E por aí seguem as "mulheres cegas" e "paralíticas", a "lepra" e toda sorte de pragas advindas ao poeta que procura a mulher ideal, mas se sente "o enviado do mal". Assim vai ele disseminando morte onde procurara a vida, e se submetendo ao cilício e à punição e todas as formas de autoflagelação ante as forças incontroladas de sua carne.

Em seu estudo sobre a sintomatologia clínica da neurose de angústia, Freud localiza, entre outros sintomas, uma "excitabilidade geral" que encaminha o indivíduo para um exercício agudo dos sentidos, principalmente através de uma hiperestesia auditiva. Aliás, esse efeito pode ser estudado em outro autor. Refiro-me a Graciliano Ramos e seu romance *Angústia*, que é também clinicamente perfeito como ilustração das teses freudianas. Mas, voltando ao texto de Freud, considere-se a chamada "espera angustiosa", de que é exemplo "A mulher na noite", de Vinicius. Diz Freud: "Sobre a base da espera angustiosa, por um lado, e, por outro, da tendência a ataques de angústia e de vertigo, se desenvolvem dois grupos de fobias típicas, um referente às ameaças fisiológicas gerais e o outro, à locomoção. Ao primeiro grupo pertencem o medo às serpentes e às tormentas, à escuridão e aos insetos."²⁴ O texto de Vinicius não poderia ser mais exemplar para o texto teórico de Freud. O poeta aí desenvolve aquilo que o teórico chama de "repugnâncias instintivas comuns a todos os homens" e ainda traz o problema angustiante da locomoção, as imagens fóbicas dos insetos e animais e o elemento aquático ligado às tormentas. Com efeito, a chuva assinalada no princípio de "A mulher na noite" retorna no final, estando a água, aí, prenhe de significados. Essa água pérfida e fétida não é a água purificadora de certos ritos de iniciação. O ritual erótico, aqui, está envolto numa ansiedade mórbida, numa ânsia de libertação que é, em última análise, uma ânsia de soltura do próprio desejo. Ao final do poema, a figura do poeta se ergue, se movimenta, saindo do pesadelo. Mas não sai para a vida, pois "não havia vida na minha frente". A vida se refugia doidamente dentro das vivências da angústia e não se desprendeu, ainda, das imagens noturnas em direção a um regime solar de realização erótica.

O macho castrador reage ante a mulher ameaçadora

O outro lado da questão é esse: nem sempre o macho está passivo diante da deusa perversa que o possui como uma aranha ou alimária asfixiante. Ele reage e passa para a agressão simbólica. Agora é ele que vai crucificar, apunhalar, sacrificar, decepar e se entregar a toda sorte de prazeres sádicos sobre a vítima. Claro que isso apenas complementa o outro lado da questão, e a violência da fêmea sobre o macho encontra sua contraparte na violência do macho sobre a fêmea, perfazendo um universo imaginariamente perverso.

Significativamente, o poema que analisamos, "A mulher na noite", vem logo depois de "A volta da mulher morena". Um complementa o outro. Naquele, o poeta estava passivo ante a ameaça; neste, reage diante do desejo que parece conduzi-lo à morte. Esse é um texto bem curioso, pois um dos seus aspectos de disfarce e de sedução é exatamente o tom irônico, que nos tenta convencer de que as declarações são um fingimento ou jogo. Mas esse poema se articula num sistema de representações onde, pouco a pouco, se observará o sadomasoquismo das relações.

A "mulher morena" significa aí o irrefreável apelo erótico. Ela é diversa da mulher pálida, com lírios e círios dos poemas primeiros. Por isso ela é ameaçadora. Representa o desejo do homem. Desejo que, por estar conflituado, traz ansiedade e angústia. Então, o poeta começa logo solicitando aos amigos e irmãos que o livrem dessa mulher. Mas começa já enfático: "Meus amigos, meus irmãos, *cegai* os olhos da mulher morena/ Que os olhos da mulher morena estão me envolvendo/E estão me despertando de noite." Anteriormente, era o poeta que se apresentava sempre cego ao desejo; agora, transfere a sua autoviolência para a mulher. Ela é a fonte do mal e do distúrbio. E o texto, então, vai num crescendo: "cegai os olhos", "cortai os lábios", "cortai os peitos", porque os lábios dessa criatura "são maduros e úmidos e inquietos/e sabem tirar a volúpia de todos os frios". Acostumado à interdição e à morte, o desejo quer continuar sepultado. Por isso, em vez da mulher morena, o homem quer colocar em seu lugar a figura da "jovem camponesa" e o "contato casto de suas vestes", em oposição ao corpo nu, úmido e quente da outra. (Releia-se o que escrevi anteriormente quando, no princípio deste ensaio, falei sobre a clivagem [o eu cindido] e a posição depressiva e esquizoparanoica, que faz com que o sujeito agrida o objeto do desejo numa relação de amor e ódio. Releia-se o "Poema para todas as mulheres" e se verá a repetição desses sintomas.)

Esse jogo de alternativas é curioso, porque não só a castidade dessa camponesa é invocada como modo de fugir ao real, mas até mesmo a prostituta é lembrada como alternativa. Como avesso da castidade, essa prostituta que ele chama de "Aventureira do rio da vida" situa-se no polo da morte, é apenas o avesso complementar, o inverso simétrico da jovem casta. E, enfim, soma outra figura feminina: invoca até a "branca avozinha dos caminhos" para que reze "para ir embora a mulher morena/Reza para murcharem as pernas da mulher morena/Reza para a velhice roer dentro da mulher morena". E já que essa mulher fatal "está curvando os meus ombros/e está trazendo tosse má para o meu peito", vem o último apelo aos amigos e irmãos: "Dai morte cruel à mulher morena!" O poema tem tom de reza, que reforça os propósitos de castidade do implorante. Reivindica o espaço da castidade e da velhice como o lugar do não sexo. A mulher morena, como se fosse uma bruxa má, é trocada pela "branca avozinha". E o poeta tenta reunir a confraria dos ameaçados para que o livrem desse amor que, no entanto, bem poderia ser o amor total, real e verdadeiro, que o atrai e o angustia.

Já no poema "A legião dos Úrias", surge uma confraria de cavaleiros sádicos, cuja função é sair à luz da Lua castrando as mulheres sob as ordens de uma grande princesa. Eles surgem ritualizando a morte dentro do regime noturno. Vêm à meia-noite pelas montanhas, "pelos grotões enluarados sobre cavalos lívidos", seguindo o vento gelado. São os prisioneiros da Lua e servem à "grande princesa", lançando "uivos tétricos" numa cavalgada fantástica, e "pingam sangue das partes amaldiçoadas". De maneira exemplar, reativam as imagens teriomórficas, especialmente atualizando a imagem dos cavaleiros infernais e apocalípticos. Como nos mitos ctônicos (das divindades infernais), esses cavaleiros conduzem o Mal e a Morte. A serviço de uma deusa castradora, esses machos cumprem o ritual da morte e da castração. E é aí que surge a imagem do cavalo trazendo desgraças e infortúnios. São comuns, aliás, as iconografias do esqueleto avançando veloz com sua foice montado num corcel. No *Apocalipse*, a morte vem num cavalo alvacento. Os diabos irlandeses levam suas vítimas também em cavalos, e até em dramas de Ésquilo surge a morte montada em negro corcel. É assim que no pensamento popular, como lembra Durand, sonhar com um cavalo é sinal de morte próxima. E na psicanálise junguiana, o cavalo é símbolo do psiquismo inconsciente, um arquétipo vizinho da Mãe, que significa também a impetuosidade do desejo. Na verdade, os cavalos, as imagens taurinas e os centauros alados e marinhos, tanto Posêidon quanto Pégaso, formam essa corte mitológica. Há "um estreito parentesco entre o simbolismo taurino e o simbolismo equestre. Há sempre uma angústia como motivo de um e outro, especialmente uma angústia ante as transformações, ante a fuga do tempo, ante o mau tempo meteorológico. Essa angústia é sobredeterminada por perigos, incidentes e morte, a guerra, a inundação, a passagem dos astros e dos dias, as tempestades e o furacão".[25]

No poema de Vinicius, essas figuras nefastas e castradoras do desejo aparecem: "Sobre cavalos lívidos que conhecem todos os caminhos/E vão pelas fazendas arrancando o sexo das meninas e das mães sozinhas/e das éguas e das vacas que dormem afastadas dos machos fortes." A figura feminina sofre sevícias do elemento masculino, que sai arrancando netas e filhas "aos olhos das velhas paralíticas murchadas":

"Depois amontoam a *presa sangrenta* sob a *luz pálida da deusa*
Acendem fogueiras brancas de onde se erguem chamas
[desconhecidas e fumos

que vão *ferir* as *narinas* trêmulas dos adolescentes
[adormecidos
Que acordam inquietos nas cidades sentindo náuseas
[e convulsões mornas."

Isso é um ritual erótico devastador, em que o fogo, ambivalentemente, é usado como símbolo castrador e purificador. Pairando sobre tudo está brilhando o "rubro olhar implacável da grande princesa", figura lunar, feminina, castradora, olhando impassível das alturas. Ela olha como uma mulher fatal, recompondo a lenda das rainhas brancas, enquanto eles, como templários, oferecem sacrifícios à sua Ísis. Nesse regime noturno, o "novilúnio" e a "lua gélida" ressaltam ainda mais o substrato aquático através de expressões como: "tempestade boiasse", "sangue pingando", "afogasse" e "pranto". E aqui se vão juntando as pontas desse circuito de imagens, uma vez que as figuras taurinas e equestres realizam parte de suas virtualidades maléficas, integrando-se no elemento marinho. E se quisermos sair do mencionado poema, outros ainda servirão substancialmente para encaminhar essas observações, haja vista a "Balada negra" que guardando a sonoridade dos versos de García Lorca: *"Los caballos negros son/ las herraduras son negras"*, descreve uma cavalgada fantástica em que um pai e um filho atravessam a escuridão. Aqui se fundem três elementos: a ideia do cavalo negro mensageiro da morte, a presença do pai já morto cavalgando com o filho e a figura dos três num mesmo composto: "E o corpo a que eu me abraçava/era o de um morto a cavalo."

O sadomasoquismo amoroso vai exemplificar-se talvez ainda melhor em versos como estes: "Se alguém nos pôs nas mãos este chicote de aço, eu te castigarei, fêmea." Ou então: "Era como se eu fosse a alimária de um anjo que me chicoteava." Ou ainda: "E eu caminhava cheio de castigo e em busca do martírio." É inevitável a conotação com o aspecto ritualístico da relação de macho e fêmea, e o fato de o poeta se converter ora em vítima, ora em sacerdote supliciador. Daí toda a insistência no tópico do "sacrifício" e do "perdão". Perdão recorrente nessa lírica em que os amantes se machucam e se entredevoram. Por isso, pode-se adaptar um termo de Masud R. Khan e localizar, nesse poeta, uma "ternura canibal", ternura que contraponteia com a violência emergida aqui e ali. Violência que, analiticamente, é ora introjetada (masoquismo), ora projetada (sadismo).

Como poeta alinhado na *"tendresse cannibale"*, produz alguns textos reveladores, como "Elegia ao primeiro amigo", onde a temática da mutilação recrudesce na mesma linha sadomasoquista: "Refizeram-se em mim mãos que decepei de meus braços/que viveram sexos nauseabundos, seios em putrefação." E ele, que antes havia dito que "mãos assassinas e corpo hermético de mártir/nos criava e nos destruía à sombra convulsa do mar", de repente, reafirmando ser um "andrógino meigo e violento", repõe a ternura canibal num trecho exemplar:

"*Mato com delicadeza. Faço chorar delicadamente*
E me deleito. Inventei o carinho dos pés, minha alma
Áspera de menino de ilha pousa com delicadeza sobre um
　　　　　　　　　　　　　　　　　　[corpo de adúltera.
Na verdade, sou um homem de muitas mulheres, e com
　　　　　　　　　　　　　　　　　　[todas delicado e atento.
Se me entediam, abandono-as delicadamente, desprendendo-
　　　　　　　　　　　　　　　　　　[me delas com uma doçura de água.
Se as quero, sou delicadíssimo; tudo em mim
Desprende esse fluido que as envolve de maneira irremissível
*Sou um meigo energúmeno. Até hoje só bati numa mulher
Mas com singular delicadeza*. Não sou bom
Nem mau: sou delicado. *Preciso ser delicado
Porque dentro de mim mora um ser feroz e fratricida
Como um lobo.*"

De repente, nesse texto, várias peças se juntam, reafirmando globalmente alguns dos sentidos dessa lírica. Aí estão as imagens aquáticas relacionadas à mulher, a violência do "feroz fratricida", que se define como "um lobo" exercitando amor e ódio canibalescos. Esse "lobo" é a contraparte de outras "lobas" em sua poesia. Localiza-se no mesmo paradigma das imagens equinas, é o disfarce desse poeta ogro devorador que teme ser devorado pela mãe fálica.

Um aspecto ainda mais particular dessa relação violenta é o tópico do poeta enquanto sacerdote, sacrificando a fêmea no altar do amor. Isso está exemplificado numa peça teatral em versos, pouco lembrada, que é *Cordélia e o Peregrino*. É uma peça inscrita no regime lunar, numa alegoria quase de fundo medieval, onde há "palavras nobres, gestos hieráticos". O tema central é a mulher-Cordélia (= cordeira) sendo sacrificada pelo poeta disfarçado de Peregrino. O poder religioso e o poder erótico se confundem dentro do mesmo processo de sedução poética. E a relação entre violência, poder e eroticidade se confirma. Há uma fatalidade no destino da mulher: "Vim para que me mates e não para que me socorras." Ela exclama: "Tem piedade de tua escrava!", e, diante do homem considerado como ser superior, suplica: "Ah, dá-me tua mão, ser divino." E o diálogo se alonga por quase toda a peça, na qual na verdade não há ação, senão a expressão de submissão do ser feminino diante do macho divino. A mulher se confessa como idêntica à morte: "Eu nada crio além de morte." E assim se vão alongando, num exercício sadomasoquista em que o Peregrino, finalmente, é definido por ela como "ser de violência" que merece a sua "maldição" e o seu "perdão". A mulher é cordeiro que é imolado ante o falo-cutelo do poeta. Amor, submissão e sacrifício se completam como sinônimo de violência.

Permanece, portanto, nessa poesia, a pulsão libidinal para a agressividade sádico-oral, que disfarçada em "delicadeza", lirismo e sedução se comprova ainda em "Receita de mulher". Esse poema lido em geral com agrado por um público tanto feminino quanto masculino tem um sentido maior quando posto em correlação com o resto da obra. Aqui reaparece o tópico da mulher ideal, pois essa imagem feminina, que o poeta está montando, é uma bricolagem do que pode haver de mais perfeito e conveniente ao seu fantasma de mulher total. Agora ele trocou o tom religioso, que surgia na descrição de Ariana, por um tom profano e moderno, mas a ritualização antropofágica é a mesma. A mulher continua como objeto ideal. Objeto ideal a ser comido na ceia canibal do amor. Ela não é mais o sujeito devorador, o vampiro ameaçador dos primeiros livros. Ela é o alvo das pulsões oral-sádicas fantasiadas sedutoramente de lirismo. A violência original foi trocada pela ternura, mas o amor continua como um rito sacrificial entre um sujeito masculino e um objeto feminino.

O desejo líquido e incerto ante o seio bom e o seio mau

As imagens líquidas sobrenadam nessa poesia do princípio ao fim. A mulher está simbolizada no mar, no rio, na praia, nas algas, peixes e ondas. Por isso, "as vagas são peitos de mulheres boiando à tona", e ele pergunta:

"Não achas que a mulher parece com a água, pescador?" E conclui: "É o mar, é o mar, é o mar a mulher."

Mas assim como as imagens do Sol e da Lua são, respectivamente, tanto boas quanto más, dependendo do contexto, também as imagens líquidas podem estar do lado de Eros ou de Tanatos. Podem, interditoreamente, falar do "pântano ao luar", da "algidez desse lago", do "fundo viscoso", da "carne flácida das medusas", como, ao contrário, falar do "doce plasma submarino", das "doces glândulas em feixes" como os peixes na rede do amor, comprovando que o poeta é um "mergulhador" que exemplifica a epígrafe de Leopardi: *"E il naufragar m'è dolce in questo amore."* Ou, ainda, pode a dialética entre Eros e Tanatos estar presente igualmente em poemas como "Balada do morto-vivo", em que narra uma lenda amazônica, na qual uma mulher é possuída em noite de lua pelo fantasma do marido que morreu afogado, gerando um filho nove meses mais tarde. É a mesma duplicidade que está na "Balada da moça do miramar", reforçando a simbiose entre amor-morte-mar. Mereceriam, sob esse aspecto, uma análise especial os poemas "O poeta Hart Crane suicida-se no mar" e "Desert hot spring", este descrevendo figuras humanas em torno de uma piscina, mas não figuras belas e saudáveis, mas velhas e carcomidas. Isso teria muito a ver com o anti-Narciso, com a ameaça da morte sobre a vida, como se o reflexo da água não pudesse mais trazer a eroticidade sonhada.

Taticamente, vou desviar-me dessa análise, que em si seria também muito fecunda e confirmaria muito do que estou levantando. Por economia de trabalho, tomarei um aspecto mais insólito nessa poesia. E da água do mar em suas convulsões amorosas com a Lua, passarei para as imagens do *seio materno*, do *leite* e do *sêmen*.

Assinala Melanie Klein que para a criança, no princípio, a imagem da mãe se confunde com a imagem do seio. Ou, melhor, a mãe é o seio. E esse seio, por outro lado, é um prolongamento do corpo da própria criança. Falar, portanto, de seio, mãe e filho é falar de um conjunto complexo. Como viu André Green: "É natural dizer que uma distinção entre o leite e o seio é falaciosa, senão impossível. O seio é inteiramente leite: todo o corpo da mãe é reduzido a esse odre cheio de líquido vital, e de igual maneira todo o prazer, todo o desejo, todos os fantasmas devem, em nossa opinião, ser vinculados a essa transfusão líquida."[26] E assim como há um seio bom e um seio mau (conforme Melanie Klein), é possível falar da natureza ambígua do leite, ligado a Eros ou Tanatos, como, de resto, Bachelard já havia entrevisto na composição de todo elemento aquático. Ou, então, em outros termos, pode-se conotar aquela ideia de imagens místicas e esquizomórficas ao valor da imagem líquida do leite. Como imagem mística e homogeneizadora, o leite lá está na Bíblia como uma fluição paradisíaca. Daí que Canaã seja descrita como o lugar donde vertem leite e mel. E, também, num plano psicanalítico, a imagem da mãe boa está vinculada àquela que alimenta plenamente. Por isso, a mãe é comparada à grande animalidade criadora, e Séchehaye registra o pensamento infantil nessas frases: "Mamãe foi para mim como uma vaca maravilhosa... Minha vaca era um ser divino diante do qual eu me sentava levado a realizar gestos de adoração."

Essa afirmativa imediatamente remete à mitologia, a textos literários e a trabalhos pictográficos, em que o mito da *vaca sagrada* aparece em suas múltiplas variantes. Jung, em *Symbols of transformation*, descreve uma série de figurações que mesclam a ideia da mãe e renascimento, localizando a "vaca sagrada" tanto no Egito quanto na Índia ou na lenda de Rômulo e Remo, fundadores de Roma. Aqui a *loba* seria uma variante da vaca. E, no poeta que estudamos, aparecem ambos os termos claramente, sobretudo com uma conotação de mulher pública ou prostituta. Em "Rosário", lembrando a primeira *prostituta* que o possuiu ainda adolescente, diz: "Grande filha de uma vaca"; e em "Balada das duas mocinhas de Botafogo", as imagens do seio materno e da loba revêm: "A loba materna uivava/suas torpes profecias." Seria, a propósito, enriquecedor um estudo, não digo comparado, mas pelo menos paralelo, dessa temática do seio e da mãe, em alguns poetas de extração rural, como Jorge de Lima, onde as lembranças da ama de leite vêm fundidas à imagem de uma vaca com seus imensos úberes bafejando carinho sobre o menino.

A propósito, sobre a antiguidade dessa imagem poética na mitologia primitiva, é de se lembrar que na Mesopotâmia, há seis mil anos, a deusa Nin-Hour-Sag era uma vaca leiteira e que também a deusa egípcia Hator – a mãe de Hórus – era assim representada. Mas ressalte-se também que a vaca representando abundância pode ser substituída pela figura feminina com inúmeros seios. Assim Diana de Éfeso pode ter 16 seios, e a deusa mexicana Agrave pode ter quatrocentos.

Na poesia de Vinicius, a imagem do seio aparece dividida. Na sua vertente dionisíaca e liberadora, ele diz: "Bêbado dos seios da amada, cheios de espuma" e, em "A brusca poesia da mulher amada II", complementa: "A mulher amada é aquela que aponta a noite/e de cujo seio surge a aurora." Mas na vertente da mãe fálica e esterilizante, tome-se o longo poema "O poeta". Começa aí por ocorrer algo muito comum em outros poemas: uma simbiose entre *leite* e *lágrima*, como se muitas vezes, tentando extrair leite e afeto do seio feminino, e nada conseguindo, o menino vertesse o seu leite amargo, que são as lágrimas estéreis. Nesse poema, o poeta constrói uma lenda sobre a origem dos poetas: eles existiram desde os primórdios divididos entre o bem e o mal cósmicos. Um dia surge "uma branca mulher de cujo sexo a luz jorrava em ondas/e de cujos seios corria um doce leite ignorado". O poema se constrói em paradoxos: essa mulher, que era o princípio da vida, produzia, no entanto, "um leite frio" e "vinha dela uma falta de amor irresistível". Essa mulher era, portanto, sinônimo da mãe má, fálica e rejeitadora, que um dia "subiu mais alto e mais além, morta dentro do espaço".

Como que órfãos, seus filhos ficam prisioneiros do "rio da paixão", na "prisão nebulosa de leite" da via-láctea, lembrando "a linfa dos peitos da amada que um dia morreu". Castrados pela mãe, a castração é internalizada e o poeta então sonha idealmente com um seio sem mácula, sem sangue e sem sexo: "Maldito o que bebeu o leite dos seios da virgem, que não era mãe, mas era amante." Essa oposição entre os seios da virgem e o seio da amante reproduz, classicamente, o modelo do seio bom e do seio mau e as antíteses ideológicas de Maria e Eva. Há uma angústia nesse texto. E as relações da criança com o seio materno podem conduzir, segundo Melanie Klein, a uma angústia esquizoparanoide, caso não resulte sadio o jogo de "aceitar, acolher e reverter sob uma forma transformada os fantasmas destruidores da criança".[27] Pode mesmo, como viu Winnicott, uma "mãe suficientemente boa favorecer a onipotência infantil e a ilusão do poder de fazer aparecer o seio quando ele é desejado. O desejo do seio coincide com sua aparição efetiva e suas gratificações reais, condição de um bom começo. Mas cedo ou tarde, inevitavelmente, aparece a frustração coincidente com a percepção interna do seio mau, aquele que chamado não aparece, se recusa a vir, e retém seu precioso produto e seu amável contato. Das duas, uma: ou a frustração é tolerada, a espera é possível, o atraso aceitável e aceito, estabelecendo-se o caminho aos devaneios simbólicos, ou, então, a frustração é intolerável, a espera impossível, o atraso inaceitável e ocorre a aparição da angústia persecutória, a acumulação da hostilidade do sujeito, as pulsões destruidoras e o ódio da realidade interna e externa que Bion situou na origem da psicose".[28]

O problema do seio pode, nessa poesia, ser entrevisto no já citado "Poema para todas as mulheres", onde anteriormente destaquei o tópico da violência esquizoparanoide. É informativo que o primeiro verso diga: "No teu branco seio eu choro", e que o poema vá descrever a ausência de leite e de sexo e a presença da angústia que acaba definindo a mulher como uma devoradora ("Que esta mulher me devora"), razão pela qual ele pede abrigo no colo de Nossa Senhora ("Que eu quero fugir, quero minha mãezinha, quero o colo de Nossa Senhora"). Ora, anteriormente já havia eu falado do mito da *vagina dentada*. Pois aqui aparece uma variante: o *seio devorador*. E a poética da violência sadomasoquista que descrevi anteriormente se comprova nessa mistura, entre o que é a mulher devorante e o homem devorado. Ora, "o aspecto ativo da devoração canibal assume um duplo aspecto passivo: o desejo da criança de ser devorada pela mãe, permitindo-lhe realizar passivamente a aspiração de penetrar o corpo materno, sem contar que a ativação das pulsões canibais da criança ritualiza as pulsões canibais maternas".[29] Como havia já apontado Freud, "uma primeira organização sexual pré-genital é a que chamamos de oral ou canibal. A atividade sexual, nessa fase, não está separada da ingestão de alimentos, e a diferenciação das duas tendências não aparece ainda. As duas atividades têm o mesmo objeto e o intuito sexual é representado por uma *incorporação* do objeto, protótipo do que será mais tarde a *identificação*, chamada a desempenhar um papel importante no desenvolvimento psíquico".[30]

Estamos, portanto, retomando uma área bastante complexa e rica da simbologia erótica e que começamos a tratar quando, no primeiro capítulo deste livro, salientávamos a vocação canibal do senhor de escravos ao exercer seu poder falocrático. E, na poesia de Vinicius, o que seria uma ocasional metáfora líquida do leite ou do desejo pelo seio revela-se como um elemento preso a algo sistêmico nas camadas ocultas dessa poesia. Sobressai aí, por exemplo, a temática do canibalismo e da "ternura canibal", exercitada na "Receita de mulher". Ora, na base do comportamento canibal está uma ambígua relação de amor e morte. Daí André Green ter destacado que o canibal ama tanto o seu próximo que o come, e não come senão aquilo que ama.

Na verdade, pode-se ir um pouco mais além da beleza dessa frase e perseguir aí outra verdade não assinalada: o canibal, ao comer o outro, dá a sua prova maior de amor-e-ódio. Prova de identificação, porque o outro é admitido dentro de seu corpo. Mas sem ódio não há canibalismo. É certo que o estudo das relações dentro de um grupo, e das relações intergrupais, leva a ver que o canibalismo é mais uma atitude exogâmica e não endogâmica. A família ou a tribo se reúne para comer o *de fora*. E transpondo esse aspecto para as relações eróticas e amorosas, observa-se certa consonância entre o "comer" e o "casar". Jean Pouillon vê uma relação entre o "comível" e o "esposável". E, psicanalítica e socialmente, registram-se indivíduos, famílias e sociedades em que o sexo é colocado fora do casamento, ou seja, em que a esposa não é "devorada" sexualmente, mas deve manter sua "pureza", enquanto o homem se dedica à "caça" fora dos muros domésticos. Em última instância, é possível ver nessa divisão de "espaços eróticos" uma esquizomania que informa a ideologia do grupo.

Voltando, no entanto, ao problema do seio materno, lembre-se de que Abraham, citado por Green, via duas fases nas relações orais entre a criança e a mãe: "A primeira pré-ambivalente, dominada pelo prazer da sucção, a segunda (amparada pela pressão dentária) na qual o prazer de morder, de cortar, mastigar, domina o segundo estádio oral ou estádio sádico-oral."[31] É esse estádio sádico-oral que alguns analistas percebem num tipo de literatura popular e infantil em que aparecem lobos e ogros devorando crianças. Jacques Geminasca estuda esse aspecto em seu "Conto popular e identidade do canibalismo", e Mac Augé acha que toda essa temática de animais e monstros devoradores está ligada ao tema da esterilidade, pois "o tema da esterilidade se exprime, muito frequentemente, também em termos de mutilações: o diabo arranca e come o ventre, o útero, a matriz do sexo".[32] Com efeito, a poesia de Vinicius, em que a oralidade é recorrentemente figurada através de um seio triste ou ferido, em muitos aspectos explora um sadomasoquismo, a exemplo daqueles cavaleiros Úrias que "vão pelas fazendas arrancando o sexo das meninas e das mães sozinhas/e das éguas e das vacas que dormem afastadas dos machos fortes".

*Imagens líquidas do leite, do sangue, do mênstruo,
do sêmen e da urina no jorro da poesia*

A imagem líquida nessa poesia procura, sistematicamente, representar-se também nas metáforas que falam do sangue, da menstruação e do sêmen. E essas imagens estão inscritas, sobretudo, na parte noturna e interditora dessa obra. Aparecem quando os conflitos místicos e carnais se tornam mais dilacerantes. E não podem ser estudadas sem relembrarmos o aspecto ritualístico dessa poesia, na qual existe um sacerdote (o poeta) sacrificando a ovelha (Cordélia) no altar do amor. Esse sacrifício místico-carnal é feito com *sangue, lágrima* e *sêmen*. É um sacrifício sadomasoquista em que o erótico se mistura ao sagrado e o sangue à pureza, como nos cultos dionisíacos e cristãos. Na religião, "as sevícias que sofre o iniciado são muitas vezes mutilações sexuais: castração total ou parcial, da qual, segundo Eliade, a circuncisão é um sinal".[33] E, vinculando o problema da castração ao aspecto noturno e interditor da poesia de Vinicius, recaímos num dado mitológico e antropológico, que mostra as raízes inconscientes e intemporais dessa escrita. Pois há uma relação entre os regimes agrolunares e as mutilações do corpo. Orfeu e Dionísio, tanto quanto Cristo e Mani, são heróis mutilados no correr de uma paixão. Daí dizer-se que "há um verdadeiro complexo agrolunar de mutilação: os seres místicos lunares muita vez não têm mais do que um pé ou uma só mão, e ainda hoje é na lua minguante que os camponeses cortam as árvores".[34]

Na Bíblia, há uma vasta utilização do significado do sangue como elemento purificador. *Sangue* e *vinho* como imagem ambígua que concilia Cristo e Dionísio. Na poesia de Vinicius, que começa sob um forte regime lunar mutilador, há uma exploração dessa imagética. Ora, simbolicamente, o sangue é o sucedâneo da imagem líquida do *leite*, uma vez que leite e sangue simbolizam a vida. Traçando um elo entre o leite e o sangue, poderemos relembrar que, segundo uma velha fisiologia, a fêmea podia converter o sangue em leite e o macho poderia convertê-lo em sêmen. Sangue, leite e sêmen eram variações de uma mesma substância.

Na poesia que estudamos, essas imagens líquidas estão ligadas a um ritual de amor e violência. Amor e violência tanto em relação ao sujeito (a clivagem do Narciso) quanto em relação ao objeto (o sacrifício da fêmea). Assim, o amor é um ritual que incorpora o outro canibalisticamente, num ato de pureza que dessangra o impuro. A inserção da imagem do sangue ao lado da violência pode surgir aleatoriamente em versos como este: "Ruge *menstruosamente* sádica em sua sede de amor" ("Última elegia"). Aí a superposição de monstruosamente/menstruosamente é evidente. Isso lembra o que está na "Legião dos Úrias", quando surgem os cavaleiros que iam pingando "sangue das partes amaldiçoadas". Aí, sintomaticamente, a Lua tem seu papel interditor: tudo ocorre em pleno novilúnio e há "sangue misterioso esquecido em panos amontoados". Noutro poema – "Viagem à sombra" –, refere-se ao que "beijou os lábios que eram como a ferida dando sangue", a mulher surge com coxas que "são pântanos de cal viva" e há "uma dança para a lua que está escorrendo lentamente pelo ventre das menstruadas".

O sangue e o mênstruo parecem acompanhar a mesma dicotomia que já destaquei entre dois tipos de Lua, dois tipos de Sol e dois tipos de água. Há um sangue/mênstruo carregado de sentido positivo e erótico, e há um crivado de sensação estática e castradora. Em "O poeta e a Lua", a imagem surge positivamente, e o poeta toma essa Lua-Mulher: "O poeta afaga-lhe os braços/e o ventre que menstrua." Há um clima de "eriçada luxúria" e "o poeta, aloucado, e branco/palpa as nádegas da lua". Como consequência, há "gozos", "frêmitos", "orgasmos", "êxtases". O poeta está fora do "claustro" da noturnidade e deixa transcorrer sua eroticidade. Essa atmosfera, despida de remorsos, volta em "Balada da praia do Vidigal". Em vez da água parada e mórbida, há o "ventre da maré cheia" e uma ondulosa eroticidade. Nem sempre, portanto, há a angústia do sexo, como no princípio da obra. Nem sempre ele faz essa confissão como em "Rosário", onde, parafraseando a balada de García Lorca, confessa: "E eu que era um menino puro/Não fui perder minha infância/No mangue daquela carne." Surge aí a "luz verde da lua", muito parecida ao "rio venéreo" e às lembranças da "lua negra", "lua vennelha" – cheias de presságios funestos.

Nessa poesia que recupera valores inconscientes universais, é reveladora essa aproximação entre o elemento marinho e a Lua. Como indica Eliade, há relação entre a Lua e o fluxo marinho, entre a Lua e a germinação agrária, e em muitas mitologias a Lua e a água definem uma mesma divindade. Com efeito, "a lua aparece como a grande epifania dramática do tempo. Enquanto o sol permanece semelhante a si mesmo, salvo nos raros eclipses, enquanto ele não se ausenta mais que um curto lapso de tempo da paisagem humana, a lua é um astro que cresce, decresce, desaparece, um astro caprichoso que parece estar submetido à temporalidade e à morte".[35] Muitas teorias concorrem para explicar essa vizinhança e atração entre a imagem feminina e a lunar. Segundo Harding, para o primitivo, o sincronismo do ritmo menstrual da mulher e o ciclo da lua deveriam parecer prova evidente da existência de uma relação entre elas. E, na França, a menstruação se chama "momento da Lua", assim como entre os maoris é considerada "doença lunar". A rigor, no entanto, a conotação positiva ou negativa da Lua, tal como sucede com a imagem marinha, depende do sistema em que se insere.

Finalmente, de tudo que vimos somando até agora na leitura desse poeta, pode-se passar para uma nova aproximação: a relação entre poesia e água e a relação entre poesia e sêmen. E aqui se pode estabelecer esse paralelo: o poeta-Narciso diante da água da poesia e do espelho dos versos e a poesia ora como uma emanação líquida (sêmen) fecundante, ora como um ato frustro e estéril.

Esse núcleo de imagens é dos mais informativos, porque elas continuam na metáfora do *afogado* e do *mergulhador*. Da mesma maneira que há um sêmen duro e estéril e um amante afogado em sangue, lágrimas e leite impuro da mulher, também há aquele que jorra dionisiacamente seu verso ébrio e é um "mergulhador", um "pescador" que frequenta o corpo da amada e retorna vivo. A diferença entre estar afogado e saber mergulhar e retornar à tona informa sobre as relações entre Eros e Tanatos. E aqui o elemento em que se afoga ou onde mergulha o Narciso poeta é sempre a mulher, sinônimo também de poesia.

Tomem-se estes versos da "Elegia quase uma ode":

"Tu desgraçadamente Poesia
Tu que me afogaste em desespero e me salvaste
E me afogaste de novo e de novo me salvaste..."

Essa afirmativa é semelhante a esta outra: "O verso que mergulha o fundo de minha alma." Assim como o poeta nada, mergulha ou se afoga no corpo feminino ou na água de seus próprios fantasmas, também a poesia é o espaço dos mergulhos e afogamentos. Esse descer pode lembrar as imagens catamórficas e descensionais, cheias de submersões mórbidas, mas pode ser a primeira parte de um movimento de autoconhecimento. Saindo de outro lado desse mergulho, há a vocação para a luz erótica da Lua e do Sol. Por isso vai dizer:

> "Lembra-me de ti, poesia criança, de ti
> Que te suspendias para o poema como que para um seio
> [no espaço."

Essa afirmativa, que está em "Elegia quase uma ode", além de mostrar a regressão ao estado infantil através da poesia, mostra a fusão do poeta-poesia, à medida que a poesia e o corpo se fundem ou se confundem também a criança e o seio, a criança e a própria mãe. A poesia (refletida na mulher) ou o poema (que oraliza o amor) passa a ser o seio que frustra ou alimenta o poeta.

Desse modo, a imagem da poesia está vinculada à do leite. Curiosamente, essa poesia flui em versos longos, jorra, escorre liquidamente. Busca-se a naturalidade da respiração e do próprio corpo. Dionisiacamente, poesia e carne se misturam. O poeta, que era fruto do leite mítico e místico derramado pela via-láctea, procura o colo, o seio da mulher-natureza e produz uma poesia à imagem da dualidade original. Como a mulher, que ele projeta na tela de seu imaginário, essa poesia é santa e pecadora, é boa e má, é um líquido regenerador, mas também pode ser mortal.

"Lança o teu *poema inocente* sobre o *rio venéreo* engolindo as cidades", diz ele. O positivo ("inocente") e o negativo ("venéreo") no mesmo fluxo. Transparece aqui a mesma ambiguidade dos "sinos do sêmen que se rejubilam à carne", ante o seu oposto, o "sêmen cru" que aparece entre "lágrimas", "redenções mumificadas" e lembranças terríveis da infância. Curiosamente, mantendo a mesma linguagem mística e erótica, nessa fase de interdição, o poeta procura "a loucura *prenhe* do Espírito Santo".

O que teria a ver essa imagem líquida do desejo com a imagem da urina, que vez por outra surge no ondular desses versos? Na verdade, tal imagem é uma variante das manifestações líquidas do desejo. Pode parecer estranho ao leitor leigo, mas isso está testemunhado não só na psicanálise, mas também na antropologia. Tanto numa vertente junguiana isso é fácil de demonstrar, quanto na vertente freudiana. Jung intitulou um de seus livros de *Símbolos da transformação*, voltando a uma preocupação central em sua obra, que é ver a circularidade e a reincidência de certas metáforas no inconsciente coletivo. Do lado freudiano, há um caso pouco conhecido, mas muito revelador. Freud fez o prefácio de um livro escrito por um capitão do exército norte-americano, que pesquisou entre índios da América as relações simbólicas e culturais com a urina e com as fezes. O livro do capitão John Gregory Bourke, publicado em 1891, chama-se *Les rites scatologiques*. Freud retoma seus pensamentos sobre as funções excrementais e o interesse que por elas têm as crianças. O capitão Bourke faz um interessantíssimo relato de costumes indígenas, em que a urina e as fezes têm função medicinal, estética e servem para ritos religiosos.

Assim, entre os *zuñis* do Novo México se faziam grandes cerimônias em que se recolhia a urina da tribo e, depois de muita dança e excitação, ela era bebida em festa pela comunidade. No Canadá, bebia-se a urina humana como medicamento, e o "padre Segar foi testemunha de uma dança entre os hurons em que homens, mulheres e jovens dançavam nus em torno de um homem enfermo: um dos jovens urinava na sua boca e ele engolia o líquido repugnante na esperança de encontrar aí sua recuperação".[36] Aliás regredindo a Roma e à Grécia, Bourke cita exemplos em Hipócrates e Plínio sobre o valor terapêutico dos excrementos. Mas em relação ao tema que aqui desenvolvo, mais vale acompanhar seu raciocínio quando se refere à urina da vaca com as evidentes conotações de urina-leite. E ao introduzir aqui a figura da vaca, estou recuperando muito do que falei no princípio deste ensaio, quando aproximei o mito da *Grande Mãe* e da *Vaca Sagrada* ao estudar o herói em cópula cósmica com a natureza.

Assim se vai fechando um ciclo de símbolos em transformação: a Mãe Natureza que aleita seu filho o faz através de várias imagens, e o poeta, através de imagens líquidas que começam com a água do mar e passam pelas lágrimas, pelo sangue, pelo leite, pelo sêmen, vai contando o fluxo de seu desejo.

Por isso, com Bourke, é curioso lembrar que, entre os hindus, um pedaço de carne de vaca pode causar repulsa, mas eles misturam a urina desse animal sagrado à sua alimentação. Urina aí significa purificação, e, como via Lejarde, a urina da vaca tinha originalmente a significação de água da chuva, e as próprias nuvens eram chamadas de vacas. Entre os persas, existia o culto "das cinco coisas", e o leite, a manteiga, a coalhada, a bosta e a urina de vaca formavam um conjunto de produtos sagrados. E é curioso como esses símbolos vão percorrendo um circuito que envolve a vaca, a Lua e a veneração da figura feminina cósmica. Em sua *Zoological mythology*, Gubernatis afirma que a bosta da vaca tem a mesma função purificadora da Lua e da aurora, que são chamadas também de duas vacas, que tornam a terra mais fértil através do orvalho. E é significativo que, na mitologia egípcia, Hator seja a vaca alimentadora, assim como Ísis mais tarde será representada com uma cabeça de vaca e um par de chifres, que no pensamento mítico, como assinala Soliè, lembra os cornos da Lua. Por isso, a "Deusa-Lua enquanto deusa cornuda é a vaca celeste, e sua filha, a jovem lua renascente, é a Criança-Touro-Pasífae, a Rainha-Lua, mulher de Minos, rei de Creta"[37]. Coincidentemente, essa Pasífae vai ser a mãe de Ariadne/Ariana, reforçando, com isso, todo o sistema feminino-lunar que estamos surpreendendo na poesia de Vinicius.

Essa relação entre *leite* e *urina*, por outro lado, é localizada no inconsciente de pacientes, e como descreve Hanna Segal, que tanto estudou o pensamento de Melanie Klein, a respeito do seio bom e do seio mau, um jovem chegou a desenhar dois seios de maneira estilizada: um deles, todo colorido, representava para ele o leite, mas o outro estava com uma cor estranha, pois estava simbolicamente cheio de xixi. Isso lembra a lenda germânica das Amazonas, em que essas mulheres tinham um seio cheio de leite e outro cheio de pus.

Enfim, uma poesia dispersiva numa vida disseminada entre inúmeros fantasmas femininos, as imagens líquidas se constituem na metáfora viva da poética de Vinicius. Enquanto personagem de uma hierogâmia mítica, cósmica e psicanalítica, misturou *sêmen* e *semente*. Semente que pode ser "semente de cactos" estéril e seca, ou que pode ser "o sêmen da minha volúpia". Dedicado ao rito da dispersão amorosa, entre Orfeu e Dionísio, o aspecto líquido de sua poética conduz-nos a ver que seu discurso tem a função do *logos spermaticos*. Ele é o jorro da sexualidade, é o pensamento liquiforme, é o amor disseminado entre tantos fantasmas femininos. E talvez, enfim, a cisão, a clivagem e a busca de unidade possam ser expressas neste verso:

"E com todo esse *pus*, faz um poema *puro*."

NOTAS BIBLIOGRÁFICAS

A mulher de cor e o canibalismo erótico na sociedade escravocrata

(1) Cristóvão, Fernando. *Marília de Dirceu de Tomás Antônio Gonzaga ou a poesia como imitação da pintura*, p. 67.
(2) Todorov, Tzvetan. "Estética e semiótica no século XVIII", pp. 26-39.
(3) Andrade, Mário de. "Amor e medo", in *Aspectos da literatura brasileira*. Martins Editora, São Paulo, s.d.
(4) Abraham, Karl. *Teoria psicanalítica da libido*, p. 162.
(5) Ibidem, p. 163.
(6) Ibidem, p. 164.
(7) Freyre, Gilberto. *Casa-grande & senzala*, vol. II, p. 634.
(8) Ibidem, p. 634.
(9) Ibidem, p. 668.
(10) Ibidem, p. 635.
(11) Andrade, Mário de. Ob. cit., p. 201.
(12) Queiroz Júnior, Teófilo. *Preconceito de cor e a mulata na literatura brasileira*.
(13) Freyre, Gilberto. *Casa-grande & senzala*, vol. I, p. 12.
(14) Hoffman, Léon-François. *Le nègre romantique*, p. 249.
(15) Ibidem, p. 238.
(16) Ibidem, p. 185.
(17) Ibidem, p. 185.
(18) Expilly, Charles. *Mulheres e costumes do Brasil*, p. 291.
(19) Sayers, Raymond. *O negro na literatura brasileira*, p. 178.
(20) Sant'Anna, Affonso Romano de. *Por um novo conceito de literatura brasileira*.
(21) Studart, Heloneida. *Mulher, objeto de cama e mesa*.
(22) Freyre, Gilberto. *Casa-grande & senzala*, vol. II, p. 596.
(23) Spielrein, Sabina. *Entre Freud e Jung*, p. 48.
(24) Firestone, Shulamith. *A dialética do sexo*, p. 181.
(25) Magli, Ida. *Pouvoir de la parole et silence de la femme*, p. 38.
(26) Irigaray, Luce. *Speculum de l'autre femme*.
(27) Baliteau, Catherine. *La fin d'un parade misogyne: la psychanalyse lacanienne*.

(28) Yaguello, Marina. *Les mots et les femmes.*
(29) Hollanda, Sérgio Buarque de. *Raízes do Brasil*, p. 106.
(30) Hoffmann, Léon François. *Le nègre romantique*, p. 204.
(31) Ibidem, p. 204.
(32) Expilly, Charles. *Mulheres e costumes do Brasil*, p. 296.
(33) Gorender, Jacob. Ob. cit., p. 341.
(34) Bonaparte, Marie. *Chronos, Eros, Thanatos*, p. 127.
(35) Gorender, Jacob. Ob. cit., p. 341.
(36) Freyre, Gilberto. Ob. cit., vol. II, p. 141.
(37) Taylor, R. Rattray. *History in sex*, p. 31.
(38) Attali, Jacques. *Vita e morte della medicina – L 'ordine cannibale.*
(39) Hoffman, Léon François. Ob. cit., p. 210.
(40) Hillman, James. *Pan et le cauchemar*, p. 77.
(41) Ibidem, p. 77.
(42) Chevalier, Jean e Gheerbrant, Alain. *Dictionnaire des symboles*, vol. H-Pie.
(43) Hillman, James. Ob. cit., p. 85.
(44) Ibidem, p. 85.
(45) Ibidem, p. 85.
(46) Bonaparte, Marie. *Chronos, Eros, Thanatos*, p. 115.

Da mulher-esfinge como estátua devoradora ao striptease na alcova

(1) Lederer, W. *La peur des femmes*, p. 147.
(2) Ibidem, p. 159.
(3) Ibidem, p. 160.
(4) Lopez-Pedraza, Rafael. *Hermès et ses enfants dans la psychothérapie*, p. 119.
(5) Hahner, June. *A mulher no Brasil*, p. 86.
(6) Ibidem, p. 86.
(7) Lederer, W. Ibidem, p. 161.
(8) James, E. O. *Le culle de la Déesse-Mère dans l'histoire des religions*, p. 231.
(9) Ribeiro, Joaquim Chaves. *Vocabulário e fabulário da mitologia*, p. 278.
(10) O'Brown, Norman. *Vida contra morte*, p. 208.
(11) Ibidem, p. 208.
(12) Ibidem, p. 209.
(13) Consoli, Sila. *La candeur d'un monstre*, p. 143.
(14) Lederer, W. Ibidem, p. 45.
(15) Delcourt, Marie. *Oedipe ou la légende du conquérant*, p. 118.
(16) Ibidem, p. 124.
(17) Ibidem, p. 134.
(18) Jung, Emma e Hillman. *Anima et animus*, p. 201.

(19) Ibidem, p. 51.
(20) Ibidem, p. 133.
(21) Ibidem, p. 44.
(22) Lederer, W. Ob. cit., p. 116.
(23) Ibidem, p. 110.
(24) Didier, Yvone. *Façon de dire et façon de faire*, p. 132.
(25) Ibidem, p. 133.
(26) Ibidem, p. 135.
(27) Bachelard, Gaston. *A poética do espaço*, p. 426.
(28) Ibidem, p. 429.
(29) Ibidem, p. 427.
(30) Ibidem, p. 431.
(31) Freud, Sigmund. *Sobre os sonhos*, p. 47.
(32) Consoli, Sila. Ob. cit., p. 47.
(33) Ibidem, p. 21.
(34) Chevalier e Gheerbrant. *Dictionnaire des symboles* (Pie a Z), p. 197.
(35) Ibidem, p. 193.
(36) Sant' Anna, Affonso Romano de. *Por um novo conceito de literatura brasileira*, p. 47.
(37) Salles, Catherine. *Nos submundos da Antiguidade*, p. 71.
(38) Ibidem, p. 37.
(39) Baudrillard, Jean. *L'échange symbolique de la mort*, p. 167.
(40) Ibidem, p. 167.
(41) Ibidem, p. 168.
(42) Barthes, Roland. *Mithologies*, p. 165.
(43) Ibidem, p. 165.

Do canibalismo melancólico sobre o corpo
da amada morta à eroticidade de Lúcifer

(1) Praz, Mario. *La carne, la morte e il Diavolo*, p. 45.
(2) Ibidem, p. 128.
(3) Ibidem, p. 215.
(4) Ibidem, p. 435.
(5) Freud, Sigmund. "*Duelo e melancolia*", p. 2.091.
(6) Ibidem, p. 2.094.
(7) Laplanche e Pontalis. *Vocabulário de psicanálise*, p. 295.
(8) Fédida, Pierre. "*Le cannibale mélancolique*", p. 126.
(9) Harris, Marvin. *Cannibale e re*, p. 132.
(10) Ibidem, p. 133.

(11) O'Brown, Norman. *Vida contra a morte*, p. 68.
(12) Attali, Jacques. *Vita e morte della medicina*, p. 45.
(13) Bonaparte, Marie. *Chronos, Eros, Thanatos*, p. 84.
(14) Emmanuel, Pierre. *Baudelaire, la femme et Dieu*, p. 59.
(15) Bachelard, Gaston. *La terre et les rêves de la volonté*, p. 37.
(16) Ibidem, p. 38.
(17) Ibidem, p. 40.
(18) Freud, Sigmund. "*La tête de Méduse*", p. 1.
(19) Chevalier e Gheerbrant. *Dictionnaire des symboles*, vol. Che-G, p. 277.
(20) Bachelard, Gaston. *L'eau et les rêves*, p. 111.
(21) Ibidem, p. 112.
(22) Ibidem, p. 112.
(23) Chevalier e Gheerbrant. Ob. cit., vol. Che-G, p. 162.
(24) Ribeiro, Joaquim Chaves. *Vocabulário e fabulárlo da mitologia*, p. 190.
(25) Chevalier e Gheerbrant. Ob. cit., p. 163.
(26) Ibidem, p. 164.
(27) Bachelard, Gaston. *L'eau et les rêves*, p. 50.
(28) Ibidem, p. 61.
(29) Ibidem, p. 53.
(30) Chevalier e Gheerbrant. Ob. cit., p. 163.
(31) Ibidem, p. 137.
(32) Ibidem, p. 136.
(33) Perrault, Charles. *Contes*, p. 107.
(34) Bettelheim, Bruno. *The uses of enchantment*, p. 226.
(35) Ragon, Michel. *L'espace de la mort*, p. 223.
(36) Ribeiro, Joaquim Chaves. Ob. cit., p. 223.
(37) *New Larousse encyclopedia of mythology*, p. 132.
(38) Jung, C. G. *Tipos psicológicos*, p. 276.
(39) Ibidem, p. 285.
(40) Lacerda, Cassiana. *Decadismo e simbolismo no Brasil*, vol. 1, p. 254.
(41) Chevalier e Gheerbrant. Ob. cit., p. 341.
(42) Ibidem, p. 341.
(43) Jean, Raymond. *La poétique du désir*, p. 155.
(44) O'Brown, Norman. Ob. cit., p. 61.
(45) Bonaparte, Marie. Ob. cit., p. 99.
(46) Ibidem, p. 100.
(47) Ibidem, p. 100.
(48) Ibidem, p. 109.
(49) Beauvoir, Simone de. *O segundo sexo*, vol. II, p. 439.
(50) Bonaparte, Marie. Ob. cit., p. 147.
(51) Emmanuel, Pierre. *Baudelaire, la femme et Dieu*, p. 105.

(52) Ibidem, p. 99.
(53) Eliade, Mircea. *Méphistophélès et l'androgyne*, p. 115.
(54) Ibidem, p. 115.
(55) Emmanuel, Pierre. Ob. cit., p. 50.
(56) Bonaparte, Marie. Ob. cit., p. 102.
(57) O'Brown, Norman. Ob. cit., p. 243.
(58) Ibidem, p. 244.
(59) Freud, Sigmund. *Obras completas*, p. 970.
(60) O'Brown, Norman. Ob. cit., p. 245.

Manuel Bandeira: do amor místico e perverso pela santa
e a prostituta à família mítica permissiva e incestuosa

(1) Jean, Raymond. *La poétique du désir*, p. 381.
(2) *Enciclopedia universal ilustrada europeo-americana*, tomo XXXIII, pp. 25-6.
(3) Lederer, W. *La peur des femmes*, p. 132.
(4) Ibidem, p. 133.
(5) Salles, Calherine. *Nos submundos da Antiguidade*, p. 33.
(6) Ibidem, p. 33.
(7) Ibidem, p. 35.
(8) Lederer, W. Ob. cit., p. 161.
(9) Bandeira, Manuel. *Poesia e prosa*, vol. II, p. 191.
(10) Lederer, W. Ob. cit., p. 183.
(11) *The encyclopedia of witchcraft and demonology*, p. 254.
(12) Praz, Mario. *Romantic agony*, p. 272.
(13) Delcourt, Marie. Ob. cit., p. 111.
(14) Ibidem, p. 114.
(15) Clavreul, J. *Le désir et la perversion*, p. 99.
(16) Aulaignier-Spariani, P. Ibidem, p. 15.
(17) Dick, Kay. *Pierrot*, p. 97.
(18) Chevalier e Gheerbrant. *Dictionnaire des symboles*, vol. A-Che, p. 128.
(19) Eliade, Mircea. *Méphistophélès et l'androgyne*, p. 152.
(20) Ibidem, p. 144.
(21) Bandeira, Manuel. *Poesia e prosa*, vol. II, p. 1.307.
(22) Ibidem, p. 47.
(23) Ibidem, p. 9.
(24) Ibidem, p. 315.
(25) Nascimento, Abdias. *O negro revoltado*, p. 265.
(26) Bandeira, Manuel. Ob. cit., vol. II, p. 337.
(27) Ibidem, p. 338.

(28) Ibidem, p. 338.
(29) Consoli, Sila. *La candeur d'un monstre*, p. 68.
(30) Ibidem, p. 68.
(31) Delcourt, Marie, Ob. cit., p. 110.
(32) Ibidem, p. 319.
(33) Chevalier e Gheerbrant. Ob. cit., vol. Che-G, pp. 283-284.
(34) Bandeira, Manuel. Ob. cit., vol. II, p. 794.

Vinicius de Moraes: a fragmentação dionisíaca e órfica da carne entre o amor da mulher única e o amor por todas as mulheres

(1) Faria, Otávio. *Dois poetas.*
(2) Lemaire, Anika. *Jacques Lacan – Uma introdução*, p. 105.
(3) Segal, Hanna. *Introdução à obra de Melanie Klein*, p. 143.
(4) Soliè, Pierre. *La femme essentielle*, p. 13.
(5) Neumann, Erich. *The greater mother.*
(6) Ibidem, p. 162.
(7) Ibidem, p. 256.
(8) Lueneberg, Maria Emilia: "Ariana, uma teia pelo corpo", p. 115. Este é um trabalho da autora quando era minha aluna de pós-graduação na PUC/RJ. Fez uma exaustiva análise do poema em cerca de 213 páginas com informações preciosas sobre o tema que mereciam publicação.
(9) Martins, Joaquim Ribeiro. *Vocabulário e fabulário de mitologia*, p. 213.
(10) Durand, G. *Les structures anthropologiques de l'imaginaire*, p. 503.
(11) Martins, Joaquim Ribeiro. Ob. cit., p. 226.
(12) Freud, Sigmund. *Obras completas*, vol. I, p. 999.
(13) Ibidem, p. 996.
(14) O'Brown, Norman. *Life against death*, p. 209.
(15) Shipley, Joseph. *Dictionary of world literature.*
(16) Bertelée, René. *Panorama das ideias contemporâneas*, p. 87.
(17) Eliade, Mircea. *Trattato di storia delle religioni*, p. 140.
(18) Lederer, W. *La peur des femmes*, p. 57.
(19) Ibidem, p. 164.
(20) Ibidem, p. 100.
(21) Durand, Gilbert. Ob. cit., p. 76.
(22) Ibidem, p. 77.
(23) Ibidem, p. 77.
(24) Freud, Sigmund. Ob. cit., p. 183.
(25) Durand, Gilbert. Ob. cit., p. 88.
(26) Green, André. *In Destins du cannibalisme*, p. 44.

(27) Ibidem, p. 40.
(28) Ibidem, p. 50.
(29) Ibidem, p. 49.
(30) Ibidem, p. 59.
(31) Ibidem, p. 39.
(32) Ibidem, p. 31.
(33) Durand, Gilbert. Ob. cit., p. 353.
(34) Ibidem, p. 344.
(35) Ibidem, p. 111.
(36) Bourke, John Gregory. *Les rites scatologiques*, p. 239.
(37) Soliè, Pierre. Ob. cit., p. 187.

BIBLIOGRAFIA

Abelson e outros. *Theories of cognitive consistency*. Chicago: Rand MacNallyand Company, 1968.
Abraham, Karl. *Teoria psicanalítica da libido*. Rio de Janeiro: Imago, 1970.
Albouy, Pierre. *Mythes et mythologies dans la littérature française*. Paris: Armand Colin, 1969.
Alves, Castro. *Poesias completas*. São Paulo: Edições de Ouro, s.d.
Amaral, Amadeu. *Letras floridas*. São Paulo: HUCITEC, 1976.
Amora, Antônio Soares. *Panorama da poesia brasileira (era luso-brasileira)*. Rio de Janeiro: Civilização Brasileira, 1959.
Andrade, Mário de. *Aspectos da literatura brasileira*. São Paulo: Martins, s.d.
Ariès, Phillipe. *História da morte no Ocidente*. Rio de Janeiro: Francisco Alves, 1977.
Arieti, Silviano. *American handbook of psychiatry*. Nova York: Basic Books, 1974.
Attali, Jacques. *Vita e morte della medicina*. Milão: Feltrinelli, 1980.
Aulaignier-Spariani, P. e outros. *Le désir et la perversion*. Paris: Seuil, 1967.
Bachelard, Gaston. *A poética do espaço*. São Paulo: Editor Victor Civita, 1974.
_____. *L'air et les songes*. Paris: Corti, 1943.
_____. *La terre et les rêveries de la volonté*. Paris: Corti, 1942.
_____. *L'eau et les rêves*. Paris: Corti, 1942.
Baliteau, Catherine. "La fin de la parade misogine: la psychanalyse lacanienne." *Les temps modernes*, Paris, 1975.
Bandeira, Manuel. *Estrela da vida inteira*. Rio de Janeiro: José Olympio, 1966.
_____. *Poesia e prosa*. 2 vols. Rio de Janeiro: Aguilar.
Barthes, Roland. *Mythologies*. Paris: Seuil, 1957.
Bataille, George. *Théorie de la religion*. Paris: Gallimard, 1973.
Baudelaire. *Les fleurs du mal*, Paris: Gallimard, 1961.
Baudrillard, Jean. *L' échange symbolique de la mort*. Paris: Gallimard, 1976.
Beauvoir, Simone de. *O segundo sexo*. 2 vols. São Paulo: Difusão Europeia do Livro, s.d.
Becker, Ernest. *A negação da morte*. Rio de Janeiro: Nova Fronteira, 1976.
Beckson, Karl e Ganz, Arthur. *A dictionary of literary terms*. Nova York: Noonday, 1960.

Bergle, Edmund. *Psicoanálisis del escritor*. Buenos Aires: Psique, 1954.

Bettelheim, Bruno. *The uses of enchantment*. Nova York: A. Knopf, 1976.

Bilac, Olavo. *Poesia*. Rio de Janeiro: Civilização Brasileira, 1977.

Bodkin, Maud. *Archetypal pattern in poetry*. Nova York, 1958.

Bonaparte, Marie. *Chronos, Eros, Tanatos*. Paris: Denoel, 1948.

Bourke, John Gregory. *Les rites scatologiques*. Paris: Presses Universitaires de France, 1981.

Braxton, Bernard. *Women, sex and race*. Nova York: Harper Torchbooks, 1970.

Brayner, Sonia. *Manuel Bandeira. Fortuna crítica*. Rio de Janeiro: Civilização Brasileira, 1980.

Bromberg, Walter. *From shaman to psychotherapist*. Chicago, s.d.

Butler, E. M. *The fortunes of Faust*. Cambridge: Cambridge University Press, 1952.

By, Henry. *El inconsciente*. Ed. Siglo Veintiuno, México, 1970.

Caillois, Roger e Grunebaum, G. E. *O sonho e as sociedades humanas*. Rio de Janeiro: Francisco Alves, 1976.

Campbell, Joseph. *The masks of gods*. Nova York: Vicking Press, 1968.

Carollo, Cassiana Lacerda. *Decadismo e simbolismo no Brasil. Crítica poética*. 2 vols. Rio de Janeiro: Livros Técnicos e Científicos, 1980.

Casanova, Giacomo. *Alcove d'Italia*. Il. Milão: Formichiere, 1976.

Cavalheiro, Edgard. *Panorama da poesia brasileira (romantismo)*. Rio de Janeiro: Civilização Brasileira, 1959.

Chesler, Phyllis. *Women and madness*. Nova York: Avon Books, 1973.

Chevalier, Jean e Gheerbrant, Alain. *Dictionnaire des symboles*. Paris: Seghers, 1969.

Clancier, Anne. *Psychanalyse et critique littéraire*. Toulouse: Privat, 1973.

Collins, Joseph. *The doctor looks at literature*. Nova York: George Doran, 1923.

Consoli, Sila. *La candeur d'un monstre*. Paris: Le Centurion, 1980.

Correia, Raimundo. *Poesia completa e prosa*. Rio de Janeiro: José Aguilar, 1961.

Coulthard, G. R. *Race and colour in Caribbean literature*. Londres: Oxford University Press, 1962.

Crews, Frederick. *Psychoanalisis and literary process*. Nova York, 1967.

Cristóvão, Fernando. *Marília de Dirceu de Tomás Antônio Gonzaga – Temas portugueses*. Lisboa: Imprensa Nacional, 1981.

Cruz e Sousa. *Obra completa*. Rio de Janeiro: José Aguilar, 1961.

Delarue, Jacques. *La tuberculose*. Paris: PUF, 1967.

Delcourt, Marie. *Oedipe ou la légende du conquérant*. Paris: Les Belles Lettres, 1971.

Deleuze, Gilles. *Présentation de Sacher-Masoch*. Paris: Éd. Minuit, 1976.

Deleuze, Gilles e Guattari, Félix. *O anti-Édipo*. Rio de Janeiro: Imago, 1976.

Delfino, Luís. *Poemas escolhidos*. Florianópolis: FCC Edições, 1982.

Descombres, Vincent. *Le même et l'autre*. Paris: Éd. Minuit, 1979.

Devereux, George. *Reality and dream*. Nova York: Anchor Books, 1969.
Dick, Kay. *Pierrot*. Londres: Hutchinson, 1960.
Didier, Yvone. *Façon de dire et façon de faire*. Paris: Gallimard, 1980.
Durand, G. *Les structures anthropologiques de l'imaginaire*. Paris: Bordas, 1969.
Eisller, K. R. *Sigmund Freud. His life in pictures and words*. Nova York: Harcourt Brace Jovanovich, 1978.
Eliade, Mircea. *Cosmos and history*. Nova York: Harper Torchbooks, 1956.
_____. *Méphistophélès et l'androgyne*. Paris: Gallimard, 1962.
_____. *Trattato di storia delle religioni*. Turim: Boringhieri, 1981.
Emmanuel, Pierre. *Baudelaire, la femme et Dieu*. Paris: Seuil, 1982.
Enciclopedia universal ilustrada europeo-americana, tomo XXXIII. Barcelona: Hijos de J. Esposa Editora.
Expilly, Charles. *Mulheres e costumes do Brasil*. São Paulo: Cia. Editora Nacional, 1968.
Faria, Otávio. *Dois poetas*. Rio de Janeiro: Ariel, 1935.
Firestone, Shulamith. *A dialética do sexo*. Rio de Janeiro: Labor do Brasil, 1970.
Foucault, Michel. *A verdade e as formas jurídicas*. Rio de Janeiro: EDIPUC, 1975.
_____. *Storia delle follia*. Milão: Rizzoli, 1973.
Frazer, Sir James. *The golden bough*. Nova York: Frazer, 1956.
Freud, Sigmund. *"La tête de Méduse"*. Soc. Psychanalitique de Paris, s.d.
_____. *Obras completas*. 2 vols. Madri: Ed. Biblioteca Nueva Madri, 1948.
Freyre, Gilberto. *Casa-grande & senzala*. 2 vols. Rio de Janeiro: José Olympio, 1961.
Fromm, Erich. *A linguagem esquecida*. Rio de Janeiro: Zahar, 1962.
G. & C. Merriam Company Publishers. *Gods and mortals in classical mythology*. Massachusetts, 1973.
Gear, Maria Carmen e Liendo, Ernesto Cesar. *Semiologia psicanalítica*. Rio de Janeiro: Imago, 1976.
Gennep, Arnold van. *The rites of passage*. Chicago: Chicago Press, 1975.
Girard, René. *La violence et le sacré*. Paris: Grasset, 1972.
Góes, Fernando. *Panorama da poesia brasileira (simbolismo)*. Rio de Janeiro: Civilização Brasileira, 1959.
Graves, Robert. *New Larousse encyclopedia of mythology*. Londres: Hamlyn, 1967.
_____. *The White Goddes*. Nova York: Farrar, Strauss and Giroux, 1966.
Hall, Nelson. *The psychological study of literature: limitations and possibilities*. Chicago, 1974.
Harris, Marvin. *Cannibali e re. Le origini delle culture*. Milão: Feltrinelli, 1979.
Hahner, June E. *A mulher no Brasil*. Rio de Janeiro: Civilização Brasileira, 1978.
Hensher. *A psychiatric study of fairy tales*. Springfields, 1963.
Herder and Herder. *Encyclopedia of psychology*. Nova York, 1972.

Hillman, James. *Pan et le cauchemar.* Paris: Imago, 1979.
Hocker, Gustav R. *Manetrismo: o mundo como labirinto.* São Paulo: Perspectiva, 1974.
Hoffmann, Léon-François. *Le nègre romantique.* Paris: Payot, 1973.
Hollanda, Sérgio Buarque de. *Raízes do Brasil.* Rio de Janeiro: José Olympio, 1971.
House, Patrick. *Ève, Eros, Elohim. La femme, l'erotisme, le sacré.* Paris: Denoël/Gonthier, 1982.
Irigaray, Luce. *Speculum l'altra donna.* Milão: Feltrinelli, 1980.
James, E. O. *Le culte de la déesse-Mère dans l'histoire des religions.* Paris: Payot, 1970.
Jankélévitch. *Le pur et l'impur.* Paris: Flammarion, 1960.
Jakobson, Roman. *Essais de linguistique générale.* Paris: Ed. Minuit, 1963.
Jean, Raymond. *La poétique du désir* (Nerval, Lautréamont, Apollinaire, Eluard). Paris: Seuil, 1974.
Jung, C. G. *El hombre y sus símbolos.* Espanha: Aguillar, 1966.
_____. *Four archetypes: mother, rebirth, spirit, trickster.* Princeton: Bollingen, 1969.
_____. *Symbols of transformation.* Princeton: Bollingen, 1969.
_____. *Tipos psicológicos.* Rio de Janeiro: Zahar, 1967.
Jung, Emma e Hillman, James. *Anima et animus.* Paris: Seghers.
Klein, Melanie. *Narrativa da análise de uma criança.* Rio de Janeiro: Imago, 1976.
Kofman, Sarah. *L'enfance de l'art.* Paris: Payot, 1970.
Lacan, Jacques. *Le seminaire.* Livro XI. Paris: Seuil, 1973.
Laffont-Bompiani. *Dictionaire des auteurs de tous les temps et de tous les pays.* 4 vols. Paris: Robert Lafont, 1975.
_____. *Dictionaire des oeuvres de tous les temps et de tous les pays.* 7 vols. Paris: Robert Lafont, 1975.
Laing, R. D. *Sanity, madness and the family.* Nova York: Penguin.
_____. *Laços.* Petrópolis: Vozes, 1974.
Laplanche, J. E Pontalis, J. B. *Vocabulário da psicanálise.* Lisboa: Martins, 1970.
Leclaire, Serge. *Psicanalisar.* São Paulo: Perspectiva, 1977.
Lederer, W. *La peur des femmes.* Paris: Payot, 1980.
Leite, Dante Moreira. *Amor romântico.* São Paulo: Cia. Ed. Nacional.
_____. *Psicologia e literatura.* São Paulo: Cia. Editora Nacional, 1971.
Lemaire, Anika. *Jacques Lacan.* Rio de Janeiro, 1979.
Lilar, Suzanne. *Aspects of love in Western society.* Londres: Thames and Hudson, 1965.
Lopes-Pedraza, Rafael. *Hermès et ses enfants dans la psychothérapie.* Paris: Imago, 1977.
Ludwig, Emil. *Cleópatra.* São Paulo: Cultrix, 1958.

Lueneberg, Maria Emilia. *Ariana, uma teia pelo corpo*. Rio de Janeiro: Depart. de Letras da PUC-RJ, 1983.

Mannoni, Maud. *A criança, sua doença e os outros*. Rio de Janeiro: Zahar, 1971.

Mannoni, Octave. *Chaves para o imaginário*. Petrópolis: Vozes, 1973.

Marcuse, Herbert. *Eros e civilização*. Rio de Janeiro: Zahar, 1968.

Marques, José Vicente. *Que hace el poder en tu cama?* El Viejo Topo, 1981.

Martins, Wilson. *História da inteligência brasileira*. Vols. III e IV. São Paulo: Ed. Cultrix/EDUSP, 1977.

Meneghini, L. C. *Freud e a literatura*. Porto Alegre: Ed. Univ. Rio Grande do Sul, 1972.

Meneses Emílio de. *Obra reunida*. Rio de Janeiro: José Olympio, 1980.

Merquior, José Guilherme. *O fantasma romântico e outros ensaios*. Petrópolis: Vozes, 1980.

Moraes, Vinicius de. *Antologia poética*. Rio de Janeiro: Ed. do Autor, 1960.

_____. *Poesia completa e prosa*. Rio de Janeiro: Aguilar, 1976.

Muricy, Andrade. *Panorama do movimento simbolista brasileiro*. Rio de Janeiro: Instituto Nacional do Livro, 1952.

Nascimento, Abdias. *O negro revoltado*. Rio de Janeiro: GRD, 1968.

Neumann, Erich. *The Greater Mother*. Princeton University Press, 1972.

Neves, Maria Aparecida Mamede. *O conceito de sublimação na teoria psicanalítica*. Rio de Janeiro: Editora Rio, 1977.

O'Brown, Norman. *Vida contra a morte*. Petrópolis: Vozes, 1974.

Papini, Giovanni. *Il Diavolo*. Florença: Vallechi Editore, 1965.

Paris, Bernard. *A psychoanalitic approach to fiction*. Indiana Univ. Press, 1974.

Perrault, Charles. *Contes*. Paris: Ed. Garnier Frères, 1967.

Pontalis, J. B. e outros. "Destins du cannibalisme." *Nouvelle Revue de Psychanalyse*, nº 6, Paris: Gallimard, 1972.

_____. *Freud*. Documentos, São Paulo, 1969.

_____. "Objets du fétichisme." *Nouvelle Revue de Psychanalyse*. Paris: Gallimard, 1970.

Pontalis, J. B. "La croyance." *Nouvelle Revue de Psychanalyse*. Paris: Gallimard, 1978.

Praz, Mario. *La carne, la morte e il Diavolo nella litteratura romantica*. Florença: G. S. Sansoni, 1948.

Queiroz Júnior, Teófilo de. *Preconceito de cor e a mulata na literatura brasileira*. São Paulo: Ática, 1975.

Ragon, Michel. *L' espace de la mort*. Paris: Albin Michel, 1981.

Ramos, Péricles Eugênio da Silva. *Panorama da poesia brasileira (Parnasianismo)*. Rio de Janeiro: Civilização Brasileira, 1959.

_____. *Poesia do ouro*. São Paulo: Melhoramentos, s.d.

Rank, Otto. *Don Juan et le double*. Paris: Payot, 1932.

Ribeiro, Joaquim Chaves. *Vocabulário e fabulário da mitologia*. São Paulo: Martins, 1962.

Rogers, Robert. *A psychoanalitic study of the double in literature*. Detroit: Wayne Univ. Press, 1970.

Rossel Hope. *The encyclopedia of witchcraft and demonology*. Nova York: Robbins Crown Publisher, 1973.

Rosolato, Guy e outros. "Du secret." *Nouvelle Revue de Psychanalyse*. Paris: Gallimard, 1976.

_____. "Résurgences et dérivés de la mystique." *Nouvelle Revue de Psychanalyse*. Paris: Gallimard, 1980.

Rouanet, Sérgio Paulo. *Édipo e o anjo*. Rio de Janeiro: Tempo Brasileiro, 1981.

_____. *Teoria crítica e psicanálise*. Rio de Janeiro: Tempo Brasileiro, 1983.

Rychoft, Charles. *Dicionário crítico de psicanálise*. Rio de Janeiro: Imago, 1975.

Safouan, Moustafa. *Estruturalismo e psicanálise*. São Paulo: Cultrix, 1970.

Salles, Catherine. *Nos submundos da Antiguidade*. São Paulo: Brasiliense, 1980.

Salomé, Lou Andréas. *L'amour du narcisisme*. Paris: Gallimard, 1977.

Sant' Anna, Affonso Romano de. *Por um novo conceito de literatura brasileira*. Rio de Janeiro: Eldorado, 1977.

Sayers, Raymond. *O negro na literatura brasileira*. Rio de Janeiro: O Cruzeiro, 1951.

Sechehaye, M. A. *Memórias de uma esquizofrênica*. Rio de Janeiro: Nova Fronteira, s.d.

Segal, Hanna. *Introdução à obra de Melanie Klein*. Rio de Janeiro: Imago, 1975.

Sémèrie, Eugène. *Des symptomes intellectuels de la folie*. Paris: Adrien Delahaye, 1967.

Sharpe, Ella Freeman. *Análise dos sonhos*. Rio de Janeiro: Imago, 1971.

Shipley, Joseph. *Dictionary of world literature*. Nova Jersey: Littlefield Adams Co., 1972.

Soliè, Pierre. *La femme essentielle*. Paris: Seghers, 1980.

Spence, Lewis. *An encyclopedia of occultism*. Nova Jersey: Univ. Books Syracuse. 1974.

Spielrein, Sabina. *Entre Freud e Jung*. Paris: Aubier, 1981.

Starobinski, Jean. *La relation critique*. Paris: Gallimard, 1970.

Studart, Heloneida. *Mulher de cama e mesa*. Petrópolis: Vozes, 1982.

Sulloway, Frank J. *Freud biologiste de l'esprit*. Paris: Fayard, 1981.

Taylor, R. Tattray. *History in sex*. Nova York: Harper Torchbooks, 1970.

Todaro, Margareth. "Psychoanalysis and history", in *New Approaches to Latin American History*. Austin: Richard Graham and Peter Smith, 1974.

Vallejo, Américo e Magalhães, Ligia C. *Lacan, operadores da leitura*. São Paulo: Perspectiva, 1981.

Von Franz, Marie Louise. *La femme dans les contes de fées*. Paris: La Fontaine de Pierre, 1979.

Villemart, Phillipe. *A pequena letra em teoria literária*. Tese de livre-docência. São Paulo: USP, 1981.
Villeneuve, Roland. *Le cannibalisme*. Bélgica: Marabout, 1973.
Winnicott, D. W. *O brincar e a realidade*. Rio de Janeiro: Imago, 1975.
Wolman, Benjamin. *The psychoanalitic interpretation of history*. Nova York: Basic Books, 1971.
Yaguello, Marina. *Les mots et les femmes*. Paris: Payot, 1979.
Ziegler, Jean. *Les vivants et la mort*. Paris: Seuil, 1975.

Este livro foi impresso na Editora JPA Ltda.,
Av. Brasil, 10.600 – Rio de Janeiro – RJ,
para a Editora Rocco Ltda.